ÉTICA APLICADA
―――――
POLÍTICA

ÉTICA APLICADA

POLÍTICA

COORDENAÇÃO
MARIA DO CÉU PATRÃO NEVES
ANTÓNIO COSTA PINTO
LUÍS DE SOUSA

Título original:
Ética Aplicada: Política

© os autores dos textos e Edições 70, 2018

Revisão: Cátia Loureiro

Capa: FBA

Depósito Legal n.º 445167/18

Biblioteca Nacional de Portugal – Catalogação na Publicação

ÉTICA APLICADA

Ética aplicada: política / coord. Maria do Céu Patrão Neves, António Costa Pinto, Luís de Sousa. - (Ética aplicada; 9)
ISBN 978-972-44-1954-1

I – PATRÃO NEVES, Maria do Céu
II – PINTO, António Costa
III – SOUSA, Luís de

CDU 172

Paginação:
MA

Impressão e acabamento:
PENTAEDRO, LDA.
para
EDIÇÕES 70

1.ª edição: agosto de 2018

Todos os direitos reservados

EDIÇÕES 70, uma chancela de Edições Almedina, S.A.
Avenida Engenheiro Arantes e Oliveira, n.º 11 – 3.º C – 1900-221 Lisboa / Portugal
e-mail: geral@edicoes70.pt

www.edicoes70.pt

Esta obra está protegida pela lei. Não pode ser reproduzida, no todo ou em parte, qualquer que seja o modo utilizado, incluindo fotocópia e xerocópia, sem prévia autorização do Editor. Qualquer transgressão à lei dos Direitos de Autor será passível de procedimento judicial.

Índice

Transparência (das políticas) e integridade (dos políticos)
*Maria do Céu Patrão Neves, António Costa Pinto
e Luís de Sousa* 11

Resistir à ilusão...
Guilherme d'Oliveira Martins 31

I
TEMAS FUNDAMENTAIS

Direitos humanos e Liberalismo
Nuno Garoupa 39

Teorias da justiça
João Cardoso Rosas 55

Da responsabilidade e ética política
Marina Costa Lobo 75

Regimes democráticos: virtualidades e contradições
Diogo Pires Aurélio 93

Populismo
  José Pedro Zúquete 111

II
QUESTÕES E DESAFIOS DOS SISTEMAS DEMOCRÁTICOS

Relações entre os poderes executivo, legislativo e judicial
  António Araújo e Nuno Sampaio 125

Democracia e o poder dos *media*
  Susana Salgado 161

Relações entre o poder político e o poder económico
  Carlos Pimenta 179

Transparência orçamental, responsabilidade política e finanças públicas
  Paulo Trigo Pereira 199

Poder e Corrupção
  Luís de Sousa 221

Ética dos partidos políticos e sistemas partidários
  Carlos Jalali 241

Sindicalismo
  Raquel Rego 265

Cidadania e participação política
  Manuel Villaverde Cabral 285

Representação de interesses e lóbis
  Susana Coroado 303

ÍNDICE | 9

Sistema político e processos eleitorais: importância das sondagens e dos *media*
Paula do Espírito Santo 319

Obediência militar, liberdade e consciência
Helena Carreiras e *Francisco Leandro* 335

Transparência (das políticas) e integridade (dos políticos)

Maria do Céu Patrão Neves
António Costa Pinto
Luís de Sousa

A política é a gestão da coisa pública que, em democracia, confiamos a alguns que elegemos como nossos representantes. Estes, enquanto representantes eleitos, devem servir primeiramente os interesses da comunidade e não os seus próprios interesses, particulares, os quais, contrariamente ao que acontece com os do cidadão comum, têm de ser relegados para um plano secundário e sobretudo para uma dimensão que não intersecte com as suas funções políticas, em que o conflito de interesses eclodiria, inquinando a imparcialidade de qualquer decisão.

Afinal, como o filósofo alemão Hans Jonas (1903-1993) inequivocamente explicou em *O Princípio Responsabilidade*, o poder determina o nível de responsabilidade, no contexto de uma relação inversamente proporcional entre direitos e deveres. Assim, aquele que serve a causa pública, o político, tem obviamente um poder acrescido em relação ao dos concidadãos que representa e, por isso, tem mais deveres para com a comunidade e menos direitos que os demais cidadãos. Eis porque, por exemplo, em democracia, o escrutínio dos políticos, nomeadamente dos seus bens adquiridos, merece um nível superior ao que se verifica em relação a outros cidadãos.

Na esteira desta mesma lógica da acção, que reputa que o exercício ético do poder se traduz em responsabilidade, também o exercício ético da política se deve traduzir em serviço. Representar os eleitores, os seus concidadãos, é um serviço a que todos se podem candidatar na justa consideração das suas competências para as funções em causa, as quais, uma vez assumidas, terão de ser realizadas de acordo com o compromisso inerente.

O exercício ético do poder político, a resposta ou responsabilidade que o eleito presta aos seus concidadãos no desempenho do serviço público que lhe foi confiado assenta em dois requisitos morais fundamentais: o da integridade, da pessoa, do político; e o da transparência, dos processos, da acção política.

A noção de «integridade» tem uma longa genealogia – de etimologia latina, evocando o sentido de uma «totalidade incorrupta» (totalidade completa ou perfeita, e não tocada) – e uma ampla diversidade de domínios de utilização pertinente, adjectivantes do conceito – de, por exemplo, uma integridade física a uma integridade profissional –, tendo adquirido na contemporaneidade um sentido essencialmente moral. Reporta-se então a uma realidade «não tocada» ou «não corrompida», de «imparcialidade» ou «rectidão» que caracteriza o carácter da pessoa. Neste seu sentido moral originário, a integridade consiste numa virtude negativa, isto é, num traço de carácter que preserva o agente de más influências, do que corromperia o seu modo de ser, do que afectaria a sua forma de agir. Enquanto virtude, e à semelhança de todas as demais, só pode ser incentivada, sem que constitua uma obrigação. O que se verifica, porém, na sua aplicação ao domínio político (à semelhança, aliás, do que tem também sucedido na sua aplicação aos diversos domínios profissionais), é que se converteu num dever, isto é, numa obrigação.

A integridade, como dever de se manter impermeável a influências que perturbem e toldem a independência (preservando-se livre de todos e quaisquer compromissos além de servir o bem comum), e a imparcialidade (considerando única e exclusivamente o interesse social) da actuação política são hoje uma obrigação para todos os que ocupam cargos públicos.

Brevemente, a integridade, na actividade política, não é apenas mais uma qualidade cultivada por alguns e apreciada por muitos, mas uma exigência dirigida a todos os políticos e a ser fiscalizada por todos os cidadãos.

A imunidade do político aos vários poderes instituídos – políticos, económicos e mediáticos – e aos lóbis que formal ou informalmente actuam – dos familiares aos corporativos – não implica um fechamento autista sobre si, mas antes incentiva ao desenvolvimento de relações de cooperação entre a pluralidade de interesses que se confrontam. A manifestação de interesses sectários, mesmo particulares, é absolutamente legítima em sociedades democráticas, pluralistas, com economias de mercado em que vigora a livre concorrência. Ao agente político compete ponderar esses interesses díspares em função do que interpreta como bem comum, construindo consensos maximamente alargados – no que o filósofo alemão Jürgen HABERMAS tematizou como uma «política deliberativa». Esta advoga, segundo o autor, que a legitimidade da acção política deriva do debate público: o princípio da discussão, princípio democrático e que deve regular imparcialmente um conflito de interesses, enuncia que «são válidas as normas de acção que todas as pessoas envolvidas poderiam aprovar enquanto participantes de discussões racionais» (*Moral e Comunicação*, 1983).

Este ideal deliberativo – acrescentaríamos já extrapolando o pensamento de Habermas – exige um amplo espaço de debate público, de participação alargada, o que, por sua vez, exige um contexto de discussão transparente – introduzindo assim o segundo conceito que privilegiamos na ética política.

A noção de «transparência» desempenha, no plano da acção humana e em particular no da actividade política, um sentido fortemente metafórico (evocando a sua realidade física como propriedade óptica do que deixa passar a luz): por via negativa, a transparência é o antónimo de ocultação; por via positiva, é sinónimo de exposto, de revelado ou descoberto, sempre no sentido do que se deixa ver, de ser visível. Na contemporaneidade, a sua conotação é essencialmente ética e tornou-se mais vincada no plano político, em que se destaca como valor, isto é, como o que é digno de apreço e, em democracia, merece a preferência da maioria. A transparência refere-se então à clareza e nitidez da acção política, na visibilidade dos fundamentos que justificam as políticas por que se opta, dos seus meios de implementação e dos resultados que produzem.

É também enquanto valor, ou ideal a atingir, que se exerce igualmente como critério ético que confere legitimidade moral às acções que a promovem. A transparência, como condição para a eticidade da acção política, não só exige ampla informação pública, apresentada de forma acessível e honesta, mas pressupõe ainda livre escrutínio por parte dos poderes instituídos como do cidadão comum, tendo-se tornado hoje num requisito incontornável da vida democrática.

Em síntese, a transparência, no domínio político, perfila-se como um dos barómetros da saúde das democracias (promovendo a proximidade entre eleitores e eleitos, e estabelecendo relações de confiança) e antídoto contra a corrupção como contra quaisquer outras formas abusivas de exercício do poder.

Recuperando brevemente HABERMAS e a sua noção de política como deliberação, sublinhamos agora a importância da argumentação racional como legitimadora das práticas: o princípio da argumentação, princípio designado «ponte» que possibilita acordos mútuos, enuncia que «qualquer norma válida deve, pois, satisfazer a condição segundo a qual as consequências e os efeitos secundários provenientes do facto de que a norma foi universalmente observada com a intenção de responder aos interesses de *todos* pode ser aceite sem limitações por *todas* as pessoas envolvidas» (*Moral e Comunicação*, 1983). É a argumentação racional e transparente que legitima a acção política e – acrescentaríamos nós – que confirma a integridade do político.

Democracia e valores

A democracia, além de ser um sistema de governo caracterizado por «um conjunto de regras (fundamentais e básicas) que estabelecem quem está autorizado a tomar decisões colectivas e mediante que processos» (BOBBIO, 1988, p. 23), é também um conjunto de valores que guiam e dão sustento ao seu funcionamento e que as instituições têm procurado pôr em prática, com maior ou menor sucesso. Assim, a par da integridade e da transparência, outros valores se erguem como fundamentais: a igualdade (de voto, de interesses, de participação, etc.); a liberdade (de escolha, de expressão, de ideias, de culto, etc.); a responsabilidade e responsabilização (perante a lei e os cidadãos), a legalidade e justiça. Estes valores, implícitos nas regras, procedimentos e instituições que definem a democracia, não são sempre exequíveis ou compatíveis, nem o nível de apropriação destes pelos cidadãos é uniforme no espaço e no tempo.

Mesmo partindo da definição minimalista de democracia defendida por Bobbio e por outros autores, como Schumpeter, Popper e Sartori (basicamente como um conjunto de regras que estabelecem quem está autorizado a tomar decisões colectivas e com que procedimentos, legitimados por eleições livres), e tomando em consideração a discrepância entre os princípios abstractos da democracia ideal e a sua aplicação na prática, tal não invalida que esses valores se tornem expectativas dos cidadãos em relação ao modo como a democracia real deve funcionar. Decerto, a democracia que hoje vivemos é substancialmente menos do que a poliarquia ideal desejada. O facto é que cada vez menos os cidadãos se sentem representados pelos partidos existentes e a actuação do detentor do poder nem sempre se circunscreve a um conjunto de regras, valores e expectativas que delimitam o seu papel na esfera política. Se os partidos e os representantes são peças fundamentais da democracia ocidental, então não se pode tomar levianamente a grave crise de popularidade e legitimidade que os afecta.

Crises e Transparência

As crises são sempre momentos de reflexão sobre o modelo de organização económica, social e política que se pretende. A crise financeira de 2007/9, e que na Europa migrou rapidamente do sector financeiro para a solvência dos Estados, malgrado a austeridade infligida nos cidadãos, teve o mérito de finalmente expor a falta de ética na intersecção de poder económico e poder político que ameaçava a própria democracia. Houve uma perda de orientação colectiva na bússola moral que rege as sociedades e que levou agentes económicos, políticos, mas também os cidadãos em geral, a optarem por fazer mais do que a lei lhes permitia e menos do que a ética e a moral impunham.

As crises são períodos críticos na vida das sociedades que produzem transformações na distribuição de poder e influência entre os grupos sociais que as compõem. O debate sobre medidas destinadas a estimular o crescimento, a mudar hábitos de consumo e formas de organização do trabalho e dos sistemas de produção, são decisões políticas antes de serem opções técnicas para os governos em funções e traduzem diferentes visões, por vezes antagónicas, da relação entre sociedade, mercado e política. Qual a melhor decisão a tomar? – é a pergunta que qualquer decisor, num sistema de governo concorrencial e aberto, se coloca. Não há respostas certas, apenas equilíbrios frágeis entre uma série de compromissos e responsabilidades. O decisor é eticamente responsável perante aqueles que o elegeram; é eticamente responsável perante os contribuintes que suportam o custo da sua decisão, tendo ou não votado nele; e eticamente responsável pelo colectivo de cidadãos, que sentirá directamente o peso da sua decisão, independentemente de retirar benefício dela.

As nossas sociedades vêm-se tornando cada vez mais diversas em termos étnicos, linguísticos, culturais, religiosos e de estilo de vida. O aumento da diversidade tem impacto no que diz respeito à interacção e coesão sociais. A confrontação de diferentes valores e perspectivas é a essência de qualquer sociedade moderna e a gestão desses conflitos compete à política. A crise tornou essa diversidade mais volátil e por vezes menos conciliável, criando dilemas éticos de difícil resolução no plano político.

A contínua exposição mediática de escândalos de corrupção envolvendo líderes políticos e altas figuras do sector financeiro, por um lado, e a perceptível ineficácia do combate à corrupção, por outro, não só têm um efeito devastador na legitimação das instâncias de poder, sobretudo num contexto de austeridade, em que são exigidos sacrifícios à generalidade da população para benefício de uma noção abstracta de bem comum, como também complicam as contas no plano governativo. Os governos são eleitos para gerir escassez e complexidade social e não para ter de lidar, quase diariamente, com suspeitas e alegações de venalidade por parte dos seus membros.

Corrupção e austeridade são uma combinação explosiva para qualquer regime político e estão no centro do crescente descontentamento com o funcionamento da democracia. Não se trata de corrupção enquanto crime. A exposição de casos pontuais de liquidação de dívidas pessoais ou o pagamento de comissões e consultorias de homens de negócios a figuras políticas de relevo, não obstante a sua relevância para a condenação social do fenómeno e a natureza folclórica das diferentes reacções políticas que lhe acodem, é apenas um sintoma de um enfraquecimento mais generalizado da ética na vida pública. Trata-se, antes de mais, de uma corrupção que se desenvolve através da colusão de interesses públicos e privados no seio das próprias instituições democráticas, com o respaldo da legalidade e num clima de normalização.

Esta corrupção legal que aflige a opinião pública e em relação à qual nem a justiça nem as urnas parecem oferecer uma resposta eficaz é geradora de decisões de despesa pública sem mérito, sem planeamento e sem respeitar os princípios de sustentabilidade e equidade intergeracional. Tudo isto se traduz em desgoverno e numa agudização das percepções sobre a forma como as decisões são tomadas, em particular, e como a democracia funciona, em geral. A falta de resultados económicos convincentes e sustentáveis não teria um efeito tão desestabilizador nos níveis de apoio à democracia se a imagem do funcionamento das instâncias de governo não estivesse ferida de legitimação, devido aos recorrentes escândalos de corrupção política e à percepção generalizada de falta de ética na vida pública.

Os sucessivos escândalos de corrupção e de práticas fraudulentas, que têm afectado cumulativamente as esferas pública e privada, alimentaram a percepção de que a noção de bem comum é sistematicamente abusada para o benefício de poucos. Essa percepção não só teve um impacto negativo no apoio dos cidadãos aos governos democráticos, como também prejudicou a eficiência na formulação de políticas públicas e o desenvolvimento económico dos países em questão.

Perante este cenário preocupante, os governos encontram-se sob crescente pressão para apresentar resultados visíveis no combate à corrupção e introduzir um conjunto de reformas que visem reforçar a transparência e a integridade na vida pública e melhorar a qualidade da governação, abrindo a tomada de decisão ao escrutínio público e tornando-a mais acessível às pessoas que os elegeram e mais receptiva aos seus problemas, necessidades e demandas.

Através da interacção de uma série de actores governamentais e não governamentais, a ética na política deixou de ser tratada como um problema circunscrito a cada país, para se tornar numa prioridade global no quadro das Nações Unidas. A adopção da Convenção das Nações Unidas contra a Corrupção em 2005, vulgo «Convenção de Mérida», marcou o ponto de viragem neste domínio. Em 2013, as Nações Unidas convocaram um painel de peritos para rever os Objectivos de Desenvolvimento do Milénio (ODM) e propor novas metas para depois de 2015, data em que os ODM originais expiravam. O conceito de desenvolvimento sustentável deixou de ser visto apenas em termos de crescimento económico, inclusão social e sustentabilidade ambiental e passou a incluir também questões sobre capacidade institucional, equidade, boa governança e justiça social. De acordo com esse novo paradigma, nenhuma das questões centrais ao desenvolvimento sustentável, como a sustentabilidade da vida, a segurança alimentar sustentável, a segurança sustentável da água, energia limpa, ecossistemas saudáveis e produtivos, poderia ser alcançada sem um bom funcionamento das instâncias de governo a todos os níveis. Esta visão política acabaria por ficar estabelecida na Resolução da Assembleia Geral das Nações Unidas adoptada em 25 de Setembro de 2015 (A/RES/70-1), intitulada «Transformar o nosso mundo: a Agenda 2030 para o desenvolvimento sustentável». Este novo paradigma de desenvolvimento entende a falta de ética e a fraca capacitação institucional dos Estados como condições favoráveis à corrupção, abuso de poder e sistemática negação de direitos e liberdades fundamentais dos cidadãos. A ausência de ética na vida pública não é apenas um problema de opções ou convicções individuais, mas sobretudo de organização. Os padrões de comportamento dos agentes públicos, administrativos ou eleitos, resulta em grande medida da forma como o poder está organizado e é exercido. Por regra, a maior apropriação de padrões de ética por parte dos agentes públicos está associada a uma governação de qualidade, respeitadora dos direitos e liberdades dos cidadãos, responsiva às suas necessidades e preferências e responsabilizável pelas decisões tomadas e os resultados conseguidos. Por conseguinte, a ausência de ética na vida pública é tida como uma causa de vários problemas sociais (vulgo *social bads*), entre os quais a corrupção, a falta de coesão social e de sustentabilidade ambiental e inclusive o desrespeito pela liberdade e dignidade humana. Países com elevados níveis de corrupção estão geralmente associados a baixos níveis de desenvolvimento humano, elevados níveis de injustiça social, falta de pluralismo político, baixos níveis de liberdade de imprensa, fraco capital social, abuso de poder e arbitrariedade do aparelho do Estado e, em casos mais extremos, a violações sistemáticas dos direitos humanos. Em suma, a ausência de ética política tem um impacto directo na qualidade de vida dos cidadãos, porque provoca uma série de disfunções na governação.

A promoção da ética na política não se reduz ao combate da corrupção – o problema que aqui destacámos mais amplamente; mas a corrupção é indubitavelmente a expressão mais grave de défice de ética política em regimes democráticos.

Ética Aplicada: Política abre com uma reflexão de Guilherme d'Oliveira Martins sob o sugestivo título «Resistir à ilusão...», inspirado nos exemplos eternos da nossa herança helénica pré-clássica. Recuperando a narrativa de Homero, na *Odisseia*, evoca Ulisses, que, na sua vulnerabilidade extrema, resiste aos perigos e ameaças do mundo pela sua inteligência: «[...] na passagem pela ilha das sereias em que, pela experiência dos limites, pôde defender-se, já que se amarrou ao mastro e pôs cera nos ouvidos dos remadores para não poder ir ao encontro dos cânticos irresistíveis. E assim resistiu à ilusão da glória e da cobiça...» – escreve Oliveira Martins. Hoje, os perigos persistem e continuamos vulneráveis, mas – concluímos – também nós podemos resistir...

A primeira secção de *Ética Aplicada: Política* privilegia alguns «Temas fundamentais» que assim reputamos pela sua abrangência e transversalidade no domínio da reflexão ética sobre a política.

O primeiro é o dos «Direitos humanos e Liberalismo», como matriz das democracias contemporâneas, que Nuno Garoupa desenvolve a partir da relação entre três conceitos principais: liberdade política, liberdade económica e direitos humanos, sendo consensual que o respeito pelos direitos humanos faz parte da liberdade política, mas controversa a relação da liberdade económica com a liberdade política e os direitos humanos. Esta reflexão não adopta uma perspectiva filosófica e humanista (teórica), mas procede, sobretudo, a uma análise relacional empírica, sendo esta, por sua vez, que vai permitir contextualizar a reflexão conceptual. Assim, as correlações parciais indicam que liberdade política, liberdade económica e direitos humanos têm um padrão relacional mais complexo do que aquele que emerge da reflexão filosófica, e a própria realidade geográfica (por exemplo, Europa *versus* o resto do mundo) parece determinar importantes variações nesta análise. O autor sublinha que, mesmo no contexto de regressões econométricas, se volta a encontrar uma simbiose importante entre liberdade política e direitos humanos, mas um panorama bem mais complicado quando se olha para a liberdade económica.

As «Teorias da justiça» constituem a pedra de toque de qualquer sociedade actual, e João Cardoso Rosas considera-as a partir das condições objectivas e subjectivas que requerem a existência de princípios reguladores da distribuição dos bens materiais e imateriais que a vida colectiva produz. No quadro contemporâneo, avulta o chamado «princípio de utilidade» que, não sendo estritamente um princípio de justiça, tem consequências distributivas. A alternativa a este princípio são as teorias que promovem a equidade rectificando as desigualdades pelas quais os indivíduos não são moralmente responsáveis, como no caso da conhecida teoria de John Rawls. Neste capítulo são ainda abordadas as alternativas individualistas e comunitaristas à «justiça como equidade», assim como o problema da relação entre justiça e democracia.

Marina Costa Lobo assina o tema «Da responsabilidade e ética política», que hoje se converteu quase num lugar-comum na opinião pública. A «responsabilidade», tal como a definiu Robert Dahl, é efectivamente central na reflexão ética aplicada à política. A autora sublinha que a emergência de um modelo de governação tecnocrático, em particular no plano económico, tende a reduzir as possibilidades de responsabilização no momento das eleições, sendo o caso da crise da Zona Euro, principalmente nos países intervencionados, um bom exemplo. Neste contexto, o capítulo passa revista a pesquisa feita pela autora sobre a capacidade que os cidadãos portugueses têm de responsabilizar os seus eleitos, olhando para a forma como a percepção dos líderes e o desempenho económico influenciam o voto, bem como a forma como os portugueses encaram a União Europeia.

Os «Regimes democráticos: virtualidades e contradições» é também um tema incontornável na presente actividade política. Diogo Pires Aurélio analisa a legitimidade destes regimes apontando-a, por um lado, como assente no voto popular e, por outro, no primado da lei e de todo um conjunto de procedimentos que são apanágio do constitucionalismo liberal. Numa sociedade culturalmente homogénea, as leis e procedimentos fundam-se nos valores dominantes. Mas em sociedades marcadas pelo «politeísmo de valores», como são as democracias actuais, torna-se problemático furtar as normas ao arbítrio do poder ou da maioria dos eleitores. Ora, sem princípios estáveis não é possível nem democracia, nem outro tipo de organização política. A questão, portanto, é a da possibilidade de uma ética para a democracia, que o mesmo é dizer, a da compatibilização da soberania popular com a sua limitação por princípios que funcionem como condições *a priori* de qualquer decisão.

Esta primeira secção encerra com um dos temas mais em foco nas democracias de hoje, o do «Populismo». José Pedro Zúquete reflecte sobre a relação entre populismo, antipopulismo e ética, argumentando que existe uma ética de combate nos dois campos – o populista e o antipopulista – e uma clara rejeição moral dos adversários políticos, muitas vezes com laivos de maniqueísmo. Este combate assenta na divisão moral entre os «bons» e os «maus» – liberais-democratas contra populistas e vice-versa –, o que retira legitimidade aos oponentes políticos que, de adversários, passam a inimigos da democracia ou do povo. A maneira de sair deste impasse terá, necessariamente, de assentar no reconhecimento de que o populismo faz parte da democracia, não podendo ser separado dela, até porque este existe numa relação dinâmica com os seus sucessos e insucessos.

Segue-se uma segunda secção que reúne algumas das «Questões e desafios dos sistemas democráticos», oferecendo uma visão que se pretendeu tão ampla quanto diversa.

António Araújo e Nuno Sampaio, em «Relações entre os poderes executivo, legislativo e judicial», procedem a uma abordagem do princípio da separação e interdependência de poderes, partindo das coordenadas do direito constitucional português e da sua história para, num segundo momento, tomar a prática política do nosso regime democrático, a partir da experiência do Parlamento. Esta constitui a base de reflexão para um tópico que representa um dos fundamentos da ética política de qualquer democracia estável, consolidada e amadurecida.

Em «Democracia e o poder dos *media*», Susana Salgado aborda as interacções entre os *media* e a política democrática, bem como as situações em que a actuação e a utilização dos *media* podem suscitar desafios no domínio ético. São explicados os efeitos mais comuns dos *media* na sociedade e na política e as diferenças entre os chamados novos *media* digitais e os *media* tradicionais de massa (jornais, rádio, televisão). As novas formas de manipulação e de participação possibilitadas pelos novos *media* e os desafios que este tipo de meios coloca às democracias actuais são também discutidos no presente texto.

Nesta sequência de reflexões sobre os vários poderes nacionais, impõe-se a consideração das «Relações entre o poder político e o poder económico». Carlos Pimenta, assumindo a relação dialéctica entre longo prazo (com influência dominante do económico) e curto prazo (com actuação do político), concentra-se na realidade actual percorrendo algumas das suas características centrais: financiarização da economia, neoliberalismo, repartição do rendimento, democracia política. Centrando-se nas manifestações contemporâneas destas variáveis e dos seus impactos profundos sobre a ética, conclui-se que «há hoje fortes entraves a uma vida decente dos povos».

Paulo Trigo Pereira, em «Transparência orçamental, responsabilidade política e finanças públicas», aborda algumas das questões éticas que se colocam no domínio das finanças públicas, usando o caso do ciclo orçamental associado ao Orçamento do Estado (OE). O autor começa por clarificar que, em democracia, o que existe é a expressão democrática do interesse público revelada em sede parlamentar. Para que esta expressão democrática do interesse público se aproxime da valorização, pela maioria da população, da boa gestão pública, são necessárias várias condições, nomeadamente: transparência orçamental, isto é, acesso à informação; e análise e conhecimento sobre essa informação, o que pressupõe a qualidade de instituições públicas, da sociedade civil, nacionais e internacionais que escrutinem essa gestão orçamental. O autor termina enfatizando que as regras, as instituições e a ética individual são as três dimensões que, interagindo, se devem reforçar mutuamente para uma adequada gestão das finanças públicas.

«Poder e Corrupção» é hoje um tema incontornável que Luís de Sousa aborda com o objectivo de procurar compreender como se estrutura e manifesta a corrupção enquanto poder. A corrupção é um fenómeno complexo e resiliente nas sociedades contemporâneas, que pode assumir diferentes matizes e adaptar-se a contextos diversificados. Não se trata apenas da compra de decisões, mas também da influência indevida sobre processos legislativos, regulatórios e de supervisão e da promoção de negócios públicos que lesam o interesse público para benefício de terceiros. Quer se fale de corrupção em sentido estrito, enquanto abuso de autoridade delegada para benefício próprio ou de terceiros, ou em sentido lato, em termos de degradação dos padrões de ética política, estamos perante um fenómeno que tem origem, se desenvolve e matiza num contexto de exercício de poder.

Carlos Jalali reflecte sobre a «Ética dos partidos políticos e sistemas partidários» considerando que, apesar de comparativamente pouco estudada, a dimensão ética dos partidos e sistemas partidários é central para o funcionamento da democracia. É através dos partidos e sistemas partidários que os eleitores delegam o poder nos seus representantes em democracia. Como em qualquer processo de delegação, existe o risco de estes representantes se desviarem dos interesses dos cidadãos. A democracia procura conter esse risco através da sua estrutura institucional. Contudo, e como este capítulo argumenta, a dimensão institucional, sendo necessária, não é suficiente para eliminar estes riscos. Emerge assim a importância da dimensão ética, quer dentro dos partidos, quer na relação entre estes.

O «Sindicalismo», na perspectiva ética comum ao volume, é apreciado por Raquel Rego. A autora começa por sublinhar que os sindicatos visam melhorar as condições de trabalho e a remuneração dos trabalhadores e que, deste modo, contribuem para o combate da desigualdade social e económica. Neste sentido – afirma –, os sindicatos são instituições morais, estando intrinsecamente orientados por valores, em particular pelo da justiça social. Neste capítulo faz-se um exercício de reflexão e sistematização do papel ético dos sindicatos, quer como organizações num dado contexto («ética aplicada»), quer como representantes de trabalhadores («ética profissional»). Entre os assuntos tratados destacam-se: a greve, a politização, a representatividade e os desafios actuais.

Seguindo o percurso temático que vai conduzindo o leitor do domínio mais restrito da prática política, na consideração dos poderes que a balizam, para o mais amplo da vivência cidadã que a legitima, segue-se o tema da «Cidadania e participação política», por Manuel Villaverde Cabral. O autor debruça-se, na primeira parte, sobre as noções de cidadania e de sociedade civil, procurando mostrar de que forma estas evoluíram historicamente uma em relação à outra. Mostra, depois, de que forma um novo tipo de contrato social – o chamado *Welfare State* (Estado- -providência) – surge nos países demo-liberais após a crise de 1929 e a Segunda Guerra Mundial. No termo desta reflexão, identifica a noção de capital social como veículo privilegiado dos processos sociais de inclusão *versus* exclusão. Por fim, apresenta os resultados de um inquérito internacional que permite identificar as características comparativas dos modernos processos de associativismo, mobilização e mudança sociocultural.

Susana Coroado reflecte sobre a «Representação de interesses e lóbis», começando por relembrar que a representação de interesses particulares junto das instituições políticas – o lóbi – é uma das formas legítimas de participação dos cidadãos na vida pública. Esta é uma tentativa de influenciar decisões políticas que pode ser feita directamente ou através de um intermediário, o lobista. O lóbi, quando exercido de forma transparente e íntegra, enriquece a democracia e a qualidade dos processos decisórios; contudo, comporta também um conjunto de riscos, zonas cinzentas e problemas éticos – tanto para os representantes de interesses como para os decisores públicos – que devem ser objecto de reflexão.

O «Sistema político e processos eleitorais: importância das sondagens e dos *media*» são abordados por Paula do Espírito Santo. O jogo pela conquista e manutenção da sede do poder em democracia – afirma – tem na sua base um conjunto de suportes essenciais que o dinamizam, equilibram e constituem indicadores sobre os níveis de maturidade do sistema político democrático. Neste contexto, a autora privilegia dois elementos essenciais, enquanto retaguarda mas também propulsores dos processos políticos: os *media* e as sondagens. Tomando a ética como motor essencial da sociedade e das políticas democráticas, as sondagens e os *media* conjugam-se enquanto instrumentos fundamentais de conhecimento, informação e projecção do jogo e da dinâmica política.

Por fim, Helena Carreiras e Francisco Leandro aventuram-se numa temática que, por vezes esquecida, ocupa um espaço importante na vivência democrática: «Obediência militar, liberdade e consciência». O capítulo discute a questão da obediência militar pondo em destaque a necessidade de autodeterminação individual e a liberdade de consciência, como componentes essenciais de qualquer sistema de protecção de valores comuns. Começa por rever o lugar dos conceitos de obediência e desobediência no quadro normativo das instituições militares, em que a obediência legítima é encarada como um dever especial de serviço dirigido à prossecução do interesse público. Mostra, de seguida, que a transformação das instituições militares em direcção a novos modelos organizacionais, padrões de autoridade distintos e maior complexidade das «novas missões» coloca desafios importantes ao entendimento e prática da obediência enquanto valor central do profissionalismo militar. Finalmente, analisando a questão do ponto de vista ético-jurídico, o capítulo conclui que liderança acrescida se impõe no sentido de que a obediência em contexto militar permaneça um instrumento de protecção de valores e que a desobediência seja tida como uma dupla excepcionalidade categórica (ética e jurídica).

Retomando a inspiração exemplar do texto de Oliveira Martins que inaugura *Ética Aplicada: Política*, também nós, encerrando esta reflexão preambular, remontamos à Antiguidade pré-clássica para colher ensinamentos ancestrais que o passar das gerações consolidou.

Desta feita remontamos ao século v a. C. e à *Antígona* de Sófocles. Este é o nome da mulher que, confrontada com a necessidade de escolher entre cumprir as suas obrigações familiares e ser condenada à morte pelo rei de Tebas ou obedecer ao édito real e quebrar os seus deveres, opta pela obrigação moral, contra a obrigação jurídica, vindo a ser emparedada. Estava assim estabelecida, pela primeira vez e indelevelmente para toda a história da humanidade, a diferença entre «ética» e «direito». Perante o conflito entre a lei da consciência e a lei dos homens, Antígona optou, sabendo da terrível consequência da sua escolha, e optou pela Ética.

Não esperamos que cidadãos comuns ou mesmo os seus mais elevados representantes se tornem em Antígona, sacrificando-se para salvaguardar a integridade moral; nem tão-pouco exortamos, uns ou outros, a infringir a lei. Há circunstâncias, de facto, em que, mesmo na contemporaneidade, as leis injustas, tal como a que Antígona desafiou, fazem nascer heróis de pessoas comuns... Lembremo-nos de Mahatma Gandhi, Martin

Luther King ou Nelson Mandela, que, perante a discriminação e a humilhação, se sacrificaram pelo bem do povo que representavam. Também eles, confrontados com a disparidade entre a Ética e o Direito, escolheram a primeira e sofreram sob o jugo da segunda. Mas estas circunstâncias de ditadura e de exclusão são hoje, entre nós, de ampla e inclusiva democracia, já não carecendo de heroísmos.

Actualmente, ainda e sempre herdeiros da consciência de que Ética e Direito não coincidem, mas cientes de que, afinal, nos compete fazê-las aproximar, como conseguiram os heróis do século XX, reflectimos sobre as exigências (maximalistas) da Ética e procuramos que estas venham a ser posteriormente contempladas pelo Direito (minimalista). Este vem-se assim tornando mais próximo da Ética, não obstante esta persistir sempre e inexoravelmente, desde Antígona, como mais exigente do que o Direito.

É neste espaço de desfasamento entre (a infinitude d)a Ética e (o confinamento d)o Direito que a autenticidade da integridade e a assunção da transparência são sujeitas a confirmação ou postas à prova. É que aí o Direito protege outras práticas e a Ética não abdica dos seus requisitos. Aos políticos compete-lhes tornar o Direito mais exigente para que se aproxime da Ética, e não se desculparem com o Direito quando este se evidencia aquém da Ética. Afinal, as leis não são feitas para defender os fortes, mas para proteger os fracos; e a política deve servir os eleitores e não os eleitos, os cidadãos e não os governantes. O que ficar à margem destes requisitos cai fora da ética política.

Referências e leituras recomendadas

BOBBIO, Norberto, *O Futuro da Democracia*, Lisboa, Publicações Dom Quixote, 1988.

HABERMAS, Jürgen, *Morale et communication*, Paris, Éditions du Cerf, 1997 [1983].

JONAS, Hans, *Le principe responsabilité*, Paris, Éditions du Cerf, 1990 [1979].

Resistir à ilusão...

Guilherme d'Oliveira Martins

Fundação Calouste Gulbenkian

A Ética Aplicada corresponde a uma exigência do bom governo das nações. Não faz sentido falarmos de direitos humanos e de liberdade política sem o respeito pelo bem comum, pelos interesses e pelos valores partilhados pelos cidadãos. O volume *Ética Aplicada: Política*, que agora se apresenta, coordenado pelos Professores Doutores Maria do Céu Patrão Neves, António Costa Pinto e Luís de Sousa, salienta a importância das questões suscitadas pela exigência de um escrupuloso respeito do serviço público. As sociedades democráticas modernas têm vantagens relativamente às do passado, como sejam a transparência, a prestação de contas (*accountability*) e a responsabilidade. Quando apontamos a transparência, não nos reportamos, porém, à tentação da procura de pormenores ligados à vida privada de cada um, mas a tudo quanto respeite à salvaguarda do bem comum, do dinheiro público, e à protecção da esfera pessoal de todos e de cada um. Quando apontamos a prestação de contas, não nos referimos, pois, a uma obrigação formal, mas à exigência substancial de justificar as opções tomadas e de considerar a defesa da coesão social e da solidariedade. Quando apontamos a responsabilidade, reportamo-nos à necessidade de assumir as consequências do que foi feito na defesa do que é comum, tendo em vista o desenvolvimento humano.

Não esqueçamos que a falsa transparência esconde, na maior parte das vezes, o que é essencial e leva as atenções a distraírem--se com aspectos marginais que abrem caminho à impunidade, à injustiça ou à desresponsabilização. Do mesmo modo, a mera consideração formalista da prestação de contas não permite uma avaliação rigorosa das consequências da administração da coisa pública na perspectiva do interesse geral. E a responsabilidade envolve uma tripla dimensão: a capacidade de liderança de uma equipa, a sua coordenação permanente, atenta mesmo aos pormenores ou riscos insignificantes, e o assumir de todas as consequências, em especial as imprevisíveis e as incertas, no tocante a uma determinada decisão e às suas consequências. Ninguém está imune ao risco, ao engano, à fraude e à corrupção, uma vez que a sociedade humana tem como regra ser a imperfeição humana a regra.

A importância da Ética Aplicada tem que ver, pois, com a necessidade que temos de assumir o bom governo das sociedades assente na ideia de serviço público. Sendo a democracia um modo de organizar a sociedade imperfeita, precisamos de mecanismos preventivos que reduzam os efeitos dos riscos e das perversões sempre presentes em todas as circunstâncias. Conhecemos os casos dos grandes discursos contra a fraude, que apenas conduzem à trivialização da denúncia, à difamação ou à perigosa impunidade... A ética e a responsabilidade social nas instituições e nas empresas é uma exigência quotidiana e sempre inacabada. O risco de fraude no Estado, nas empresas, nos mercados financeiros, nos impostos, nas taxas e contribuições públicas, no branqueamento de capitais, na tentação dos paraísos fiscais obriga a uma atenção permanente aos agentes, às organizações e às circunstâncias. A corrupção, a fraude na governação e na gestão pública nunca se encontram erradicadas, obrigando à permanente avaliação, auditoria, atenção e cuidado. Não se trata, porém, da aceitação do erro, mas da necessidade de tirarmos lições da experiência.

A criminalidade económico-financeira, a fraude nos sistemas informáticos, os riscos nas apostas desportivas, a necessária defesa dos consumidores determinam a indispensabilidade da compreensão relativamente à complexidade dos fenómenos sociais e ao uso de estratégias inteligentes, subtis e permanentes que possam obter resultados eficazes e positivos. Não se esqueça que a fraude e a corrupção são flexíveis, usam a subtileza e a inteligência e encontram a cada passo modos para se impor. Quantas vezes uma denúncia precipitada ou um alerta imediatista só tem como resultado pôr de sobreaviso o defraudador, impedindo a prova e a aplicação exemplar de uma sanção? De facto, a instrução criminal nos crimes ligados à corrupção é necessariamente difícil, contando invariavelmente com a resistência inerente à mobilização de vultosos meios visando a ilusão e a dissimulação. Importa ter presente que a corrupção gera recursos abundantes capazes de uma distribuição choruda de recursos ilegítimos para esconder infracções... Na história criminal, o caso de Al Capone é bem ilustrativo do que dizemos. A prova incriminadora não se fez para os crimes mais graves, mas sim por uma fraude fiscal, aparentemente menos importante.

A Ética Aplicada leva-nos ainda às teorias da justiça como modos de compreender e explicar a justa e adequada distribuição de poderes e recursos, assumindo como crucial a igualdade e a correcção das desigualdades numa sociedade complexa, na qual a distribuição de recursos deve obedecer a critérios de eficiência e equidade. Daí a importância de conhecer a psicologia de quem comete a infracção ou de quem pratica a fraude, bem como de estudar os conflitos de interesses no contexto da ética de serviço público. Temos, deste modo, de entender os canais de comunicação e informação como formas de melhor compreender as relações de coesão e do capital social na sua relação com a corrupção e a fraude, e de conhecer os efeitos da globalização nas novas dinâmicas de fraude e corrupção...

A *accountability* ou dever de prestar contas, assumindo as respectivas responsabilidades, determina que o centro da questão esteja na esfera pessoal e cívica, profissional e funcional, de cada pessoa – daí a ligação à «responsividade» e à responsabilização. Para haver sanções exemplares, é indispensável haver consciência da ilicitude, um envolvimento responsabilizador de todos e uma prevenção eficaz dos riscos, com tomada de consciência pelos cidadãos da complexidade dos problemas e das vulnerabilidades sempre existentes... Ter resposta, ser responsável é assumir plenamente as consequências dos actos de cada um. Daí que, quando nos referimos a dinheiros públicos e a serviço público, devamos ser mais exigentes no cuidado e na atenção do que relativamente aos nossos próprios bens.

Estamos no coração do debate democrático, no qual as noções de representação, de mediação e de participação se ligam indelevelmente. Para que as instituições funcionem, prevenindo e combatendo as perversões, é preciso que a mediação exista e seja eficaz. O poder centralizado gera a discriminação, a concentração de poderes gera a arbitrariedade e a ausência de uma partilha de responsabilidades gera favoritismo e exclusão. A burocratização contraria a transparência e multiplica a ineficiência.

Se hoje encontramos uma doentia afirmação dos populismos e da demagogia, em que as notícias falsas tomam o lugar do dever de informar com verdade e rigor, o certo é que essa perigosa tendência se deve à falta de tempo e de reflexão e à fragilidade das instituições de mediação. Não estamos condenados ao fatalismo da corrupção sem freios. A complexidade tem de ser compatível com a democracia e tem de garantir uma melhor participação dos cidadãos, de forma que a voz de todos seja relevante, em nome do direito à informação, do melhor conhecimento do mundo da vida, mas também do respeito do bem comum e do bom senso – o que nos leva até ao senso comum, não como uma repetição da inércia, mas como um apelo permanente à escuta e à construção de uma sociedade melhor, assente na diversidade e nas complementaridades do que é múltiplo.

Pôr a pessoa humana no centro da vida democrática obriga à recusa da simplificação e do imediatismo. Temos de superar o paradoxo que permite a coexistência da necessidade de transmitir mensagens muito simples e o facto de a ciência nos obrigar cada vez mais a considerar a diversidade e a complexidade como características do nosso tempo.

Montesquieu continua a ser um dos mais influentes autores políticos para os dias de hoje, ao afirmar a sociedade moderna como aberta, partilhada e baseada num sistema de «freios e contrapesos». De facto, só o poder limita o poder – o que obriga que os mandatos sejam limitados, que a colegialidade seja incentivada, que os conflitos de interesses sejam considerados… A separação e interdependência de poderes suscita a limitação mútua e a complementaridade, abrindo portas à ligação necessária entre a legitimidade da origem ou do título e do exercício.

Só pela prevenção é possível armarmo-nos contra a corrupção e salvaguardarmos o serviço público. A investigação criminal e a administração da justiça serão tanto mais eficazes quanto melhor funcionarem os instrumentos preventivos. Não se esqueça de que a corrupção atrai os corrompidos, mas também corrompe quem atrai. Ou seja, o perigo espreita sempre, já que um pequeno favor, aceite pela sociedade, se torna rapidamente num crime de dimensão imprevisível. Eis porque nos textos que se seguem os diversos temas e o seu tratamento correspondem à compreensão de que não há domínio da vida em sociedade que seja invulnerável relativamente à corrupção. Esta aparece onde menos se espera e age sempre com eficácia redobrada. Daí que falemos ainda da responsabilidade dos jornalistas e dos profissionais dos meios de comunicação (*media*), num tempo em que as *fake news* e a chamada «pós-verdade» contribuem para misturar o legítimo e o ilegítimo, a verdade e a mentira no mesmo saco. Como distinguir uma denúncia legítima de uma difamação? E nas relações entre o poder político e o poder económico? Como separar as águas entre o objectivo do maior ganho económico e a salvaguarda da qualidade humana? Como proteger a sociedade e a dignidade humana da atractividade mórbida do poder e do dinheiro? Como financiar os partidos políticos e a vida pública preservando a independência e prevenindo os conflitos de interesses? Como garantir que os estudos de opinião, as sondagens e as campanhas respeitam a verdade e preservam a autonomia e a responsabilidade pessoais? Como assegurar que o associativismo e a defesa de causas humanitárias não se confundem com a concorrência desleal, mercê da instrumentalização de apoios falsamente generosos? Lamentavelmente, a história de muitas campanhas ilustra o modo como a corrupção se pode manifestar do modo mais subtil e enganador.

O sindicalismo, o voluntariado, a representação de interesses, os lóbis obrigam a uma especial atenção na defesa do bem comum e não apenas dos interesses de grupo. E tudo culmina na salvaguarda da liberdade de consciência, que na esfera cívica obriga a que a responsabilidade seja partilha de todos.

Quando lemos a *Odisseia* de Homero depressa compreendemos que a figura de Ulisses se torna simbólica porque é totalmente vulnerável e não está imune aos perigos e ameaças do mundo. No entanto, só a inteligência e a capacidade de resistir defendem o herói... É essa humanidade que se manifesta na passagem pela ilha das sereias em que, pela experiência dos limites, pôde defender-se, já que se amarrou ao mastro e pôs cera nos ouvidos dos remadores para não poder ir ao encontro dos cânticos irresistíveis. E assim resistiu à ilusão da glória e da cobiça...

I
TEMAS FUNDAMENTAIS

Direitos humanos e Liberalismo

Nuno Garoupa
Texas A&M University e Católica Global School of Law

Este ensaio versa sobre liberdade política, liberdade económica e direitos humanos. Genericamente, os três termos estão relacionados. Parece consensual hoje que o respeito pelos direitos humanos faz parte da liberdade política. Consequentemente, a própria noção de democracia abrange o cumprimento das obrigações internacionais na área dos direitos humanos tal como são entendidos nos múltiplos tratados e convenções (MAYERFELD, 2016). Existe, pois, uma estreita ligação entre o desenvolvimento dos direitos humanos e a conceptualização da liberdade civil e política numa democracia liberal e pluralista (SLOSS, 2006).

Já a relação da liberdade económica com a liberdade política e os direitos humanos é menos consensual. Por um lado, na linha de pensadores como Hayek e outros liberais, há quem entenda que a liberdade política só pode ser entendida quando associada a uma liberdade económica. Esta é a linha preconizada por instituições como a Heritage Foundation[1], que publica

---

[1] A Heritage Foundation é uma fundação norte-americana criada em 1973 cuja missão, segundo os seus estatutos, é «formular e promover políticas

uma interessante classificação anual da liberdade económica no mundo. Existe, contudo, uma escola de pensamento distinta que, dentro do Estado de bem-estar social, defende limites à liberdade económica em nome de políticas redistributivas e mesmo dos direitos humanos, e para a qual a liberdade económica deve ser entendida num contexto de direitos sociais a respeitar e numa lógica de intervenção económica do Estado. Evidentemente, a controvérsia mais relevante é saber até que ponto as limitações redistributivas à liberdade económica prejudicam o crescimento económico (MAHONEY, 2001).

Dada a disponibilidade de indicadores, torna-se possível hoje analisar a relação entre liberdade política, liberdade económica e direitos humanos do ponto de vista empírico. De forma alguma quer isso dizer que o debate filosófico e humanista não deva prosseguir. Contudo, os resultados de uma análise empírica permitem contextualizar essa reflexão conceptual.

Importa, porém, ressalvar que as próprias medições da liberdade política, liberdade económica e respeito pelos direitos humanos enfermam de pré-conceitos (por exemplo, mede-se a qualidade do Estado de direito com base naquilo que é o entendimento ocidental do mesmo). Por isso mesmo, os indicadores são sujeitos ao escrutínio inerente à compreensão do que efectivamente é quantificado (VERSTEEG e GINSBURG, 2016). Esta chamada de atenção não prejudica o interesse do trabalho empírico. Apenas alerta o leitor para as dificuldades da avaliação quantitativa e para o enquadramento dos resultados.

A conceptualização explorada neste ensaio responde a preocupações de tratamento estatístico. Quer isso dizer que não podemos excluir que existam entendimentos distintos sobre as variáveis incluídas. Mais concretamente, ao medirmos o

---

públicas conservadoras baseadas no princípio do livre mercado, governo limitado, liberdade individual, valores tradicionais americanos e uma forte defesa nacional».

respeito pelos direitos humanos pela percentagem de tratados subscritos, podemos estar a excluir duas situações anómalas – países que têm uma forte preocupação com os direitos humanos, mas por razões de política interna recusam subscrever tratados internacionais (falsos negativos), assim como países que subscrevem esses tratados, mas não cumprem o espírito da lei (falsos positivos). Contudo, a percentagem de tratados subscritos é uma medida objectiva que não está sujeita a possíveis interpretações subjectivas, ou mesmo manipulação, dos investigadores. No entanto, como já foi dito, estas limitações devem inspirar alguma cautela no comentário aos resultados estatísticos. Ao mesmo tempo, importa ressalvar que as anomalias (falsos negativos e falsos positivos) não são nem numerosas nem persistentes (isto é, não há nenhuma razão para que o enviesamento favoreça mais falsos negativos do que falsos positivos ou vice-versa).

Começaremos por descrever a base de dados e os indicadores que usamos (secção 1). As correlações parciais indicam que liberdade política, liberdade económica e direitos humanos têm um padrão relacional mais complexo do que aquele que emerge da reflexão filosófica. A própria realidade geográfica (por exemplo, Europa *versus* o resto do mundo) parece determinar de forma importante variações nesta análise. Em seguida, já no contexto de regressões econométricas (secção 2), voltamos a encontrar uma simbiose importante entre liberdade política e direitos humanos, mas um panorama bem mais complicado quando olhamos a liberdade económica. O ensaio termina com algumas conclusões e considerações finais (secção 3).

1. Base de dados e estatística descritiva

Para estudar a relação entre liberdade económica, liberdade civil e direitos humanos, reunimos um conjunto de indicadores referentes a 71 países. A selecção dos países não é estatisticamente aleatória, mas antes responde a duas preocupações. Primeiro, reunir um grupo de países para os quais existem indicadores disponíveis e genericamente robustos (isto é, indicadores reconhecidos pelas organizações internacionais como razoavelmente credíveis). Segundo, obter uma representatividade geográfica e económica equilibrada. A Tabela 1 especifica os países que estão na base de dados. Note-se que estão quase todos os Estados da União Europeia (UE) (24 dos 28 membros actuais), assim como grande parte dos membros da Organização para a Cooperação e Desenvolvimento Económico (OCDE) (34 dos 36 membros actuais). Somam-se vários países da América Latina e da Ásia. O continente africano, porém, está sub-representado na amostra. Por outro lado, em termos populacionais e económicos, a referida amostra abrange os maiores países e as maiores economias do mundo.

Tabela 1: **Países na base de dados**

África do Sul	Chipre	Grécia	Lituânia	Roménia
Alemanha	Colômbia	Holanda	Malásia	Rússia
Angola	Coreia do Norte	Hungria	Mali	Sudão
Arábia Saudita	Coreia do Sul	Índia	México	Singapura
Argélia	Croácia	Indonésia	Níger	Suécia
Argentina	Dinamarca	Irão	Nigéria	Suíça
Austrália	Egipto	Irlanda	Noruega	Tailândia
Áustria	Equador	Islândia	Nova Zelândia	Turquia
Bélgica	Eslováquia	Israel	Paquistão	Uruguai
Bolívia	Espanha	Itália	Peru	Venezuela
Brasil	Estónia	Japão	Polónia	Vietname
Camboja	EUA	Jordânia	Portugal	
Canadá	Filipinas	Laos	Quénia	
Chile	Finlândia	Letónia	Reino Unido	
China	França	Líbia	República Checa	

Para cada um dos 71 países, recolhemos o seguinte conjunto de indicadores:

(a) Indicador de respeito pelos direitos humanos – percentagem do número de tratados internacionais (e protocolos) subscritos pelo país (num máximo de 18). Fonte: Indicadores de Direitos Humanos das Nações Unidas[2].

Tabela 2: **Os cinco países com maior e menor percentagem de tratados internacionais de direitos humanos subscritos (por ordem alfabética)**

5 MAIS	Argentina	Bolívia	Espanha	Itália	Uruguai
5 MENOS	Coreia do Norte	EUA	Irão	Malásia	Singapura

(b) Indicador sobre a qualidade do ordenamento jurídico – qualidade do Estado de direito, de zero a um. Fonte: Estado de direito, Indicadores de Governança do Banco Mundial (2005 e 2015)[3]. Este indicador tem sido usado frequentemente para medir a qualidade das instituições jurídicas, apesar de o seu excessivo enviesamento a favor dos países ocidentais já ter sido sobejamente criticado.

---

[2] «UN Human Rights Indicators», *in* ohchr.org, 2017. Os tratados incluídos na base de dados são os seguintes: *International Convention on the Elimination of All Forms of Racial Discrimination, International Covenant on Civil and Political Rights, International Covenant on Economic, Social and Cultural Rights, Convention on the Elimination of All Forms of Discrimination against Women, Convention against Torture and Other Cruel, Inhuman or Degrading Treatment or Punishment, Convention on the Rights of the Child, International Convention on the Protection of the Rights of All Migrant Workers and Members of Their Families, International Convention for the Protection of All Persons from Enforced Disappearance, Convention on the Rights of Persons with Disabilities* e os respectivos protocolos.
[3] *Rule of Law, World Bank Governance Indicators* (2005 & 2015).

Tabela 3: **Os cinco países com melhor e pior indicador Estado de direito** (*Rule of Law*), 2015 (por ordem alfabética)

5 MELHOR	Dinamarca	Finlândia	Noruega	Singapura	Suécia
5 PIOR	Coreia do Norte	Irão	Líbia	Nigéria	Venezuela

(c) Indicador de liberalismo político – qualidade da democracia, de zero a um. Fonte: Voz, Indicadores de Governança do Banco Mundial (2005 & 2015)[4]. Este indicador mede simultaneamente a existência de garantias democráticas, mas também a liberdade de expressão e publicação.

Tabela 4: **Os cinco países com melhor e pior desempenho no indicador Voz** (*Voice*), 2015 (por ordem alfabética)

5 MELHOR	Holanda	Nova Zelândia	Noruega	Suécia	Suíça
5 PIOR	Arábia Saudita	China	Coreia do Norte	Laos	Vietname

(d) Indicador de liberalismo económico – liberdade económica, de zero a um. Fonte: Liberdade Económica, Heritage Foundation (2017)[5]. Trata-se de um indicador composto que toma em conta sete dimensões distintas: ambiente de negócios, liberdade de comércio, carga fiscal, despesa orçamental, liberdade de investimento, liberdade financeira e respeito pelos direitos de propriedade.

Tabela 5: **Os cinco países com melhor e pior liberdade económica, 2017** (por ordem alfabética)

5 MELHOR	Austrália	Estónia	Nova Zelândia	Singapura	Suíça
5 PIOR	Argélia	Bolívia	Coreia do Norte	Sudão	Venezuela

---

[4] *Voice, World Bank Governance Indicators* (2005 & 2015).
[5] *Heritage Economic Freedom*, 2017.

Acrescem a estes indicadores os habituais controlos económicos (neste caso, a renda interna bruta *per capita*, 2016, em dólares americanos) e geográficos (União Europeia e OCDE). Finalmente, no seguimento da literatura mais jurídica (LA PORTA, LOPEZ-DE-SILANES e SHLEIFER, 2008), também comparamos a origem legal (em particular, países com um sistema jurídico de *common law*[6]).

A Tabela 6 lista as estatísticas descritivas de cada uma das variáveis. A renda interna bruta *per capita* foi logaritmizada para efeitos posteriores de análise de regressão como é habitual[7]. As restantes variáveis encontram-se definidas entre zero e um. A média dos indicadores é razoavelmente semelhante (cerca de 0,6), enquanto o desvio-padrão (a distribuição) é consistente (próximo de 0,3). Apenas o indicador de liberdade económica parece mais concentrado. Por outro lado, ainda que haja alterações da posição relativa dos vários países, os dois indicadores de liberdade política e qualidade do ordenamento jurídico parecem relativamente estáveis quando comparamos 2005 e 2015.

Em relação à percentagem de tratados assinados, observamos que a média ronda os 70% (sendo a mediana 72%), com uma variância relativamente curta. Dos 71 países na amostra, 15 são subscritores de 50% ou menos dos tratados internacionais, enquanto 35 assinaram mais de 75% dos tratados.

Um passo preliminar da análise empírica é verificar correlações parciais entre os indicadores. Uma vez que, nos casos

---

[6] O direito comparado divide as famílias legais em dois grandes grupos: direito codificado de raiz romana, como em Portugal (*civil law*), e direito consuetudinário, como no Reino Unido ou nos EUA (*common law*). Sendo um critério fundamentalmente ocidental, por via da expansão imperial europeia, praticamente todos os ordenamentos jurídicos do mundo podem ser alocados a uma destas duas famílias.

[7] Transformação de dados amostrais através de uma operação de logaritmização com o objectivo de diminuir efeitos espúrios derivados de uma variância excessiva.

Tabela 6: **Estatísticas descritivas**

	Definição	N. Obs.	Média	D Padrão	Min	Mx
PER	Percentagem tratados	71	0,70	0,19	0,17	1
RULE05	Estado de direito/*Rule of Law*, 2005	71	0,59	0,30	0,029	1
RULE15	Estado de direito/*Rule of Law*, 2015	71	0,60	0,31	0,05	1
VOICE05	Voz/*Voice*, 2005	71	0,60	0,32	0,05	1
VOICE15	Voz/*Voice*, 2015	71	0,58	0,31	0	1
FREE	Liberdade económica, 2017	70	0,64	0,13	0,049	0,886
GNI	Logaritmo da Renda Interna Bruta *per capita*, 2016	67	4,08	0,56	2,57	4,92
UE	Membro da UE, 2017	71	0,35	0,48	0	1
OCDE	Membro da OCDE, 2017	71	0,48	0,50	0	1
COMMON	*Common Law*	71	0,24	0,43	0	1

dos indicadores de liberalismo político e qualidade do ordenamento jurídico, temos as estatísticas de 2005 e 2015 para analisar possíveis efeitos desfasados no tempo, vamos considerar apenas o ano de 2015 para calcular correlações parciais contemporâneas.

Tabela 7: **Correlações parciais entre indicadores**

	PER	RULE15	VOICE15	FREE
PER	1			
RULE15	0,13	1		
VOICE15	0,48	0,84	1	
FREE	0,12	0,83	0,69	1

As correlações parciais da Tabela 7 mostram que existe uma forte relação entre os indicadores de liberalismo político e liberalismo económico assim como a qualidade do ordenamento jurídico. Todavia, quando olhamos para os direitos humanos, o indicador aparece apenas correlacionado com o liberalismo político. Em contrapartida, aparentemente não há grande ligação com o liberalismo económico ou com a qualidade do ordenamento jurídico (o que nos pode indicar que muitos países subscrevem os tratados internacionais sobre direitos humanos, mas sem grande efectividade jurídica interna).

Tabela 8: **Correlações parciais entre indicadores (apenas 24 países da UE)**

	PER	RULE15	VOICE15	FREE
PER	1			
RULE15	-0,12	1		
VOICE15	-0,04	0,97	1	
FREE	-0,50	0,68	0,61	1

Podemos, contudo, estudar estas correlações parciais apenas no contexto da União Europeia. Não só a relação da percentagem de tratados assinados com os restantes indicadores é negativa, como parece existir uma forte correlação negativa entre direitos humanos e liberdade económica. Estes resultados observam-se de forma inequívoca na Tabela 8. São, aliás, praticamente idênticos a um exercício semelhante para o espaço da OCDE (34 países na amostra). A conclusão parece ser que a relação positiva entre liberalismo político e direitos humanos advém mais dos países em vias de desenvolvimento e menos dos países mais desenvolvidos.

Vejamos também as correlações parciais com outras variáveis.

Tabela 9: **Correlações parciais entre direitos humanos e outras variáveis**

	PER	GNI	UE	OCDE	COMMON
PER	1				
GNI	0,04	1			
UE	0,44	0,29	1		
OCDE	0,35	0,64	0,64	1	
COMMON	-0,45	0,09	-0,17	-0,11	1

O indicador de direitos humanos não parece parcialmente correlacionado com a renda interna bruta *per capita* (portanto, não parece apontar para a ideia generalizada de que os países mais ricos são aqueles mais preocupados com os direitos humanos; na verdade, já tínhamos identificado os EUA e Singapura como duas excepções na Tabela 2). Resulta também curiosa a correlação negativa com os países de *common law*, precisamente porque parece existir uma tendência para os países de língua inglesa recusarem parte dos tratados internacionais sobre direitos humanos (com destaque para os EUA, Singapura e Malásia). Curiosamente, também não existe nenhuma correlação entre a origem legal e a renda interna bruta *per capita*, ao contrário do que tradicionalmente defendem economistas como Andrei Shleifer e seus co-autores (LA PORTA, LOPEZ-DE--SILANES e SHLEIFER, 2008)[8].

---

[8] Andrei Shleifer e seus co-autores desenvolveram aquilo que se designa por «teoria das origens jurídicas» (*legal origins theory*). Eles argumentam que os países com ordenamento jurídico de *common law*, como o Reino Unido ou os EUA, em média, crescem mais rapidamente do que os países com ordenamento jurídico civilista, como a Alemanha ou a França. Consequentemente, defendem eles, deveríamos observar uma correlação positiva entre a origem legal e a renda interna bruta *per capita*. Esta teoria, muito influente na agenda do Banco Mundial nas últimas décadas, já foi amplamente criticada por muitos outros académicos.

2. Resultados empíricos e discussão

As correlações parciais oferecem uma boa pista de análise empírica, mas são insuficientes para perceber a relação entre o indicador de direitos humanos (medido pela percentagem de tratados internacionais subscrita pelo país) e o conjunto da informação que temos. Para isso, necessitamos de um conjunto de regressões econométricas que resumimos na Tabela 10.

As regressões 1 a 6 são estimadas pelos mínimos quadrados ordinários (OLS, do inglês *Ordinary Least Squares*)[9] com um grau de qualidade razoavelmente aceitável (apenas a primeira regressão parece francamente aleatória)[10].

Podemos ver que a percentagem de tratados internacionais assinados em 2017 aumenta com o indicador de liberalismo político em 2015 (a semielasticidade varia entre 0,4 e 0,7) e decresce com a qualidade do ordenamento jurídico em 2015 (a semielasticidade varia entre 0,5 e 0,8). O indicador de liberdade económica parece não ter nenhum impacto estatisticamente significativo na variável dependente. A renda interna bruta *per capita* tem um coeficiente negativo consistente em todas as regressões, mas nunca estatisticamente significativo. A União Europeia tem um efeito positivo, enquanto a pertença

---

[9] A estimação pelo método dos mínimos quadrados ordinários (OLS) é a metodologia habitual num estudo econométrico. Trata-se de estimar os coeficientes de uma regressão minimizando os erros de previsão, de forma que o resultado seja o mais ajustado possível aos dados disponíveis.

[10] Contudo, dado que a variável dependente se encontra definida entre zero e um, pois é a percentagem de tratados internacionais, investigou-se também os resultados das regressões usando o método *tobit*, que confirma genericamente os resultados das regressões OLS (o método *tobit* é mais exigente, pois exige que a variável dependente esteja definida num intervalo finito, ao contrário do método OLS, em que a variável dependente não está condicionada, isto é, pode tomar qualquer valor numérico). É sempre importante verificar que os resultados das regressões OLS sobrevivem ao refinamento econométrico.

Tabela 10: **Regressões** (percentagem de tratados, variável dependente)

	REG1	REG2	REG3	REG4	REG5	REG6
Obs	67	67	67	67	70	71
R2	0,368	0,621	0,67	0,688	0,675	0,66
Constante	0,582***	0,9***	0,711***	0,693***	0,457***	0,6***
RULE5	-0,404***			0,26	0,085	-0,093
RULE15			-0,527***	-0,79***	-0,756***	-0,478**
VOICE5		0,738***		0,134	0,289	0,415
VOICE15			0,688***	0,561***	0,487*	0,4*
FREE	-0,26	-0,33	0,043	0,139	0,358*	
GNI	-0,022	-0,037	-0,022	-0,032		
UE	0,115***	0,057	0,089***	0,096***	0,095**	0,078**
OCDE	0,091	-0,023	-0,023	-0,04	-0,055	-0,055
COMMON	-0,147***	-0,161***	-0,166***	-0,164***	-0,162***	-0,156***

(***) Significância estatística a 1%; (**) Significância estatística a 5%; (*) Significância estatística a 10%

ao sistema de *common law* tem um efeito negativo, ambos estatisticamente significativos. As semielasticidades variam entre 0,08 e 0.12, para a União Europeia, e 0,15 e 0.16, para a *common law*.

Os resultados econométricos confirmam a relação entre direitos humanos e liberdade política. Mostram que a zona geográfica (União Europeia) é relevante, mas apontam para uma relação negativa com a qualidade do ordenamento jurídico e com a pertença à *common law*. A liberdade económica, assim como a renda interna bruta *per capita*, parecem estatisticamente pouco relevantes.

Usando a regressão 4, podemos esperar que um qualquer país da amostra subscreva cerca de 70% dos tratados internacionais. Essa percentagem sobe se o país for membro da União Europeia (para cerca de 79%) e em função do seu liberalismo político (por cada 0,1 adicional no indicador, sobe cerca de 6%). Em contrapartida, essa percentagem desce se o país pertencer ao mundo da *common law* (para cerca de 53%) e em função da qualidade do seu ordenamento jurídico (por cada 0,1 adicional no indicador, desce cerca de 8%). A Tabela 2 permite sintetizar a interpretação destes resultados. Vários países ricos e de *common law* estão abaixo dos 50% em termos de percentagem de tratados assinados (EUA, Singapura, mas também Israel). Ao mesmo tempo, o indicador de ordenamento jurídico tende a ser mais favorável aos países de *common law* do que aos países de *civil law* (tradição jurídica civilista), para um determinado nível de rendimento. Os resultados econométricos são consistentes com essa análise. Por outro lado, confirma-se o efeito positivo da política de promoção dos tratados internacionais da União Europeia por oposição aos restantes membros da OCDE.

3. Conclusões

Com alguma segurança, podemos afirmar que há uma estreita relação entre liberdade política e respeito pelos direitos humanos. Parece ser o resultado empírico mais forte da nossa investigação. Esta conclusão é independente de considerações geográficas (particularmente, União Europeia ou OCDE), económicas (medidas pela renda interna bruta *per capita*) ou jurídicas (quer a qualidade quer a origem do ordenamento jurídico interno).

Sabemos que, em média, um país subscreve cerca de 70% dos tratados internacionais sobre direitos humanos. Essa percentagem sobe significativamente em função da liberdade política. Aproxima-se mesmo dos 100% quando os indicadores de liberdade política são máximos. Não foi encontrada nenhuma relação estatística entre a liberdade económica e os direitos humanos. Parece existir alguma relação entre liberdade política e liberdade económica, mas é apenas documentada por uma análise de correlação parcial. Parte da explicação para este resultado está relacionada com alguns dos países com maior liberdade económica serem também reticentes a subscrever tratados internacionais de direitos humanos (muito particularmente, EUA e Singapura).

Os resultados empíricos parecem, pois, apoiar duas realidades distintas. A forte relação entre liberdade política, liberdade económica e direitos humanos parece existir nos países com uma tradição jurídica civilista. Por outro lado, um nível significativo de liberdade política e liberdade económica não parece estar significativamente ligado à consideração dos direitos humanos (medidos pelos tratados internacionais) no mundo de tradição anglo-americana. Por exemplo, o efeito estatístico positivo da União Europeia na percentagem de tratados assinados é de magnitude inferior ao efeito estatístico negativo da tradição de *common law* na mesma variável.

Duas notas finais sobre alguma prudência na interpretação dos resultados. Primeiro, mesmo considerando que a amostra é representativa das economias mais relevantes do mundo, trata-se apenas de metade do universo dos países actualmente existentes. É improvável que os resultados mudem significativamente com a inclusão da outra metade, mas não podemos descartar completamente essa possibilidade. Segundo, os indicadores medem o que medem. Consequentemente, apesar de os tratados internacionais serem uma fonte essencial de direitos humanos, não são certamente a única conceptualização possível, pelo que há que ser minimalista nas implicações filosóficas destes resultados. Nomeadamente, por exemplo, o papel dos

EUA nesta análise não pode ser ignorado, uma vez que apresenta fortes indicadores de liberalismo político e liberalismo económico, mas subscreve um número mínimo de tratados internacionais de direitos humanos.

Referências e leituras recomendadas

La Porta, Rafael; Lopez-de-Silanes, Florencio e Shleifer, Andrei, The Economic Consequences of Legal Origins, *Journal of Economic Literature* 46, 2008: pp. 285-332.

Mahoney, Paul, The Common Law and Economic Growth: Hayek Might be Right, *Journal of Legal Studies* 30, 2001: pp. 503-525.

Mayerfeld, Jamie, *The Promise of Human Rights: Constitutional Government, Democratic Legitimacy, and International Law*, Filadélfia, University of Pennsylvania Press, 2016.

Sloss, David L., Using International Law to Enhance Democracy, *Virginia Journal of International Law* 47, 2006: pp. 1-61.

Versteeg, Mila e Ginsburg, Tom, Measuring the Rule of Law: A Comparison of Indicators, *Law and Social Inquiry* 42, 2016: pp. 100-137.

Teorias da justiça

João Cardoso Rosas
Universidade do Minho

Segundo David Hume, existem determinadas circunstâncias que tornam a teorização da justiça simultaneamente possível e necessária. Para Hume, elas incluem circunstâncias objectivas, como a escassez moderada, e também subjectivas – neste caso, o carácter limitado da generosidade humana. Se todos fôssemos ilimitadamente generosos e se não existisse escassez, então os princípios de justiça que indicam como distribuir os bens materiais e imateriais que as sociedades humanas produzem não seriam necessários e, se calhar, nem mesmo possíveis.

Esta é a chamada «teoria das circunstâncias da justiça», ou do «contexto da justiça», que o pensamento contemporâneo, nomeadamente através de John Rawls, não deixa de retomar e actualizar. É certamente verdade que, numa sociedade de anjos ilimitadamente altruístas e na qual a única coisa de que os seres humanos necessitassem fosse o maná caído do céu, não pareceria cogente pensar as questões de justiça e distribuição. *Mutatis mutandis*, uma sociedade de escassez extrema e de puro egoísmo inviabilizaria também a distribuição e retiraria sentido a qualquer teorização da justiça. Mas a verdade é que as sociedades humanas conhecidas, em geral, vivem num contexto intermédio entre aquelas situações que, por excesso ou por defeito, tornariam o pensamento sobre a justiça desnecessário ou impossível.

As sociedades humanas incluem, pelo menos implicitamente, normas distributivas sobre os bens materiais e imateriais que produzem, sejam eles, por exemplo, o dinheiro, o reconhecimento social, a educação, ou algo mais genérico como as oportunidades de acesso a lugares e posições sociais, ou mesmo o bem-estar, ou a capacidade para atingir a realização pessoal. A teorização contemporânea da justiça consiste em pensar, no nosso contexto específico de sociedades modernas, qual a forma mais bem justificada de realizar tal distribuição, de um ponto de vista ético (isto é, colocando-se também no lugar dos outros).

Uma primeira característica central destas sociedades modernas é o seu pluralismo de doutrinas e visões do mundo e da vida. Numa perspectiva histórica, este pluralismo é herdeiro da Reforma Protestante, do surgimento de diversas confissões ou «denominações» no mundo cristão, primeiro na Europa e depois na América. A Reforma levou às guerras de religião, às grandes divisões políticas e sociais europeias. A solução para os problemas políticos e sociais que a Reforma introduziu consistiu na aceitação da liberdade de religião como uma saída prática, de modo a evitar a confrontação e permitir a estabilidade social. Desta forma, a liberdade de consciência e a liberdade religiosa estão no centro do constitucionalismo moderno triunfante na Europa e na América a partir do final do século XVIII, no seguimento da Independência Americana e da Revolução Francesa. O constitucionalismo moderno permitiu não só assegurar a paz mediante a liberdade religiosa, mas também entronizar no sistema legal outras liberdades individuais que, por sua vez, permitiram o reforço do pluralismo religioso e o seu alargamento a outras visões do mundo e da vida.

A teorização da justiça para o nosso tempo não pode deixar de incluir este «facto do pluralismo», como lhe chamou Rawls.

Uma segunda característica da teorização da justiça no quadro da modernidade é a relevância central de alguma ideia de igualdade, mais ou menos restrita, mais ou menos exigente. Nas sociedades pré-modernas predominava uma visão anti-igualitária. As divisões entre senhores e escravos, nobres e servos, a aristocracia e o povo, e outras semelhantes eram a regra e colhiam a aceitação geral. Daí a sua incorporação até mesmo no pensamento filosófico, com a famosa teoria aristotélica da escravatura natural, ou a «naturalização» da desigualdade em geral e da existência de uma estratificação fixa, avessa à mobilidade social. Aquilo que de mais relevante e também de mais permanente a modernidade trouxe foi precisamente a ideia de igualdade ou, como explicou o filósofo canadiano Charles Taylor, a ideia de «igual dignidade» de todos os seres humanos, traduzível desde logo na ideia de cidadania igual, dos mesmos direitos e deveres para todos os homens – e mais tarde, progressivamente, também para as mulheres, os jovens, as minorias diferenciadas por algum factor à partida discriminatório. Todas as teorias contemporâneas da justiça articulam, de alguma forma, a ideia de igualdade. Mas podem conferir-lhe um papel mais ou menos expansivo, consoante os pressupostos seguidos: podem restringir-se à igualdade da liberdade de mercado, ou alargá-la à liberdade de forma mais abrangente, ou às oportunidades, ou à riqueza, ou ao bem-estar, ou à realização das capacidades humanas, etc.

Nas próximas páginas esboçaremos algumas das teorias que, partindo da aceitação do contexto da justiça, assim como do pluralismo doutrinal e do cariz vagamente igualitário da mentalidade moderna, procuram estabelecer, de forma argumentada, o melhor modo de distribuir através das instituições sociais as vantagens e encargos que decorrem da vida social.

1. O princípio de utilidade

Uma das formas de pensar a distribuição numa sociedade pluralista é o chamado «princípio de utilidade». Esta é também, porventura, a abordagem mais popular entre economistas, políticos e pelo menos em parte do discurso comum, em geral de uma forma escassamente reflectida. Mas a teoria utilitarista não tem realmente que ver com formulações do senso comum e está bem assente num respeitável *pedigree* ético e filosófico. O fundador da teoria foi o filósofo inglês Jeremy Bentham, mas o mais famoso dos seus cultores foi o seu discípulo John Stuart Mill. A tradição manteve-se desde então, com muitos intérpretes de gabarito teórico, como Henry Sidgwick ou, nos nossos dias, Peter Singer.

O utilitarismo cresce a partir da desconfiança em relação aos grandes princípios abstractos da filosofia política moderna, como é o caso dos direitos naturais do Homem ou do constructo teórico de um contrato social que vincularia todos os membros da sociedade. Para os utilitaristas nada disso existe, trata-se apenas de «ficções», como dizia Bentham, que seriam substituídas com vantagem por um princípio muito simples e prático, o «princípio de utilidade», cuja formulação pode variar de «A maior felicidade para o maior número» (Bentham) à forma mais sucinta e mais usada contemporaneamente: «Maximizar o bem-estar». Mas se o princípio é sucinto na sua formulação, o que quer ele dizer realmente?

Em primeiro lugar, para o utilitarismo é sempre o «bem-estar» aquilo que convém distribuir. Para os utilitaristas clássicos (Bentham, Stuart Mill), o bem-estar é lido hedonisticamente e identifica-se com a existência de prazer e ausência de dor (em termos físicos, psíquicos, espirituais, etc.). Mas é também particularmente conhecida a divergência entre Stuart Mill e Bentham quanto à forma de descrever o prazer. Stuart Mill faz uma rectificação valorativa do hedonismo simples de Bentham, na medida em que considera que existem prazeres inferiores (os físicos, os mais simples) e superiores (os intelectuais, culturais, etc.). Para Stuart Mill, a promoção da utilidade correctamente entendida implica privilegiar os prazeres superiores face aos inferiores. Mas grande parte do utilitarismo contemporâneo abandona o hedonismo, tanto simples como rectificado, por o considerar demasiado subjectivo e difícil de medir e comparar em termos interpessoais. A maior parte dos pensadores contemporâneos considera que o bem-estar deve antes ser entendido como «satisfação de preferências racionais informadas». A ideia de satisfação de preferências permite uma ordenação objectiva das preferências de cada um, em cada situação particular. Mas também esta formulação não deixa de ter problemas, já que é difícil estabelecer que preferências devem ser consideradas racionais e quais as que o não são, e é ainda mais problemático encontrar formas de afastar preferências especialmente condenáveis (como são as de um assassino sádico, para dar apenas um exemplo).

Em segundo lugar, seja qual for a interpretação que façamos da ideia de bem-estar, o princípio de utilidade diz-nos que devemos maximizá-lo, isto é, gerar não apenas algum bem-estar, mas o maior bem-estar possível e de uma forma socialmente agregada. Por isso o utilitarismo, sendo aplicável tanto a decisões individuais como a decisões que vinculem a comunidade, é especialmente significativo neste último caso. Numa decisão política ou num acto legislativo, o agente deve sempre perguntar-se qual dos cursos de acção ou das peças legislativas maximiza a utilidade social – e decidir em conformidade. O problema aqui é a agregação das utilidades individuais. Como ganha a opção que gera maior utilidade ou bem-estar de forma agregada, é sempre possível que uma minoria seja sacrificada em nome do bem-estar da maioria. Para muitos adversários do utilitarismo, este é o seu ponto mais sensível.

Em terceiro lugar, finalmente, o critério de maximização do bem-estar que o princípio de utilidade preconiza é sempre visto olhando apenas às consequências das acções ou regras adoptadas e nunca às intenções subjacentes. Por isso costuma dizer-se que o utilitarismo é um consequencialismo e está centrado nos efeitos em todos aqueles que são afectados pela acção ou pela medida adoptada. As intenções do agente não importam.

Note-se que o princípio de utilidade permite realmente decidir em matérias políticas, seja mediante um cálculo intuitivo sobre o que poderá maximizar o bem-estar em termos consequencialistas, seja de forma mais rigorosa como, por exemplo, através de estudos de custo-benefício em decisões sobre obras públicas, ou de cálculos sobre a melhor forma de gastar o orçamento estatal da saúde com vista a permitir prolongar vidas humanas com qualidade. Sobretudo em política orçamental, é provavelmente indesejável ou mesmo impossível evitar o recurso a cálculos de utilidade. Com efeito, não faria sentido, de um ponto de vista moral, gastar as verbas disponíveis em aspectos que não melhoram o bem-estar social quando existem alternativas mediante as quais esse bem-estar pode efectivamente ser maximizado.

E quanto às políticas distributivas? Note-se que a lógica interna do utilitarismo consiste sempre em gerar o maior bem-estar em termos agregados, e não há nenhuma excepção a esse quesito. Ou seja, se uma dada distribuição for justificável por razões independentes da maximização da utilidade, tal justificação não tem, para os defensores da perspectiva utilitarista, nenhuma validade. No entanto, o utilitarismo não pode deixar de favorecer políticas distributivas, desde que elas sejam – e são efectivamente – justificadas pela «utilidade marginal decrescente». Ou seja, a utilidade criada em alguém depende sempre daquilo que essa pessoa tem à partida. Por exemplo, cinco euros causam maior bem-estar a um pedinte na rua do que a uma pessoa abastada (para a qual um adicional de cinco euros não tem nenhum significado). Assim, a utilidade ou bem-estar criado pela mesma quantidade de algo – por exemplo, dinheiro – decresce para quem tem mais à partida e cresce para quem tem menos à partida. Por isso a distribuição de quem tem mais para quem tem menos é justificável em termos de criação de bem-estar agregado. A utilidade ou bem-estar total da sociedade aumenta quando se distribui de quem tem mais para quem tem menos. Mas não é o facto da distribuição que os utilitaristas consideram moralmente aconselhável – é antes o facto de essa distribuição acabar por maximizar o bem-estar agregado de uma forma que não seria possível na ausência de políticas distributivas.

2. A justiça como equidade

A ideia de maximização da utilidade permite orientar moralmente as políticas públicas numa sociedade moderna – e isso acontece amiúde –, mas não constitui propriamente uma teoria da justiça. A justiça consiste em pensar quais os quesitos e restrições que se devem aplicar à distribuição, e quais os direitos e deveres que daí decorrem para os cidadãos, de uma forma independente face à maximização da utilidade. Por outras palavras: para os defensores da justiça na sociedade, aquilo que é justo deve prevalecer sobre critérios de maximização do bem-estar e a maximização do bem-estar deixa de ser desejável quando é injusta.

No pensamento contemporâneo, este tipo de intuição foi amplamente desenvolvido pelo filósofo norte-americano John Rawls, que, por sua vez, abriu caminho a uma continuada e complexa reflexão sobre o tema, embora muitas vezes restrita à academia. Rawls considera que a justiça é a mais alta virtude de uma sociedade e que, portanto, não deve ser sacrificada à utilidade ou a qualquer outro valor.

Para estabelecer argumentativamente a ideia de justiça, Rawls inventa uma experiência mental a que chama «argumento da posição original». A ideia básica é a de imaginar indivíduos racionais numa situação ideal de escolha, na qual não existam assimetrias entre eles nem preconceitos, e deixá-los escolher a melhor concepção para a sociedade comparando, nomeadamente, o princípio de utilidade com princípios de justiça. Ao entrar neste tipo de discussões e comparações, somos geralmente levados a preferir as alternativas que se enquadram com a nossa própria experiência e, não raras vezes, o nosso interesse egoísta. A posição original visa eliminar esses aspectos que comprometem a racionalidade e a moralidade da escolha. A escolha resultante da posição original será equitativa, porque resulta de uma situação inicial ela própria marcada pela equidade.

Imaginemos então seres nossos representantes — as «partes» na posição original — dotados de racionalidade instrumental e iguais entre si. Essas «partes» estão colocadas debaixo de um espesso «véu de ignorância», ou seja, podem conhecer factos gerais sobre a vida humana nas nossas sociedades (por exemplo, o contexto da justiça e o pluralismo que apontámos inicialmente), mas nada sabem sobre sociedades particulares ou sobre os indivíduos concretos que representam (não sabem se essas sociedades ou esses indivíduos são ricos ou pobres, letrados ou iletrados, qual a sua visão do mundo, etc.). Uma característica relevante nas partes é a sua aversão ao risco, que podemos associar ao facto de estarem colocadas numa posição de incerteza: não sabendo que pessoas concretas representam, elas compreendem que essas pessoas podem estar na posição menos privilegiada na sociedade e, portanto, nunca poderão escolher princípios para a ordenação da sociedade, princípios de utilidade ou de justiça, que, quando aplicados, possam ser especialmente nocivos para os menos privilegiados. Desta forma, as partes adoptam uma regra de decisão racional a que se chama *maximin*: elas decidem escolher princípios que permitam a cada indivíduo, incluindo os mais desfavorecidos, maximizar o mínimo que possam obter.

Para completar o seu argumento, Rawls confronta então as partes na posição original hipotética com a possibilidade de escolherem, em alternativa ao princípio de utilidade, dois princípios de justiça que ele próprio formula. Diferentemente do princípio de utilidade, esses dois princípios de justiça não procuram indicar como distribuir um único bem geral traduzível em preferências individuais, como é o bem-estar, mas antes uma lista de bens específicos que Rawls considera fundamentais ou «primários», porque permitem o acesso a todos os outros bens que podemos procurar. Esses bens primários são o rendimento e a riqueza (ou seja, o que se traduz em dinheiro), mas também as liberdades, as oportunidades e a possibilidade de atingir o respeito próprio. Como, então, distribuir esses bens de forma justa?

Numa sociedade de indivíduos basicamente iguais, parece que, em princípio, esses bens materiais e imateriais deveriam ser distribuídos igualmente por todos. Isso seria uma forma de «igualitarismo estrito». Mas, mesmo para um pensador fortemente igualitário como Rawls, não faz sentido defender um igualitarismo estrito se pensarmos que a distribuição desigual de, pelo menos, algum dos bens primários pode redundar em benefício de todos e, em particular, daqueles que estejam pior na sociedade. Não faria sentido defender um igualitarismo estrito se ele implicasse um nivelamento por baixo, ou seja, uma sociedade que, para ser estritamente igualitária, preferisse viver na pobreza absoluta por comparação com outra sociedade um pouco desigual mas que, graças ao sistema de incentivos criado pela desigualdade, permite que mesmo os mais desfavorecidos vivam claramente acima da pobreza absoluta.

Assim, os princípios de justiça formulados por Rawls estabelecem que as liberdades básicas, civis e políticas devem ser distribuídas igualmente por todos, mas que é possível alguma desigualdade económica e social desde que se cumpram duas condições: ela seja associada a uma distribuição das oportunidades que procure tanto quanto possível igualizar a situação de todos à partida, especialmente mediante o acesso universal à educação (princípio da igualdade equitativa das oportunidades), e seja também para o maior benefício dos mais desfavorecidos (princípio da diferença). Desta forma, a admissão de alguma desigualdade permite a existência de um sistema de incentivos sociais (não ganham todos o mesmo, não estão todos na mesma posição), ao mesmo tempo que compensa aqueles que têm um ponto de partida menos favorável, mas também aqueles que em qualquer momento da sua vida acabam por ficar, por alguma razão, em situação particularmente desfavorecida (no que diz respeito ao rendimento e à riqueza, mas também aos outros bens sociais primários).

Quando, do ponto de vista da posição original, as partes nossas representantes comparam o princípio de utilidade acima formulado com a concepção de justiça formulada por Rawls, facilmente estabelecem a preferência racional por esta. Com efeito, o princípio de utilidade, ao não estabelecer provisões específicas em relação aos mais desfavorecidos, daria origem a uma sociedade na qual alguns poderiam ser sacrificados em nome do bem-estar geral. Pelo contrário, os princípios de justiça apresentados por Rawls garantem as mesmas liberdades para todos, uma igualdade de oportunidades que procura corrigir as desvantagens dos menos beneficiados pela lotaria social (o contexto do seu nascimento) e, finalmente, a correcção da posição de todos os mais desfavorecidos, desde logo os mais pobres, mediante algum sistema de transferências do Estado que melhore o mais possível a sua posição, sem eliminar a desigualdade como sistema de incentivos.

Assim, Rawls quer mostrar-nos que, se a nossa decisão sobre o melhor sistema distributivo for tomada de forma imparcial e não guiada pelos nossos preconceitos ou pela nossa experiência particular, preferiremos uma sociedade não estritamente igualitarista, mas, ainda assim, com forte exigência igualitária.

Esta é uma sociedade que pratica a equidade ao corrigir circunstâncias sociais mas também naturais que colocam alguns em desvantagem, sem que sejam por isso moralmente responsáveis. Por isso é uma sociedade em que também é possível gerar o respeito mútuo e o respeito próprio de todos os seus membros.

Muita da literatura pós-rawlsiana procura acrescentar ou corrigir alguns aspectos da proposta de Rawls. Assim, alguns – chamados «igualitaristas da sorte» – consideram, no seguimento da contribuição de Ronald Dworkin para a teoria igualitária, que a concepção de justiça de Rawls, sendo embora superior ao princípio de utilidade, não foca devidamente os problemas da desigualdade que advêm das escolhas pessoais, pelas quais os indivíduos devem ser responsabilizados, assim como as desigualdades que são produzidas por factores de pura má sorte, como é o caso da deficiência física ou psíquica. Assim, por exemplo, parece não fazer sentido corrigir a posição desfavorecida de quem assim ficou por comer caviar e beber champanhe francês a todas as refeições, ou deixar de atribuir especial atenção a quem tem uma deficiência grave, ainda que não pertença à classe mais pobre da sociedade. Para os «igualitaristas da sorte», uma teoria equitativa deve ser calibrada de modo a incluir estes casos.

Numa outra vertente, Amartya Sen, aceitando por inteiro o legado de Rawls e a centralidade da justiça como equidade, afasta-se da tendência deste para a «teoria ideal», defendendo uma visão mais pluralista dos princípios de justiça e a consequente possibilidade de ideais diferentes e de caminhos distintos para as sociedades humanas atingirem a justiça. Devemos construir sociedades justas comparando possibilidades, mais do que definindo um ideal absoluto e medindo todas as sociedades por essa mesma bitola. E devemos prestar particular atenção não apenas às instituições da justiça – como acontece em Rawls –, mas também ao tipo de sociedade concreta que elas produzem.

3. Propriedade de si mesmo e Estado mínimo

A distribuição equitativa pensada por Rawls e pelos seus seguidores igualitários é vista como profundamente injusta pelos pensadores libertaristas, que, como Robert Nozick, consideram que ela desrespeita o indivíduo e os seus direitos. Se os utilitaristas, como o próprio Rawls poderia dizer, correm o risco de sacrificar o indivíduo em nome da utilidade social, os rawlsianos, segundo Nozick, incorrem em risco semelhante ao pôr os mais favorecidos ao serviço dos menos favorecidos por causa dos efeitos redistributivos da concepção de justiça e, em particular, do «princípio da diferença».

Nozick adopta e reformula uma ideia que herda de John Locke, segundo a qual cada indivíduo é proprietário de si mesmo e daí decorrem direitos individuais extremamente exigentes e que não podem ser cancelados. Nozick é de tal forma radical neste seu individualismo autoproprietário, que considera que os indivíduos têm, inclusive, o direito de se venderem a si mesmos como escravos. Mas é na questão da propriedade de bens materiais, vista como uma extensão natural da propriedade de si mesmo, que a sua teoria apresenta mais consequências significativas.

Todo o indivíduo tem direito à propriedade dos bens que adquire sem roubo ou fraude, seja por contrato de compra e venda, herança ou de qualquer outra forma. Se a transferência é feita de forma aceite por todos os intervenientes, então o resultado é justo e deve ser respeitado. Assim, o facto de alguns serem extremamente ricos e outros muito pobres não implica necessariamente a existência de injustiça. A injustiça não depende de uma determinada estrutura distributiva – como acontece nas teorias referidas na secção anterior –, mas antes daquilo que aconteceu no passado. Não sendo estrutural mas antes histórica, a justiça não implica nenhuma distribuição equitativa ou distribuição útil, mas apenas aqueles resultados distributivos que não resultam de uma política estatal ou institucional, sendo o produto das múltiplas transferências entre indivíduos livres ao longo do tempo.

É certo que Nozick não deixa de admitir a grande fragilidade desta teoria que consiste em não ter existido um ponto de partida conhecido em que todos possuíssem basicamente o mesmo e que nos permitisse controlar se, ao longo da história, as diferentes transferências foram ou não justas. Aliás, a verdade é claramente diferente dessa visão, já que muitas dessas transferências foram feitas historicamente com o recurso à fraude, ao uso da força, à guerra e à conquista. Mas, contornando o problema, Nozick considera que a redistribuição no tempo presente seria um castigo excessivo pelos pecados passados da humanidade.

É particularmente conhecida a crítica de Nozick à tentativa de impor algum padrão ou algum resultado final distributivo, tal como acontece com aquilo a que chamamos «o Estado social». A imposição de padrões ou resultados finais implica a interferência nas decisões livres dos indivíduos. Todos os dias, em cada sociedade humana, existem milhões de transferências e, a todo o momento, uns vendem e outros compram, uns doam e outros recebem, etc. Quando o Estado tenta apropriar-se de uma parte dos resultados dessas transferências, sob a forma de impostos e com vista à redistribuição, está no fundo a praticar uma espécie de roubo. Isso é particularmente grave nos impostos sobre rendimentos do trabalho: ao colectar esses impostos, o Estado está a condenar os cidadãos a trabalhos forçados. Por outras palavras: cada indivíduo tem de trabalhar gratuitamente para o Estado durante uma boa parte do seu tempo – aquele que corresponde à percentagem colectada pelo imposto sobre rendimentos –, e isso configura uma constante interferência na liberdade e no que dela resulta.

Apesar disso, Nozick não chega a ponto de defender a abolição total dos impostos e do Estado, uma vez que defende o chamado «Estado mínimo», isto é, restrito à prevenção do uso indevido da força, roubo, fraude e incumprimento dos contratos. O Estado mínimo justifica-se porque é necessário para proteger o indivíduo e a sua propriedade, já que, na sua inexistência, o estado de natureza ou algo semelhante não seria suficientemente estável. É a própria espontaneidade do devir social que encaminha as comunidades para uma situação na qual uma determinada entidade – a que convencionamos chamar Estado – pode reivindicar «o monopólio da violência autorizada num dado território» (a famosa definição de Estado de Max Weber). Desta forma estão criadas as condições para a protecção dos indivíduos e da sua propriedade. Mas a partir do momento em que este Estado passa a atribuir-se tarefas distributivas, não apenas protectivas, então torna-se num Estado «social» que interfere indevidamente na liberdade de cada um e nas múltiplas interacções entre todos.

4. O bem da comunidade

Se alguns, como Nozick, procuram exacerbar o papel do indivíduo na concepção da justiça, negligenciando o papel dos laços sociais de interdependência ou solidariedade, outros há, como os pensadores comunitaristas, que procuram fazer exactamente o contrário. Note-se que, para uns como para outros, o referencial é sempre o pensamento de Rawls e dos seus seguidores. Os individualistas como Nozick afastam-se de Rawls porque este procura garantir a igualdade e a fraternidade social através da igualdade de oportunidades e do princípio da diferença. Por seu turno, os comunitaristas criticam em Rawls aquilo que seria o seu excessivo individualismo liberal e o pressuposto de que cada indivíduo deve ter liberdade para escolher a sua concepção do bem, desde que ela não seja contrária aos princípios de justiça. Já em relação à demanda de maior igualdade e solidariedade social, os comunitaristas não têm, pelo menos em princípio, uma objecção radical.

O paradigma comunitarista contemporâneo inaugura-se com a crítica de Michael Sandel à teoria da justiça de Rawls. Sandel considera que este labora em erro ao apresentar uma concepção de justiça sem uma teoria prévia e mais robusta do bem. Sabemos que Rawls confere prioridade à justiça em relação ao bem precisamente porque pressupõe uma sociedade pluralista, na qual várias concepções determinadas do bem compatíveis com a justiça são possíveis. Mas, para Sandel, isso é um problema e não uma vantagem.

Segundo Sandel, cada pessoa forma a sua identidade imersa numa certa comunidade, com uma ideia de bem muito mais definida do que Rawls parece admitir. A ideia de pessoa implícita no pensamento de Rawls e protegida por um conjunto de liberdades iguais para todos é, segundo Sandel, algo caricatural: uma pessoa abstracta e desincorporada, capaz de escolher concepções do bem ou finalidades para a sua vida como uma criança diante de uma montra de doces. Ora, não é assim que cada um de nós escolhe o que é o bem para si mesmo. Esse processo depende em boa parte da inserção comunitária do indivíduo, de uma ideia partilhada de bem comum e das práticas que definem a própria comunidade. O modo como cada um de nós se concebe a si mesmo depende dessa experiência pessoal e não de uma existência descontextualizada.

No entanto, Sandel nunca desenvolveu verdadeiramente uma teoria da justiça alternativa à rawlsiana. Ainda assim, a sua crítica abriu o caminho a uma visão da justiça que não seja formulada independentemente do bem de uma determinada comunidade e na qual o Estado não poderá nem deverá justificar a sua acção apelando à neutralidade diante das diferentes concepções do bem.

Michael Walzer, por seu turno, formula uma alternativa comunitarista completa e assumida, por assim dizer, ao liberalismo igualitário de Rawls. Cada sociedade específica, cada Estado no mundo moderno, deve decidir em função dos entendimentos partilhados dos seus cidadãos sobre quais os bens mais importantes e quais os critérios distributivos que se lhes devem aplicar. Ou seja, em Walzer não há lugar para uma «posição original» ou outro tipo de dispositivo semelhante. Não devemos tapar os olhos perante a sociedade concreta na qual vivemos. Pelo contrário, só conhecendo essa sociedade e o modo como se estruturam os entendimentos entre os cidadãos sobre o que é justo e o que o não é, será possível definir a justiça – que será sempre local e nunca universal, a menos que existam aspectos que de forma reiterada apareçam em diferentes sociedades. A teoria walzeriana abre assim a teorização da justiça a uma maior sensibilidade ao relativismo cultural – o que é sempre e ao mesmo tempo interessante e problemático.

Mas a especificidade do pensamento de Walzer consiste também, e de forma relevante, na afirmação da pluralidade dos bens a distribuir, assim como dos critérios distributivos. Não existe uma lista única e universal de bens sociais primários e também não podemos subsumir todos os bens a distribuir num único critério, ou num pequeno conjunto de critérios distributivos. Consideremos algumas possibilidades: o critério distributivo para o dinheiro – por exemplo, a oferta e procura no mercado – não tem de ser o mesmo que se aplica à educação – que pode ser a universalidade ou o mérito. O critério que usamos para distribuir o poder político – por exemplo, eleições democráticas – não tem de ser o mesmo que preside à atribuição da provisão social, incluindo cuidados de saúde (aí um bom critério seria a necessidade aferida em termos médicos).

Há uma pluralidade de critérios distributivos em esferas específicas de justiça, com bens particulares a distribuir. A questão fundamental da justiça será, para cada sociedade, honrar o seu próprio entendimento dessas distribuições em cada momento histórico, escapando às manipulações políticas e ideológicas. Mas honrar a diferença entre as esferas da justiça, aceitar a complexidade das distribuições e dos seus critérios significa sobretudo impedir, na prática, a excessiva predominância de qualquer um dos bens. Walzer é claro na crítica à sociedade americana pelo predomínio do dinheiro e da esfera do mercado. Este corre o risco de poder comprar tudo, incluindo, por exemplo, educação, cuidados de saúde ou poder político, tudo bens que deveriam estar sujeitos a critérios distributivos autónomos.

O problema maior do predomínio de um bem, como o dinheiro, ou o próprio poder político, ou a graça divina em sociedades teocráticas, ou a educação em sociedades tecnocráticas, etc., é que a classe que detém esse bem tende também a ser uma classe dominante. O predomínio de uns bens sobre os outros é injusto e transforma-se também em dominação de uns seres humanos sobre outros seres humanos.

5. Justiça e democracia

A breve incursão que aqui fizemos nas teorias contemporâneas da justiça é necessariamente lacunar. Mas procura, ainda assim, formar uma amostra significativa da diversidade dos princípios e teorias concorrentes quanto à melhor forma de distribuir aquilo que é produzido ou advém da cooperação social. Uns chamam a esse produto o «bem-estar», outros «bens sociais primários», outros «recursos», outros ainda «bens sociais», sem especificar se são primários ou não, etc. Há ainda mais possibilidades.

Mas a maior divergência entre os teóricos referidos não está na designação daquilo que se distribui e que, em geral, pode ser susceptível de conversão. A maior divergência está antes naquilo a que podemos chamar «a função distributiva», isto é, no modo de distribuir. No caso dos utilitaristas, pretende-se simplesmente a «maximização», sendo a distribuição vista como um subproduto. Rawls prefere «maximizar o mínimo», criando assim um padrão distributivo a favor dos mais desfavorecidos. Nozick considera que a única coisa a garantir para todos é a «protecção da propriedade», mas prefere não chamar a isso uma função distributiva. Os comunitaristas têm perspectivas diversificadas, mas Walzer pensa que cada bem específico deve ser distribuído de acordo com uma função adequada a esse mesmo bem, seja ele material ou imaterial.

Como decidir, então, o que fazer numa sociedade moderna, vagamente igualitária e pluralista? Será que devemos interpretar esta diversidade de concepções de justiça como uma «catástrofe moral» (como A. MacIntyre), na qual nenhum acordo é possível e nos resta apenas recolher à nossa pequena «comunidade de sentido», na qual todos partilham da mesma visão do mundo e da vida, numa qualquer aldeia isolada ou num convento de muros altos? Embora esses exercícios de pessimismo militante sejam bastante populares, pelo menos em teoria, eles não são certamente os mais lúcidos, nem os mais consequentes.

A justiça e a distribuição não são algo que possamos fazer ou não fazer. São algo que fazemos de qualquer forma, e o que está em causa é saber se estamos realmente a fazê-lo da melhor maneira. As sociedades em que vivemos experimentam, todos os dias, a necessidade de tomar decisões que nos vinculam a todos em conjunto, através da lei e do poder político, quanto ao modo de distribuir os produtos da cooperação social. A distinção entre a justiça e a injustiça, que só concepções como as acima formuladas nos podem providenciar de forma argumentada, é uma necessidade premente.

Ainda assim, devemos reconhecer a pluralidade das concepções de justiça no pensamento e na prática contemporâneas. Se, em termos filosóficos, consideramos que há concepções superiores às demais, como sejam as que, no seguimento de Rawls, procuram promover e aperfeiçoar a equidade, no plano político elas jogam-se e decidem-se em termos democráticos. Nas sociedades modernas, o pluralismo das próprias concepções de justiça transforma-se em mais uma das circunstâncias nas quais a nossa vida colectiva se desenrola. Resta-nos esperar que a concorrência entre essas diferentes concepções possa ocorrer através da luta política pacífica, num quadro democrático de respeito pelos direitos políticos dos cidadãos. Mas, numa época de populismos e novos autoritarismos, sabemos que nada está garantido.

Referências e leituras recomendadas

ARNSPERGER, Christian e VAN PARIJS, Philippe, *Ética Económica e Social*, Porto, Afrontamento, 2004 [1.ª ed. em francês: 2003].

DWORKIN, Ronald, *Sovereign Virtue: The Theory and Practice of Equality*, Cambridge, Harvard University Press, 2000.

GARGARELLA, Roberto, *Las teorías de la justicia después de Rawls*, Barcelona, Paidós, 1999.

GOODIN, Robert, *Utilitarianism as a Public Philosophy*, Cambridge, Cambridge University Press, 1995.

KUKATHAS, Chandran e PETTIT, Philip, *Rawls: «Uma Teoria da Justiça» e os Seus Críticos*, Lisboa, Gradiva, 1995 [1.ª ed. em inglês: 1990].

KYMLICKA, Will, *Contemporary Political Philosophy*, 2.ª ed., Oxford, Oxford University Press, 2002.

LUKES, Steven, *O Curioso Iluminismo do Professor Caritat*, Lisboa, Gradiva, 1996 [1.ª ed. em inglês: 1995].

NOZICK, Robert, *Anarquia, Estado e Utopia*, Lisboa, Edições 70, 2009 [1.ª ed. em inglês: 1974].

RAWLS, John, *Uma Teoria da Justiça*, Lisboa, Presença, 1993 [1.ª ed. em inglês: 1971. A tradução portuguesa é feita a partir da edição revista por Rawls e utilizada para todas as traduções.]

RAWLS, John, *Justice as Fairness: A Restatement*, Cambridge: Massachusetts, The Belknap Press of Harvard University Press, 2001.

ROSAS, João Cardoso (org.), *Manual de Filosofia Política*, Coimbra, Almedina, 2008 [2.ª ed. revista e aumentada: 2013].

ROSAS, João Cardoso, *Concepções da Justiça*, Lisboa, Edições 70, 2011.

SANDEL, Michael, *O Liberalismo e os Limites da Justiça*, Lisboa, Fundação Calouste Gulbenkian, 2005 [1.ª ed. em inglês: 1982. A tradução portuguesa é feita a partir da 2.ª ed. em inglês, de 1998].

SEN, Amartya, *The Idea of Justice*, Londres, Allen Lane, 2009.

WALZER, Michael, *As Esferas da Justiça*, Lisboa, Presença, 1999 [1.ª ed. em inglês: 1983].

Da responsabilidade e ética política

Marina Costa Lobo
Instituto de Ciências Sociais da Universidade de Lisboa

Robert Dahl colocou a responsabilidade como questão central da ética política quando referiu que a «característica fundamental da democracia é a contínua *accountability* dos governos às preferências dos cidadãos, considerados politicamente iguais» (1971). De facto, em matéria de ética política, existem dois modelos principais. Um primeiro é o que se entende normalmente como equivalente à procura de regras claras que demarquem o público do privado. Quando ocorre um conflito de interesse, este revela os padrões existentes de ética política numa dada democracia. No segundo modelo, a ética política é tratada como um processo. Assim sendo, o comportamento ético na política não é apenas uma questão de comportamentos que protegem contra o vício; também envolve o exercício de um julgamento na busca da virtude política. E porque o público tem um forte interesse em seleccionar líderes com capacidade e vontade de seguir o curso moralmente correcto, a decisão final sobre esses comportamentos deve acontecer durante o processo eleitoral, e não ser definido por poderes independentes de conselheiros ou tribunais. Pode, pois, em certa medida, ser entendido o conceito de *accountability*, ou responsabilidade, como uma dimensão da ética política, se esta última for vista como uma qualidade do processo político.

Em Portugal, tem-se usado o termo «responsabilidade» ou até o mais abrangente conceito de «responsividade» para equivaler àquela que é uma das marcas centrais da ética pública (LOBO, JALALI e SILVA, 2013). Num manual da prestigiada colecção dos Oxford Handbooks, sobre Gestão Pública, Mark Bovens afirmava que «a responsabilidade política é a principal referência do governo democrático. A democracia não é real se o poder político não for responsabilizado pelos seus actos e omissões, decisões, políticas e despesas» (2005, p. 182). Indo mais ao detalhe, segundo SCHEDLER (1999), podemos falar de responsabilidade vertical e horizontal. A primeira diz respeito à forma como os eleitores exercem um julgamento sobre o desempenho dos governantes. A segunda trata da forma como as várias instituições de soberania num Estado se controlam mutuamente, num processo de «checks and balances» (pesos e contrapesos).

Tem havido alguns estudos sobre a importância do conceito de «accountability» ou «responsabilidade», inclusive em novas democracias (SCHEDLER, 1999; SCHEDLER, DIAMOND e PLATTNER, 1999; SCHMITTER, 2007; BEETHAM, 2013). Embora um elemento definidor da qualidade da democracia e da ética política, o problema da responsabilidade tem vindo a tornar-se ainda mais premente nos últimos anos. Segundo RODRIK (2018), as democracias liberais estão em crise nos seus dois elementos constitutivos, isto é, tanto na componente liberal como na componente da democracia. Tem-se dado muita importância à componente da crise na dimensão do liberalismo, ou seja, da emergência das democracias *iliberais*. Tanto a presidência de Donald Trump, como o *Brexit* no Reino Unido ou a ascensão eleitoral de partidos populistas na Europa sublinham a ameaça representada pela «democracia iliberal» – a emergência de uma combinação entre política autoritária e eleições populares, mas pouco respeito pela lei ou pelos direitos das minorias. Muito menos se tem escrito sobre o problema do crescimento dos *liberalismos não democráticos*. Estes últimos seriam aqueles regimes em que os procedimentos democráticos, e por isso a «accountability» ou a «responsabilidade», são cada vez menos importantes, sendo substituídos por um processo tecnocrático de tomada de decisão. Neste tipo de política, os governantes são cada vez menos responsabilizados democraticamente, devido à imposição de um conjunto de restrições que limitam a sua margem de manobra política. Esse constrangimento acontece sempre que corpos burocráticos ou reguladores autónomos estabelecem políticas, ou estas são impostas de fora pelas regras da economia global.

Existem boas razões para se circunscrever o poder das maiorias. Por regra, em democracia, instituições políticas com legitimidade eleitoral convivem com instituições contramaioritárias, tais como os tribunais constitucionais, que condicionam essas mesmas maiorias porque avaliam da constitucionalidade das leis. Pensando na concepção do equilíbrio interinstitucional, a legitimidade constitucional convive com a legitimidade eleitoral, embora haja equilíbrios distintos entre países e tradições democráticas. No caso do Reino Unido, o peso e a importância da soberania eleitoral são considerados muito mais importantes do que qualquer constrangimento contramaioritário. Embora a retórica ultrapasse a realidade, a concepção britânica de democracia deposita no parlamento praticamente toda a soberania. O facto de não haver um documento escrito que se possa chamar a Constituição britânica também facilita este entendimento. Na maioria dos países continentais europeus a realidade é bem diferente. Assim, o equilíbrio entre os poderes das instituições com legitimidade eleitoral convive com poderes contramaioritários. É claro que, em muitos casos, estas instituições têm origem em nomeações políticas. Mas não são eleitas de forma directa, e têm mandatos de independência, mais ou menos eficazes, em relação aos partidos. Além disso, todos os Estados-membros da União Europeia (UE) aceitam o *acquis communautaire* (adquirido comunitário), que impõe limitações à margem de manobra de um governo, e submetem-se à jurisdição do Tribunal Europeu de Justiça. Assim, o significado do conceito de tecnocracia tem evoluído rapidamente no contexto da UE. De acordo com BERTSOU e PASTORELLA (2016, p. 431), a tecnocracia pode ser definida como «decisões sobre política tomadas por peritos, em contraste com a governação, que é levada a cabo por políticos eleitos». De um ponto de vista estrito, o governo tecnocrático envolveria a nomeação de líderes não partidários que ficam na chefia de executivos, constituindo-se assim como alternativa ao governo democrático.

De facto, a tecnocracia tem-se tornado num tema importante na Europa de hoje. Isto é especialmente verdade no contexto dos países da Zona Euro, em que a união monetária europeia significou a transferência da tomada de decisão para estruturas tecnocráticas supranacionais, tais como o Banco Central Europeu ou a Comissão Europeia (LAFFAN e SCHLOSSER, 2016). É certo que a UE não se pode equacionar com uma tecnocracia *tout court*; ela tem elementos em que os detentores de cargos são actores políticos, eleitos pelos cidadãos, tal como o Parlamento Europeu ou o Conselho de Ministros.

Este problema é particularmente grave nos países que, no auge da crise, foram resgatados ou deram posse a governos tecnocráticos. Entre 2010 e 2016, a Grécia, a Irlanda e Portugal precisaram de ser resgatados por programas de resgate financeiro desenhados por tecnocratas do Fundo Monetário Internacional (FMI), da Comissão Europeia (CE) e do Banco Central Europeu (BCE). Além disso, a Espanha também se submeteu a um resgate tecnocrático para o seu sector bancário em 2012. Tanto na Grécia como em Itália houve mesmo governos tecnocráticos durante o período da crise. Os programas que foram implementados nesses países trouxeram para o centro do debate político o poder dos tecnocratas na determinação da política nacional.

Sendo certo que estes contrapoderes sempre existiram, a questão que se coloca quando se fala de «liberalismos não democráticos» é que estamos perante uma tendência das democracias avançadas em que o equilíbrio interinstitucional diminui cada vez mais a margem de manobra do poder político, seja porque este está condicionado por outras instituições ou porque é liminarmente substituído por tecnocratas.

A questão da tecnocracia interpela também o modelo de comportamento eleitoral, uma vez que a identificação partidária é vista como um elo central da ligação dos cidadãos à esfera política. Se os partidos deixam de ser os principais actores do processo de tomada de decisão política, deixarão também de servir como intermediários entre os votantes e as instituições? Em que medida é que o comportamento de voto pode ser afectado por esta mudança no equilíbrio de poder entre peritos e políticos? De uma forma mais abrangente, se pensarmos nos factores de curto prazo que ajudam os eleitores a formar o seu sentido de voto, também aqui poderemos ver alterações na importância que factores económicos e os próprios líderes têm nesse cálculo, caso as decisões sejam tomadas por actores não políticos. Naturalmente, ambos terão menos importância aos olhos dos cidadãos caso as decisões sobre política económica sejam cada vez mais tomadas a nível supranacional, por instituições que não estão dependentes da vontade popular.

É nesse sentido que se pode inferir que a questão da «accountability», e em particular a responsabilidade vertical, tem sido um tema transversal na investigação que tenho levado a cabo ao longo dos últimos anos. A perspectiva tem sido, a partir das percepções dos cidadãos, compreender em que medida é que estes consideram que o governo presta contas, que é responsável perante o eleitorado. Essa prestação de contas pode ocorrer no momento do voto, quando os Portugueses se baseiam em percepções de competência dos líderes, ou sobre o desempenho económico, para premiar ou castigar o governo em funções. Por outro lado, e pensando na forma como os Portugueses viveram a crise da Zona Euro, verificamos que a questão da tecnocracia e a imposição de regras de fora pela economia global têm marcado muito a governação em Portugal. Em que medida é que esta crescente tecnocratização governativa teve um impacto sobre a capacidade dos Portugueses de responsabilizar o governo em funções? Essa questão foi abordada por mim pelo menos em três temas que tenho trabalhado nos últimos 15 anos. Irei de seguida descrevê-los:

Em primeiro lugar, o tema da *importância dos líderes* para a explicação do comportamento de voto, e em que medida o eleitorado responsabiliza os governantes pelo seu desempenho – sobre o qual se remete para publicações anteriores[1].

Em segundo lugar, e ainda no que diz respeito ao comportamento de voto, a forma como os cidadãos castigam ou premeiam os partidos de governo em função do desempenho económico, normalmente apelidado de *voto económico*, também tem sido um foco da minha pesquisa. Com a importância dos líderes, estes dois factores são normalmente considerados os principais meios de garantir a responsabilidade dos governantes perante os eleitores[2].

---

[1] Publiquei vários artigos sobre este tema, bem como capítulos de livros, além de ter organizado um livro para a Oxford University Press, sendo a publicação mais recente um artigo para a *West European Politics*, publicado em 2017 (com Frederico Ferreira da SILVA).

[2] Neste tema destacaria o seguinte texto: Economic Crisis and Elections: The European Periphery, *Electoral Studies* 31, 2012: pp. 469-471, que publiquei em co-autoria com Michael LEWIS-BECK e Paolo BELLUCCI.

Em terceiro lugar, o tema da *europeização das políticas* e a forma como, em particular a crise da Zona Euro, tem constrangido a capacidade de responsabilização dos governantes por parte dos cidadãos. Este é o tema do projecto ERC (European Research Council), que lidero desde 2016 e que pretende mapear a forma como a crescente importância da Europa tem alterado o debate político, seja do ponto de vista mediático, no que concerne aos debates parlamentares ou também, e principalmente, em relação ao comportamento de voto.

Neste texto irei recordar algumas das principais conclusões do meu trabalho recente em cada uma destas áreas que tenha tido a responsabilidade como objecto, e focando especialmente o caso português. No seu conjunto, os resultados da investigação favorecem uma melhor compreensão do conceito de «accountability», ou «responsabilidade», que tem sido um dos focos transversais do meu percurso académico e que contribui para aferir a ética do processo político em Portugal.

1. Responsabilidade e o comportamento de voto

Através do projecto pioneiro sobre o «Comportamento Eleitoral dos Portugueses» (www.cep.ics.ul.pt), foi possível realizar inquéritos pós-eleitorais desde 2002 em todas as eleições legislativas. Com base nos dados gerados pelos inquéritos, construímos um perfil do eleitor português. Portugal é um caso em que as raízes sociais do partidarismo e do comportamento de voto são especialmente fracas, mesmo quando comparadas a outras democracias do Sul da Europa. Não havendo uma forte ancoragem social do voto, a ideologia e a identificação partidária são importantes. Além disso, a simpatia pelos líderes partidários é um elemento central nas considerações dos eleitores quando se trata de decidir em que partido votar. Os sentimentos em relação aos líderes estão intimamente relacionados com outros factores de curto prazo, em particular a avaliação do desempenho do governo no cargo, nomeadamente em termos dos resultados económicos, mas também dos líderes políticos (FREIRE, LOBO e MAGALHÃES, 2004). Do ponto de vista dos líderes, Portugal acompanha outras democracias em que estudos sobre o relacionamento entre líderes, seus partidos e instituições políticas têm demonstrado a crescente personalização da política. Isto é, independentemente da posição constitucional formal, os líderes partidários têm-se tornado mais importantes do ponto de vista político, a nível do governo, do partido e nas eleições (POGUNTKE e WEBB, 2005). Aqueles que enfatizam a tese de personalização vêem esse fenómeno com múltiplas causas (THOMASSEN, 2005), das quais destacaria as seguintes: a contemporaneidade está marcada por uma crescente individualização, o que leva a uma diminuição da capacidade de agregação de instituições outrora intermediárias da política, tal como os partidos, os sindicatos ou as igrejas. Assim, esta individualização faz que o eleitorado esteja menos organizado politicamente e, portanto, mais disponível para ouvir um líder ou outro e isso mudar o seu sentido de voto. Para esse impacto dos líderes muito tem contribuído o domínio comunicacional dos *media*, e em particular da televisão como meio de comunicação por excelência entre partidos e eleitores. Na televisão, os líderes políticos têm a primazia. Contam menos os programas políticos, os activistas partidários. Estes, pela sua natureza, tendem a apagar-se, e o líder que comunica aparece como o verdadeiro e quase único representante do partido, o que naturalmente leva à personalização da política. Outro factor a destacar é a forma como a política se tem internacionalizado. No caso concreto dos países-membros da União Europeia, o crescente poder do Conselho Europeu, em que os líderes aparecem sozinhos no palco europeu, joga em detrimento da colegialidade, que tende a ser a marca do parlamentarismo europeu.

É neste contexto nacional e internacional que as escolhas de voto ocorrem tendo em conta as questões de curto prazo incluindo os líderes, em vez de utilizar o partido em si e o seu programa político como sinal para tomar uma decisão sobre como votar (DALTON e WATTENBERG, 2000; MAIR, MÜLLER e PLASSER, 2004).

Num artigo recente em co-autoria com Frederico Ferreira da Silva (2017), analisámos o impacto dos líderes desde 2002 para os dois principais partidos, Partido Socialista (PS) e Partido Social Democrata (PSD). Verificámos que estes têm um impacto significativo na escolha do voto. Para cada ano considerado, e utilizando um modelo multivariado abrangente de comportamento de voto, o efeito do líder é significativo tanto para o PS como para o PSD. Estas conclusões vêm confirmar os nossos estudos anteriores em Portugal (LOBO, 2004 e 2009), e não são uma novidade na literatura sobre os efeitos de liderança, uma vez que os líderes demonstraram ter um efeito importante na escolha do voto, mesmo quando os modelos de análise incluem controlos bastante fortes que contabilizam explicações alternativas de comportamento de voto.

No entanto, o que mais nos interessava era verificar em que medida a importância dos líderes tinha aumentado em Portugal. A tese da personalização não afirma apenas que os líderes contam, mas que os líderes contam *cada vez mais*. Os nossos resultados mostram que há, de facto, um aumento nos efeitos de liderança ao longo do tempo. Em 2011 e 2015, os líderes tiveram um impacto maior na escolha do voto do que nos anos anteriores – o que se verifica em relação tanto ao PSD como ao PS.

Qual o significado deste aumento evidente do papel dos líderes políticos para a responsabilidade do sistema político? A importância dos líderes no comportamento de voto foi inicialmente entendida como uma deterioração da «responsabilidade», um sinal de uma redução do conteúdo político das escolhas eleitorais (CAMPBELL, 1966; NIE, VERBA e PETROCIK, 1976). Desta perspectiva, usar os líderes como heurística para decidir em quem votar simbolizaria um declínio na responsabilidade entre eleitores e políticos: os primeiros seriam levados por imagens mediáticas atraentes projectadas por líderes sorridentes, em vez de estarem a escolher através da leitura de programas partidários ou da mobilização política feita pelos partidos no terreno. Todavia, isso só é verdade se, empiricamente, for determinado que os líderes importam pelas suas características pessoais, ou se eles importarem especialmente para pessoas com conhecimentos políticos reduzidos. Pelo contrário, se os líderes forem importantes por causa das posições políticas que ocupam, da representação de um determinado partido ou para aqueles com identificação partidária, devemos concluir que a crescente importância dos líderes para as democracias contemporâneas é um sinal de um eleitorado político e racional.

Sobre este assunto, tem havido várias pesquisas e ainda não foi encontrado um consenso definitivo. Num estudo que publiquei em 2015, usando dados de inquéritos para as eleições portuguesas, italianas e espanholas, mostra-se que entre um quinto e a metade dos eleitorados nestes países não tem nenhuma identificação partidária, ou decide tarde em que partido vota ou muda de sentido de voto de uma eleição para a outra. Para estes desalinhados, a importância do líder é maior do que para aqueles que se identificam com um partido. Os desalinhados tendem a ser, pelo menos nos países analisados, menos instruídos e menos interessados nas campanhas eleitorais (LOBO, 2015).

Do ponto de vista das qualidades dos líderes, numa outra investigação e considerando os votantes do PS e do PSD, foi possível comparar a importância dos líderes não apenas enquanto tal, mas em termos de características pessoais. Neste caso, chegámos à conclusão de que são as suas qualidades políticas (por exemplo, «competência para resolver os problemas do país») e não as suas qualidades mediáticas (por exemplo, «falar bem») que explicam o sentido de voto dos portugueses. Desse ponto de vista, esta investigação sugere que o voto nos líderes, longe de estar dependente simplesmente da sua imagem mediática, também é explicado pelo posicionamento *político* destes e dos eleitores e é, por isso, uma escolha feita com «responsabilidade». Logo, concluímos pela importância dos líderes em Portugal, reconhecendo que estes desempenham um papel determinante nas escolhas dos eleitores. Mais investigação e mais dados permitirão compreender o real significado desta relação entre cidadãos e líderes partidários para a qualidade da responsabilidade.

Ao longo deste percurso de investigação, também fomos analisando a importância do outro grande factor explicativo do voto no curto prazo, fundamental para a questão da responsabilidade, a saber, o das percepções sobre o desempenho da economia. Num estudo comparativo (FREIRE e LOBO, 2005), no Sul da Europa, observámos, entre 1985 e 2000, as percepções económicas eram mais importantes como variáveis explicativas do comportamento de votação do que a classe social. No entanto, este estudo tinha limitações metodológicas porque não utilizou inquéritos pós-eleitorais, recorrendo, em sua substituição, a inquéritos do Eurobarómetro. Mais recentemente, foi possível demonstrar que as percepções económicas foram geralmente o factor mais importante para explicar as escolhas de voto nas eleições de 2002 em Portugal, logo a seguir à avaliação e à ideologia dos candidatos (FREIRE, 2007). No estudo mais abrangente até à data, FREIRE e SANTANA-PEREIRA (2012) concluíram que as percepções económicas são significativas, num modelo multivariado de explicação do voto. Quer isto dizer que se testou a importância das percepções sobre a economia para os votantes, além de outros factores que sejam fundamentais para explicar o voto, e se concluiu que o impacto das percepções sobre a economia eram de facto relevantes para a explicação do voto. A importância que os factores de curto prazo têm para o sentido de voto dos Portugueses torna a questão da «responsabilidade», no quadro dos avanços no processo de integração europeia, e em particular no quadro da União Económica e Monetária (UEM), ainda mais importante para Portugal. É precisamente a investigação sobre este tema que apresentamos a seguir.

2. Responsabilidade, voto económico e Europa

Um dos factores que podem prejudicar a força do voto económico é a falta de clareza na responsabilidade das políticas económicas. Tal pode suceder por várias razões. Em primeiro lugar, acontece quando os governos são de coligação e o ministro das Finanças e o primeiro-ministro são de partidos diferentes. Também pode ocorrer em regimes semipresidenciais, em que presidente e governo partilham as tomadas de decisão económica. Ambas as situações configuram contextos em que não é claro para o votante quem se deve responsabilizar pelo desempenho da economia. Além disso, em sistemas federais em que as decisões económicas são partilhadas entre o Estado central e as entidades subnacionais, o voto económico tende a ser menor.

Mais recentemente, a questão da abertura da economia tem sido entendida como um factor que pode mitigar a clareza da responsabilidade e, por isso, o voto económico. Com efeito, uma crescente literatura comparativa tem enfatizado o impacto da abertura económica sobre a magnitude do coeficiente de voto económico (DUCH e STEVENSON, 2010; VOWLES e XEZONAKIS, 2010; SOROKA e WLEZIEN, 2010; HELLWIG, 2011). Num artigo recente (LOBO e LEWIS-BECK, 2012), explorámos a importância do processo de integração europeia, em particular a criação e implementação da UEM na diminuição da clareza de responsabilidade. A principal hipótese desenvolvida nesse artigo é a de que os cidadãos dos países periféricos, que sofreram com a austeridade imposta devido aos compromissos da moeda única, tenham percepcionado que o governo nacional deixou de ter as rédeas da política económica do país. Isto porque, durante a crise da Zona Euro, se tornou claro que muitas das decisões sobre política financeira, monetária, orçamental e até de crescimento dependiam em grande parte das instituições europeias e das regras que estas instituem. Esta realidade acelerou consideravelmente a partir da criação da moeda única.

Para compreender esta quebra na «responsabilidade», e usando dados do *European Election Study* recolhidos em 2009 em Portugal, Espanha, Grécia e Itália, testámos a hipótese de que, se os indivíduos considerarem que *a Europa é responsável* pela política económica nacional, eles provavelmente tenderão a punir menos o governo por uma crise económica. Os resultados confirmaram a hipótese, a saber, que o grau de percepção da UE como responsável pela economia reduz a força do voto económico em cada um desses países.

Chegados aqui, quisemos alargar a nossa investigação no âmbito do projecto ERC sobre o impacto da europeização no quadro da União Económica e Monetária, para compreender se a diminuição da clareza da responsabilidade é de facto real entre os eleitores.

Sabemos que a crise da Zona Euro constituiu um processo de aprendizagem pelo qual os cidadãos se tornaram conscientes dos compromissos supranacionais que os Estados a que eles pertenciam tinham assumido quando concordaram com a UEM (RUIZ-RUFINO e ALONSO, 2017; SÁNCHEZ-CUENCA, 2017). Além disto, também todas as mudanças feitas na governança europeia desde o início da crise foram no sentido de uma maior supranacionalização da política, reforçando assim os poderes das instituições não eleitas. Ou seja, a introdução de medidas de reforço do controlo significa que regras e discrição foram estruturalmente europeizadas num cenário pós-resgate (LAFFAN e SCHLOSSER, 2016). Com efeito, a diminuição da clareza de responsabilidade não terminou com o fim do programa de ajustamento acordado com a Comissão Europeia, o Banco Central Europeu e o FMI, uma vez que todos os países continuam na UEM e o controlo exercido pelas instituições centrais aumentou.

Estes desenvolvimentos colocam enormes desafios ao conceito de «responsabilidade» tal como ele opera nos sistemas políticos da UE e, por sua vez, à ética política, entendida como um processo que envolve o exercício de um julgamento na busca da virtude política. Essa perspectiva de ética política configura um lugar central para as eleições na busca dessa virtude. O processo de europeização, que foi tão decisivo para a consolidação das democracias, pode agora, perante o aprofundamento da UEM sem mecanismos de democratização da UE, contribuir para mitigar um elemento central da «responsabilidade» no sistema político, a saber, a capacidade que os eleitores têm de premiar ou culpabilizar os seus governantes pelo desempenho da economia.

Referências e leituras recomendadas

BEETHAM, David, *The Legitimation of Power*, [s.l.], Palgrave Macmillan, 2013.

BELLUCCI, P.; LOBO, M. C. e LEWIS-BECK, M., Economic Crisis and Elections: The European Periphery, *Electoral Studies* 31, 2012: pp. 469-471.

BERTSOU, Eri e PASTORELLA, Giulia, Technocratic attitudes: a citizens' perspective of expert decision-making, *West European Politics* 40, 2016: pp. 430-458.

Bovens, M., The concept of public accountability, *in* Ferlie, Lynn e Pollitt, *The Oxford Handbook of Public Management*, Oxford, Oxford University Press, 2005.

Campbell, A., *Elections and the Political Order*, Nova Iorque, Wiley, 1966.

Dahl, R., *Polyarchy*, Yale, Yale University Press, 1971.

Dalton, R. e Wattenberg, M., *Parties without Partisans: Political Change in Advanced Industrial Democracies*, Oxford, Oxford University Press, 2000.

Duch, R. e Stevenson, R., The Global Economy, Competency, and the Economic Vote, *The Journal of Politics* 72, 2010: pp. 105-123.

Freire, A., Issue Voting in Portugal, *in* Freire, A.; Lobo, M. C. e Magalhães, P. (ed.), *Portugal at the Polls in 2002*, Lanham: Maryland, Lexington, 2007, pp. 101-124.

Freire, A., e Lobo, M. C., Economics, ideology and vote: Southern Europe, 1985-2000, *European Journal of Political Research* 44, 2005: pp. 493-518.

Freire, A.; Lobo, M. C. e Magalhães, P., *Portugal a Votos*, Lisboa, Imprensa de Ciências Sociais, 2004.

Freire, A. e Santana-Pereira, J., Economic voting in Portugal, 2002--2009, *Electoral Studies* 31, 2012: pp. 506-512.

Hellwig, T., The world economy, political control, and responsibility for economic performance, *Conference European Responses to the Economic Crisis: Lessons for the United States*, Bloomington, Indiana University, 8 de Abril de 2011.

Laffan, B. e Schlosser, P., Public finances in Europe: fortifying EU economic governance in the shadow of the crisis, *Journal of European Integration* 38, 2016: pp. 237-249.

Lobo, M. C., O impacto dos líderes, *in* Freire, A.; Lobo, M. C. e Magalhães, P., *Portugal a Votos*, Lisboa, Imprensa de Ciências Sociais, 2004.

Lobo, M. C., Parties and Leader Effects: Impact of Leaders in the Vote for Different Types of Parties, *Party Politics* 14, 2008: pp. 281-299.

LOBO, M. C., A escolha de um primeiro-ministro: o impacto dos líderes nas eleições de 2005, *in* LOBO, M. C. e MAGALHÃES, P. (org.), *As eleições legislativas e presidenciais, 2005-2006*, Lisboa, Imprensa de Ciências Sociais, 2009.

LOBO, M. C., Dealignment and Leader Effects, *in* LOBO, M. C. e CURTICE, J. (org.), *Personality Politics?: The Role of Leader Evaluations in Democratic Elections*, Oxford, Oxford University Press, 2014.

LOBO, M. C.; JALALI, C. e SILVA, F. F., Responsividade política em Portugal: retrato de um processo de deterioração em curso, *in* MAGALHÃES, P.; PINTO, A. C. e SOUSA, L. (org.), *A Qualidade da Democracia em Portugal*, Lisboa, Imprensa de Ciências Sociais, 2013.

LOBO, M. C. e KARREMANS, J., Revisiting the Politicization of the EU. A three-dimensional approach, *in* LOBO, M. C.; SILVA, F. C. e ZÚQUETE, J. P., *Citizenship in Crisis*, Lisboa, Imprensa de Ciências Sociais, (no prelo).

LOBO, M. C. e LEWIS-BECK, M., The integration hypothesis: How the European Union shapes economic voting, *Electoral Studies* 31, 2012: pp. 522-528.

LOBO, M. C. e SILVA, F. F., Prime ministers in the age of austerity: an increase in the personalisation of voting behaviour, *West European Politics*, 2017: pp. 1-20.

MAIR, P.; MÜLLER, W. e PLASSER, F., *Political Parties and Electoral Change: Party Responses to Electoral Markets*, Londres, Sage, 2004.

NIE, N.; VERBA, S. e PETROCIK, J., *The Changing American Voter*, Cambridge: Massachusetts, Harvard University Press, 1976.

POGUNTKE, T. e WEBB, P., *The Presidentialization of Politics: A Comparative Study of Modern Democracies*, Oxford, Oxford University Press, 2005.

RODRIK, D., «The Double Threat to Liberal Democracy», *in Project Syndicate*, Fevereiro de 2018. Disponível em: https://www.project-syndicate.org/commentary/double-threat-to-liberal-democracy-by-dani-rodrik-2018-02.

Ruiz-Rufino, R. e Alonso, Sonia, Democracy without choice: Citizens' perceptions of government autonomy during the Eurozone crisis, *European Journal of Political Research* 56, 2017: pp. 320-345.

Sánchez-Cuenca, Ignacio, From a Deficit of Democracy to a Technocratic Order: The Postcrisis Debate on Europe, *Annual Review of Political Science* 20, 2017: pp. 351-369.

Schedler, A., Conceptualizing Accountability, *in* Schedler, A.; Diamond, L. e Plattner, M., *The Self-Restraining State: Power and Accountability in New Democracies*, Londres, Lynne Rienner Publishers, 1999.

Schedler, A.; Diamond, L. e Plattner, M., *The Self-Restraining State: Power and Accountability in New Democracies* (org.), Londres, Lynne Rienner Publishers, 1999.

Schmitter, P., «Political Accountability in "Real-Existing" Democracies: Meaning and Mechanisms», Working Paper, European University Institute, 2007: pp.1-21.

Soroka, S. e Wlezien, C., *Degrees of Democracy: Politics, Public Opinion, and Policy*, Nova Iorque, Cambridge University Press, 2010.

Thomassen, Jacques (org.), *The European Voter: A Comparative Study of Modern Democracies*, [s.l.], Oxford University Press on Demand, 2005.

Vowles, J. e Xezonakis, G., «From Positional to Valence Issues? Ideology, Leadership, Globalization, and Electoral Choice», 2010.

Regimes democráticos: virtualidades e contradições

Diogo Pires Aurélio
Faculdade de Ciências Sociais e Humanas
da Universidade Nova de Lisboa

A democracia abandonou, há já algum tempo, a condição de simples regime, para se converter num padrão à luz do qual se avalia a política, em particular a legitimidade dos poderes e das leis. Diferentemente do que acontecia num passado não muito longínquo, em que o regime ombreava com outros igualmente aceitáveis, a democracia representa hoje, mais do que uma certa arquitectura institucional, um modo de coexistência para o qual não se conhece verdadeira alternativa, no plano dos factos ou das ideias, e que tem alastrado em sucessivas «vagas», consagrando o «governo do povo» como a única forma de organização legítima na ordem política. Não quer dizer que todos os governos sejam, *de facto*, democráticos – se bem que todos eles, salvo raras e conhecidas excepções, reivindiquem essa classificação, incluindo oligarquias e despotismos vários – ou que se deva ignorar os sinais crescentes de declínio ou «desconsolidação» da democracia[1]. Mas quer certamente dizer que a escolha dos órgãos de poder pelo povo se impôs como referência, deslegitimando os regimes que não levem em conta, pelo menos nominalmente, a vontade dos cidadãos livremente expressa nas urnas. Para todos os efeitos, a democracia tornou-se num valor e num sinónimo do justo na esfera pública.

A razão deste sucesso e deste «bom nome», como lhe chama Mandelbaum[2], é compreensível. Por um lado, o regime afirma-se como expressão da autonomia dos indivíduos e dos povos, traduzindo em política ideias que sempre estiveram no cerne da modernidade. Por outro lado, a sua expansão tem-se feito acompanhar de expectativas de paz e de prosperidade, em consonância com a utopia cosmopolita dos alvores do capitalismo, segundo a qual a ciência triunfaria sobre a superstição das seitas, e o livre comércio sobre a violência das guerras[3]. Democratizar, num tal contexto, significaria não só a recusa da autoridade não consentida, mas também a criação de condições para o desenvolvimento e, obviamente, a justiça.

A par, no entanto, com o alastrar da democracia um pouco por todo o mundo, a sua imagem degrada-se em países onde ela se tinha por consolidada: desconfiança face a governos e parlamentos; captura da soberania por poderes não eleitos e do Estado por grupos económicos; ineficácia do aparelho judicial no combate à corrupção; impotência da burocracia perante a complexidade do sistema financeiro. Além disso, longe de compensar a descrença no regime, a recente conversão de muitos Estados à democracia demonstrou, com frequência, que o sufrágio popular também pode caucionar a violação de direitos, ou

---

[1] Cf. FOA, Roberto Stefan e MOUNK, Yascha, The Danger of Deconsolidation: The Democratic Disconnect, *Journal of Democracy* 27, 2016: pp. 5-17.

[2] MANDELBAUM, Michael, *Democracy's Good Name: The Rise and Risks of the World's Most Popular Form of Government*, Nova Iorque, PublicAffairs, 2007.

[3] ROSANVALLON, Pierre, *Le capitalisme utopique. Histoire de l'idée de marché*, Paris, Éditions du Seuil, 1979.

revelar-se, até, liberticida: governos que, uma vez legitimados pelas urnas, se transformam em «democracias iliberais» e subvertem, mediante referendos, a separação de poderes; crítica populista às instituições, em nome de uma pretensa vontade popular genuína; atentados às liberdades individuais, a pretexto da segurança. Convirá, pois, verificarmos em que consiste o «governo do povo, pelo povo e para o povo» (Lincoln): afinal, que virtualidades o recomendam, não obstante as contradições que nele são visíveis e, porventura, inevitáveis?

1. Soberania popular e representação

A democracia afirma-se no pensamento moderno (Hobbes, Espinosa, Locke) como um elemento subjacente a toda a política. Abandonada a ideia de governo em nome de uma instância transcendente, torna-se impossível entender o poder, inclusive em monarquia, a não ser como originariamente derivado do povo. No entanto, a vontade popular é irrealizável se não houver quem a personalize. Em qualquer regime, o povo só assume a existência política mediante a representação da sua vontade e de si mesmo como colectivo. O que distingue a democracia de hoje, tanto da sua versão antiga como de outros regimes, não é, pois, a transferência do poder, a qual ocorre em todas as formas políticas, mas a natureza das instituições para as quais se faz essa transferência e que estruturam o exercício da representação, dando lugar a um novo tipo de regime, o governo representativo, de que fala Stuart Mill. Tanto ou mais do que o sufrágio, a democracia requer procedimentos que condicionem o poder, por muito que ele esteja escorado no voto popular. Não foi por cegueira ideológica ou por mero interesse que o regime democrático suscitou tanta suspeita durante tantos séculos; foi, sim, porque se via nele uma porta escancarada aos demagogos e à anarquia. Se, no século XX, ele passou a ser genericamente considerado «o menos mau dos regimes», como lhe chamou Churchill, e, sobretudo, o que melhor responde à questão da legitimidade para mandar, isso deve-se ao facto de o sufrágio, entretanto, se ter acomodado na rede de instituições que lastram o constitucionalismo liberal e asseguram o primado da lei – o Estado de direito –, prevenindo assim o risco de arbitrariedade por parte das maiorias. Na ausência desse quadro institucional, pode haver governantes legitimados pelo voto, mas não haverá decerto uma verdadeira democracia.

Vem desta sua natureza dúplice a «crise» frequentemente diagnosticada ao regime democrático. Na verdade, levada à letra, a soberania do povo implicaria que o exercício do poder não fosse transferido, em conformidade com o ideal da democracia de assembleia, em que as decisões de âmbito colectivo resultam de deliberações igualmente colectivas. No limite, o corpo social sobreviveria sem órgãos apropriados para lhe dar ordens, ou seja, para agregar preferências e interesses, decidir e impor normas. Porém, a organização política, por mais democrática que seja, é insustentável sem um corpo de instituições globalmente reconhecidas, nem que fosse apenas a instituição que faz equivaler a vontade da maioria à vontade de todos, ou a que define o prazo de validade das decisões tomadas em assembleia, fixando o lugar e a data da assembleia seguinte, conforme argutamente observou Hobbes[4]. Sem esse mínimo de mediação, hoje em dia operacionalizada através do sufrágio e de uma arquitectura jurídico-institucional, a vontade popular não seria senão uma abstracção e, do ponto de vista político, nem sequer se poderia falar de povo, uma vez que faltariam os meios indispensáveis para constituir e consolidar, por meio das normas, um verdadeiro corpo social. É por isso que se chama representativa à democracia que realmente se conhece, a fim de a distinguir das suas congéneres, mais ou menos utópicas ou

---

[4] *On Citizen*, Part Two, VII, 5.

radicais, nas quais ela se insinua como libertação e se consolida, invariavelmente, como pesadelo.

A democracia distingue-se dos restantes regimes, antes de mais, por interiorizar na ordem jurídica a legitimidade da competição pacífica pelo poder, o que implica o reconhecimento, por um lado, da natureza efémera e sempre «criticável» da sua titularidade[5], por outro, das liberdades individuais e da igualdade de direitos. Para que a soberania seja não só popular, mas também democrática, o povo terá de reservar para si, na pessoa de cada um dos cidadãos, pelo menos o direito de discordar daqueles que elegeu para o representar, a par do direito de os substituir. Por definição, o poder em democracia não está cativo de ninguém. Contudo, para que a liberdade individual se efective, é também necessário um quadro normativo que regule a sua aplicação e, desse modo, a impeça de se autodestruir. Por outras palavras, para sair da abstracção e viabilizar a coexistência das suas múltiplas manifestações, a liberdade precisa de regras, às quais só o colectivo de cidadãos poderá, em última instância, outorgar validade.

A soberania popular é, portanto, originariamente apurada em eleições e, só depois, objectivada através dos mecanismos da representação, o que implica reconhecer-se o voto como um direito. Deve esse direito ser também uma obrigação, de modo a reduzir o abstencionismo? Adoptado actualmente em mais de duas dezenas de países, como por exemplo o Brasil, a Austrália ou a Argentina, o voto obrigatório, além de promover, segundo os seus defensores, a cidadania e reforçar a legitimidade dos representantes, obrigaria também os candidatos a terem em conta as preferências da população mais carenciada, que é geralmente a de menor instrução e a que mais tende a abster-se, caso o voto seja facultativo. É, no entanto,

---

[5] Cf. LEFORT, Claude, L'image du corps et le totalitarisme, *in L'invention démocratique*, Paris, Fayard, 1981, pp. 166-184.

evidente que uma tal opção se traduz num sacrifício da liberdade individual, que a maior parte das democracias recusa. E não é apenas para escapar à contradição inerente a uma cidadania compulsiva, ou a um direito que se converte em dever. É também porque, se atendermos à qualidade dos resultados do sufrágio, e a confirmar-se que de facto os mais instruídos se abstêm menos, poderá presumir-se que o voto facultativo dá lugar a políticas públicas mais racionais. Argumentar-se-á que, deste modo, se reforça também a dimensão elitista do regime, em prejuízo de uma expressão da vontade genuinamente popular. Contudo, aquilo pelo qual se identifica a democracia representativa não é a interdição das elites, mas a sujeição destas ao escrutínio pelo universo de cidadãos, livres e iguais. E nesse universo, integram-se tanto os que votaram, como os que livremente se abstiveram[6].

A par do quadro normativo em que se materializa o Estado soberano, a democracia requer igualmente o que se chama um «espaço público». Sem a soberania popular, o exercício da liberdade seria sem sujeito, visto os indivíduos apenas serem politicamente livres quando têm direito a participar nas decisões que dizem respeito ao colectivo, quando mais não seja através da escolha dos decisores. Sem o espaço público, esse exercício seria sem objecto, porquanto só uma rede estável de comunicação e livre confronto de opiniões permite aos cidadãos definirem e moldarem, em conjunto, o que é de interesse comum. Mas tanto a soberania como o espaço público, tradicionalmente pensados no âmbito de fronteiras bem delimitadas, deparam-se hoje com os desafios da globalização. À medida que a tecnologia, a economia e a comunicação se projectam planetariamente, a política tende a diluir-se, abandonando a gestão da coisa pública a critérios de estrita eficiência e reduzindo-se

---

[6] Cf. BRENNAN, Jason e HILL, Lisa, *Compulsory Voting: For and Against*, Cambridge, Cambridge University Press, 2014.

o Estado a um entre os muitos agentes que concorrem para a formação das decisões que vinculam a colectividade, como são os credores internacionais da dívida pública, as empresas multinacionais e as instituições supranacionais. Mesmo no plano estritamente nacional, as decisões apresentam amiúde uma tal complexidade, que a opinião dos especialistas, supostamente neutra, tende a prevalecer sobre o voto popular, pelo que a legitimidade democrática cede o passo à tecnocracia, que, por sua vez, apela, em nome da eficácia, a processos de decisão à revelia do sufrágio. Quanto à crença iluminista, subjacente ao espaço público e à ideia de democracia deliberativa, segundo a qual o acréscimo e a disseminação do conhecimento alargariam a participação política, ela começa a revelar-se em boa parte uma miragem: as informações, de tão abundantes, anulam-se entre si; a ambiguidade das imagens sobrepõe-se à possível clareza das mensagens; os factos e as ideias esfumam--se no caudal das emoções; a discussão, que por natureza exige tempo, é impossível no império do pensamento instantâneo que coloniza as chamadas redes sociais; o poder, enfim, corre o risco de se transformar numa encenação, em que decisões *ad hoc* alternam com simples propaganda, ao ritmo a que as eleições se sucedem e a pressão mediática vai devorando a novidade.

Há quem pretenda que a soberania, num tal contexto, já se tornou caduca. Se os valores, à semelhança do capital, não têm pátria, liberdade e a igualdade de direitos deveriam sobrepor--se ao espírito nacionalista e dar lugar a um quadro cosmopolita, em que a simples condição de homem funcionasse como uma espécie de «equivalente geral». Mesmo sem um Estado planetário, decerto utópico, era de crer que a concertação entre os diversos governos, assente em valores universais, propiciasse medidas adequadas, designadamente em matérias como a transparência, a regulação e o ambiente, já para não falar da paz. Tais medidas, contudo, além de ser difícil vislumbrar como poderiam ser escrutináveis, esbarram na resistência dos povos a abdicar da sua autonomia e a pôr de parte a sua mundividência e a singularidade das respectivas leis e costumes[7]. Não por acaso, nos recentes processos de transição para a democracia, a existência prévia de um Estado soberano, longe de dificultar, representou com frequência um factor positivo e da maior importância[8].

2. Era uma vez o consenso...

A soberania do Estado materializa e, ao mesmo tempo, limita os direitos universais. Já na Declaração dos Direitos do Homem e do Cidadão, aprovada em 1789 pela Assembleia Constituinte da França revolucionária, «o operador da passagem dos direitos do homem aos direitos do cidadão [...] é o par soberania/lei positiva»[9], conforme observa Zarka. Porém, a limitação da liberdade individual pelas normas suscita a questão da natureza e da legitimidade destas: qual o fundamento das regras a que está sujeito esse «campo de forças» em que opera uma pluralidade de indivíduos, iguais em direitos? A questão poderá parecer irrelevante numa perspectiva positivista, à luz da qual as normas não representam propriamente um padrão ético – impossível, aliás, de definir com exactidão no multiculturalismo das sociedades contemporâneas –, mas apenas um conjunto de procedimentos, cujo valor se mede pela

---

[7] AURÉLIO, Diogo P.; DE ANGELIS, G. e QUEIROZ, R. (ed.), *Sovereign Justice*, Berlim, Walter de Gruyter, 2011; TAN, Kok-Chor, *Justice without Borders*, Cambridge, Cambridge University Press, 2004; ZOLO, Danilo, *Cosmopolis*, Milão, Feltrinelli, 1995.

[8] LINZ, Juan J. e STEPAN, Alfred, *Problems of Democratic Transition and Consolidation*, Baltimore e Londres, Johns Hopkins University Press, 1996.

[9] ZARKA, Yves-Charles, *Jusqu'où faut-il être tolérant?*, Paris, Hermann, 2016, p. 129.

eficácia com que asseguram a coexistência. Resta, no entanto, saber se um regime político alicerçado numa tal neutralidade e economia de princípios poderá, efectivamente, assegurar o pluralismo de concepções éticas que interagem no espaço público e no conjunto da sociedade.

Uma visão estritamente procedimental das normas depara-se, antes de mais, com o repto das crenças e valores que são hostis à democracia. Conforme se demonstrou no último século, a chamada «sociedade aberta» possui «os seus inimigos», como diz Popper, e a defesa do pluralismo requer, paradoxalmente, que se lhe fixe um limite. Para tanto, é necessário existir, além de um poder que determine esse limite, um consenso em relação aos critérios com que se avalia a legitimidade, quer do próprio poder, quer do limite por ele imposto ao pluralismo. Nas sociedades pré-modernas, em boa parte homogéneas do ponto de vista da crença e dos costumes, esse «mínimo ético» não constituía problema. Mesmo depois da fragmentação religiosa do Ocidente, ele manteve-se inquestionável por largo tempo ainda, com base ora na inércia dos laços sociais, ora no laicismo e no patriotismo, que entretanto se impuseram como dogmas da chamada «religião civil», ou mesmo na reconversão de valores mais antigos. Max Weber, por exemplo, na análise que faz da sociedade americana, sublinha a combinação de ideais aparentemente contraditórios que ali se verifica – individualismo e comunitarismo, ambição e solidariedade, competição e espírito cívico, mercado e mecenato –, atribuindo-a à herança do protestantismo puritano que animara os primeiros colonos: ciosos, por um lado, do triunfo individual, única prova ao alcance do crente para se assegurar da sua pertença ao grupo daqueles que o Criador destinara à salvação, os chamados peregrinos e seus descendentes sentiam-se, por outro lado, na obrigação de construir a comunidade cristã na terra, à semelhança da cidade edificada sobre um monte de que fala o Evangelho e cuja luz é impossível de esconder – *a city upon a hill* –, sentimento esse que viria depois a metamorfosear-se em espírito cívico e a marcar profundamente a tradição do país[10]. Hoje em dia, porém, esses traços finamente observados por Weber, durante a viagem que fez aos Estados Unidos da América em princípios do século passado, são cada vez mais ténues. Sacudidas pela modernização acelerada e pela globalização aparentemente irreversível, as sociedades contemporâneas foram-se fragmentando pouco a pouco. Tanto o «politeísmo de valores» assinalado por Weber, como a «morte de Deus» anunciada por Nietzsche, indiciavam já a dificuldade actual de encontrar um fundamento no qual ancorar e julgar as decisões de interesse comum: a que núcleo de valores, a que ética se poderá, com efeito, apelar em democracia, sabendo-se que esta, por definição, se identifica com o pluralismo das convicções e preferências individuais? À luz de que princípios se pode avaliar as leis e os deveres que decorrem da existência de uma ordem pública, se a liberdade de cada um se considerar, como pretendeu Sartre, o «fundamento de todos os valores»? Uma ética implica sempre, ao arrepio dos libertários que proclamam ser «proibido proibir», valores partilhados e, por conseguinte, obrigações, que contrariam o espontaneísmo da vontade individual. Sem dúvida, o indivíduo constitui um valor que a democracia, como recorda Alain Renaut, deve «garantir e proteger contra tudo o que, num mundo cada vez mais indiferenciado e que impõe comportamentos padronizados, o poderia aniquilar»[11]. Levado, porém, ao limite, o individualismo revela, em si mesmo, um paradoxo, na medida em que deixa sem fundamento a liberdade individual: se, de facto, se prescindir de um lastro, mínimo que seja, de comunidade, o que é que justifica o direito de cada um de exigir aos outros que respeitem a sua autonomia?

---

[10] Cf. KALBERG, Stephen, *Searching for the Spirit of American Democracy*, Oxford, Routledge, 2014.

[11] RENAUT, Alain, *Quelle éthique pour nos démocraties?*, Paris, Buchet/Chastel, 2011, p. 65.

O positivismo procura, é certo, conciliar a subjectividade dos valores com a objectividade da ordem pública, reduzindo o direito a uma estrutura coerente mas apenas formal, em que a validade das normas não depende do conteúdo, mas da sua integração numa hierarquia normativa e da eficácia do conjunto em matéria de ordem e coesão social. Colocando, assim, em suspenso a conexão entre o jurídico e o moral, o fundamento do direito residiria apenas no conjunto de modalidades em uso no interior do sistema com vista à determinação da validade das normas. No entanto, conforme observou Dworkin[12], além de regras, o direito incorpora também outros tipos de padrão, designadamente princípios, os quais não dependem da subjectividade discricionária do juiz, visto serem elementos da moral intersubjectiva e pública que integra o próprio sistema e, nessa medida, possuírem igualmente estatuto jurídico. É o que acontece, por exemplo, com o princípio da dignidade da pessoa, ou os direitos do Homem, que actualmente fazem parte da maioria das constituições.

3. A nostalgia dos valores antigos

Poderá, de facto, esta alegada moral intersubjectiva escapar à suspeita de ambiguidade? Uma forma de obstar a semelhante repto, lançado pelo positivismo, seria o reconhecimento de um quadro de valores assente na razão e capaz de legitimar as regras e procedimentos que articulam a liberdade individual com a igualdade de direitos. Já antes da Segunda Guerra Mundial, autores como Leo Strauss ou Hannah Arendt viram no retorno ao pensamento antigo, em que os valores se apresentavam com uma nitidez ontológica, acima dos factos e das circunstâncias

---

[12] DWORKIN, Ronald, *Law's Empire*, Londres, Fontana Press, 1986, pp. 34--35.

históricas, um antídoto contra o individualismo liberal e o niilismo a que este levaria. À sua maneira, A. MacIntyre retoma idêntico projecto, insurgindo-se contra o que considera ser a ilusão do «liberalismo emotivista»: no intuito de separar – argumenta MacIntyre – os factos dos valores, alegadamente subjectivos e confinados à esfera privada, o liberalismo esquece a importância da comunidade e isola o indivíduo no casulo das suas preferências, tornando-se incapaz de elaborar uma teoria normativa coerente e, desse modo, regular a convivência. Conviver, segundo MacIntyre, implica conversar, e conversar implica partilhar um mesmo critério para ajuizar o que é bom e o que é mau, o qual só na práxis colectiva se origina. Sem essa partilha, que a prazo se constitui como tradição progressivamente renovada, o agregado não teria como discutir nem onde ancorar as suas escolhas, dispersando-se num amontoado de convicções e preferências avulsas. De modo semelhante, os comunitarismos de vária estirpe também colocam reticências ao individualismo liberal, considerando que a democracia é impensável na ausência de valores estruturantes, capazes de inscrever o indivíduo num agregado e este num devir histórico, que confira um sentido quer à vida em comum, quer às normas pelas quais esta se rege. O neo-republicanismo, por sua vez, reconhece a importância da liberdade individual e do consequente desacordo, ou mesmo conflito, entre cidadãos livres, mas acentua igualmente os valores da solidariedade e da pertença a uma pátria comum, enquanto vínculos a preservar, como garantia da igualdade de direitos e da chamada «liberdade negativa», ou seja, da recusa de toda e qualquer dominação que não seja a das leis[13]. Finalmente, poderia ainda referir-se, entre outros exemplos, a obra de Martha Nussbaum, que recupera o essencial da ética aristotélica para inventariar aquilo a que chama as «capabilidades», isto é, o conjunto de

---

[13] PETTIT, Philip, *Republicanism*, Oxford, Oxford University Press, 1997.

condições, naturais e sociais, imprescindíveis ao indivíduo para realizar autênticas escolhas, seja quanto ao modo de vida global, seja nas actividades específicas a que se dedica. Sem rejeitar a democracia liberal, nem, por outro lado, admitir o relativismo que ameaça as éticas comunitaristas, Nussbaum considera possível uma ideia objectiva do bem, decerto não metafísica ou transcendente, mas em todo o caso susceptível de um consenso universal, empiricamente apurável, quanto «àquilo que vale realmente a pena numa vida humana». Conforme explica a autora, existem, sem dúvida, culturas diferentes e, por conseguinte, interpretações também diferentes das «experiências fundadoras» em que se apreende o verdadeiramente humano. Mas tal não impede que tais experiências, verificando-se universalmente, possibilitem um diálogo transcultural e uma convergência quanto a esse substrato ético em que se exprimem «os elementos mínimos da nossa humanidade comum»[14].

A ênfase colocada por cada uma destas correntes na atribuição de um conteúdo aos princípios democráticos é diversa e diversamente questionável. Por um lado, o retorno a uma ética em que os valores se concebessem objectivamente e transcendessem a particularidade quer dos indivíduos quer das comunidades, por serem, enquanto direito *natural*, inerentes à essência universal do Homem, implicaria o retorno a uma concepção global da natureza que é incompatível com alguns aspectos irrecusáveis da modernidade. Fenómenos como a escravatura, por exemplo, considerados naturais na Antiguidade, são impensáveis numa sociedade em que o ser humano é inseparável da liberdade e em que, por conseguinte, a condição dos indivíduos não pode conceber-se como determinada pela natureza, por muitos escravos que a realidade ainda ostente em vários pontos do globo. Por outro lado, a simples

---

[14] NUSSBAUM, Martha, *Creating Capabilities*, Cambridge: Massachusetts, Harvard University Press, 2011.

postulação de valores comuns, fundamentados quer numa experiência historicamente partilhada, como pretende o comunitarismo, quer na conjugação da liberdade privada com a participação na «coisa pública», como sugere o republicanismo, não constitui justificação bastante para o carácter de necessidade que tem de se atribuir às normas que presidem à vida em comum. Por último, o inventário de «capabilidades» apresentado por Martha Nussbaum, apesar da ressalva de cada cultura e cada indivíduo as poder desenvolver livremente, não afasta por completo a hipótese de se ver aí, ao menos em esboço, uma reformulação da essência do humano em que alguns poderão não se reconhecer e aos quais o Estado, evocando a «humanidade comum» que lhe estaria associada, poderá ser tentado a «obrigar a ser livres», de acordo com a famigerada síntese de Rousseau.

4. O «bem da justiça»

Enquanto resposta ao desafio que o pluralismo representou para a sociedade tradicional, a democracia, há que reconhecer, não constitui propriamente um credo alternativo. Perante a diversidade de concepções sobre o bem, individual ou colectivo, a atitude liberal limita-se a promover a tolerância. Quanto ao «politeísmo de valores» e à coabitação de interesses eventualmente conflituantes, a solução democrática resume-se à garantia da igualdade e da liberdade a cada uma dessas concepções, até ao momento em que ela interfira com a livre afirmação das restantes. Aparentemente simples, esta visão da democracia suscita, contudo, várias questões. Sem pretender ser exaustivos, referiremos aqui sumariamente, e a título exemplificativo, algumas delas.

A primeira é a dificuldade de manter, em base tão frágil, a coesão que terá de haver numa sociedade, a mais individualista, para que todos reconheçam como suas as normas em vigor. Como assinalou Ferdinand Tönnies, não há *Gesellschaft* sem *Gemeinschaft*, sociedade sem comunidade. Ora, o liberalismo, ao consagrar a equivalência de valores e preferências, afasta a ideia de uma autoridade que, em nome de uma moral colectiva ou de um «bem comum», fosse além das regras de coexistência, substituindo-se aos indivíduos em matéria de opções privadas.

A ditadura da maioria, um risco inerente ao regime democrático para o qual já haviam alertado autores como Madison, Tocqueville ou Stuart Mill, tem o seu equivalente simétrico na ditadura das minorias que ameaça as sociedades actuais, crescentemente heterogéneas e nas quais grupos avessos aos princípios democráticos tentam coarctar a liberdade individual de cada um dos seus membros e reduzir a comunidade a um arquipélago de atavismos, quando não de meras sensibilidades. Disporá a democracia de argumentos para responder à intolerância de cada um desses grupos e defender o pluralismo como seu valor identitário? A resposta a esta pergunta esbarra na tradicional vinculação da vida pública a um sistema homogéneo de valores, sejam estes religiosos, morais ou cívicos. A simples menção da neutralidade do Estado, que se traduz na prioridade do justo sobre o bem, para usar os termos de Rawls, tende a associar-se a um certo amoralismo, que, à luz das concepções pré-modernas, ainda hoje recorrentes, se afigura insólito. Contudo, se o Estado democrático tolera a multiplicidade de convicções e modos de vida, é na condição de todos eles se subordinarem aos princípios da justiça, o que significa que tanto os indivíduos como as comunidades estão condicionados na sua actuação. Por natureza, a tolerância implica o reconhecimento de normas de convivência, as quais, regrando a diversidade de preferências, asseguram a todas elas igual direito de expressão. E embora esses princípios, em rigor, não constituam uma ética abrangente, ainda assim, eles pressupõem uma certa ideia de bem, aquilo a que Rawls chama «o bem da justiça», que preserva a equidade numa comunidade, por essência, plural.

Uma segunda questão, a que já atrás se aludiu, prende-se com a hipótese de os referidos princípios, já que não privilegiam nenhum modelo de vida singular, não constituírem, afinal, base suficiente para uma verdadeira comunidade, a não ser a comunidade universal dos humanos. E na realidade, à luz do chamado «bem da justiça», dir-se-ia que a nação e o Estado perdem a sua razão de ser, dando lugar ao cosmopolitismo, como doutrina, e à república universal, como forma política. Tal hipótese, contudo, afigura-se menos um destino prometido à democracia do que um «despotismo sem alma»[15], conforme Kant lhe chamou, uma distopia alheia à profundidade das diferenças em que se origina a variedade dos Estados e se inscreve a essência da política. Como diria Schmitt, politicamente o universo é um pluriverso. Além disso, o facto de se remeter para princípios universais não é incompatível com a existência de uma diversidade de constituições e leis. E se, realmente, existem Estados, e não um Estado, é porque a liberdade dos indivíduos e dos grupos continua a ver neles um meio adequado para se realizar.

A concluir, refira-se ainda a questão da legitimidade da democracia para condenar certos actos que a opinião comum rotula de «comportamentos aviltantes», como, por exemplo, a prostituição, se forem praticados livremente e sem danos, a não ser aqueles que o seu autor, numa perspectiva moral, infligiria a si próprio. Há liberais que são categóricos a este respeito: «O que nós fazemos de nós próprios não tem importância moral, desde que não façamos mal a outrem»[16]. Será assim? À primeira vista, a fórmula corresponderia à essência da democracia liberal. Fica, no entanto, por justificar a obrigação de

---

[15] KANT, Immanuel, Zum ewigen Frieden, in Werke, Bd. 11, 1795, p. 226.
[16] OGIEN, Ruwen, L'éthique aujourd'hui, Paris, Gallimard, 2007, p. 196.

não lesar os outros. Como ensinou Kant, «eu só posso reconhecer que estou obrigado perante outros na medida em que me obrigo a mim mesmo, pois a lei em virtude da qual me considero obrigado, em ambos os casos, procede da minha própria razão prática»[17]. Sem a obrigação para consigo mesmo, as obrigações para com os outros não se justificariam, senão pelo medo às consequências legais, ficando então a democracia reduzida a uma estrutura formal, alheia a questões éticas. Ora, as instituições democráticas, embora não representem um sistema de valores que compense a nostalgia do «monoteísmo» perdido, incorporam, como vimos, uma dimensão ética, que poderia expressar-se no princípio da intersubjectividade: pôr-se a si mesmo no lugar do outro.

Em suma, a democracia assenta no pressuposto da igualdade, mas também no da autonomia, isto é, na ausência de um padrão ou finalidade acima das convicções individuais, seja a vontade de Deus, o sentido ou o sem-sentido da História, à luz do qual se pudesse legislar, impor convicções ou modos de vida e avaliar os comportamentos. Contudo, para que a autonomia individual e a igualdade de direitos se efectivem na lei, é necessário que, sobre o vazio deixado por essa ausência de fundamento, vigore o princípio da reciprocidade e permaneça inquestionável no espaço público a legitimidade do debate, livre e sempre aberto, acerca do que é legítimo e do que é ilegítimo[18]. É exactamente aí que reside o «valor» da democracia, os seus «fundamentos» e a sua superioridade sobre a violência em que necessariamente assenta qualquer autoridade indiscutível.

---

[17] KANT, Immanuel, *Die Metaphysik der Sitten*, 2.ª Parte, prg. 2, Ak., Vol VI, 1797, pp. 417–418.
[18] LEFORT, Claude, *Essais sur le politique: XIXe-XXe siècles*, Paris, Seuil, 1986, p. 57.

Referências e leituras recomendadas

ANSCOMBE, G. E. M., *Ethics, Religion and Politics*, Oxford, Basil Blackwell, [s.d.].

HONNETH, Axel, *Freedom's Right: The Social Foundations of Democratic Life*, Cambridge, Polity Press, 2014.

LEFORT, Claude, *Essais sur le politique: XIXe-XXe siècles*, Paris, Seuil, 1986.

RAWLS, John, *Political Liberalism*, Nova Iorque, Columbia University Press, 1993.

RENAUT, Alain, *Quelle éthique pour nos démocraties?*, Paris, Buchet//Chastel, 2011.

Populismo

José Pedro Zúquete

Instituto de Ciências Sociais da Universidade de Lisboa

1. O populismo apresenta-se

A palavra «populismo» tornou-se vulgar na Europa sobretudo a partir das últimas décadas do século XX, passando a integrar o vocabulário dos *media* e os debates públicos sobre a condição e o futuro das suas democracias liberais. As suas raízes no continente americano são mais remotas, do movimento agrário nos Estados Unidos da América (EUA) do final do século XIX ao populismo socioeconómico da América Latina a partir dos anos 30 do século XX.

Assim, a história recente do populismo no continente passou essencialmente por três fases (que perduram até hoje). Primeiro, e claramente a partir dos anos 80, como categorização de partidos da direita radical, autoproclamados defensores do povo contra as forças hostis, nacionais e estrangeiras, que ameaçavam o seu bem-estar, a sua segurança, os seus valores e a sua identidade. Depois, e simultaneamente, nos anos 90, «populismo» serviu para descrever a intensificação da chamada «personalização da política» e o advento de partidos especializados no *marketing* político, centrados exclusivamente na figura do líder, comunicando directamente com as massas (transformadas em audiências) através da televisão, surgindo assim a expressão «telepopulismo». Finalmente, e já no novo século, «populismo» também tem servido para definir todo um conjunto de movimentos sociais – às vezes, novos partidos políticos – de várias proveniências ideológicas, que protestam em mobilizações de rua, em ocupação de espaços públicos, ou recém-chegados aos parlamentos, contra o *statu quo*, geralmente associado ao insidioso capitalismo financeiro, ao esvaziamento da democracia, à inutilidade e corrupção dos seus representantes tradicionais, ou a políticas imigracionistas vistas como suicidárias. Tudo isto ao mesmo tempo que a América do Sul conhecia, na década de 90 do século passado, populismos neoliberais (mais alinhados com Washington e defensores de menor intervenção estatal na economia e de políticas de austeridade) e, já no novo século, na senda bolivariana de Hugo Chávez, populismos radicais de esquerda que visaram a refundação anti-imperialista das respectivas nações. Simultaneamente, nos EUA emergiam movimentos sociais de direita (como o *Tea Party*) e de esquerda (como o *Occupy*), ambos, à sua maneira, se apresentando como vítimas do *statu quo* e, enfim, expressões do «povo» negligenciado e esquecido.

A designação (denúncia, na maior parte dos casos) destes fenómenos como «populistas» foi acompanhada, durante muito tempo, pelo lugar-comum, nomeadamente em trabalhos académicos, segundo o qual «populismo» era um termo vago e indeterminado, com clareza insuficiente. Na realidade, e com base em trabalhos empíricos, a cada vez mais prolífica literatura sobre o populismo tem fortalecido o seu estatuto e feito avanços rumo a uma maior certeza conceptual. Existem, de facto, vários meios de entender, primariamente, o fenómeno, seja como uma lógica política (no trilho do filósofo argentino

Ernesto Laclau), como estratégia política, estilo de comunicação política ou estilo político em geral (realçando-se cada vez mais como o «apelo ao povo» é feito de forma mediada, assente na actuação ou representação do líder, perante uma audiência). Seja como for, não existe um estudioso do populismo que, mesmo priorizando diferentes entendimentos do conceito, negue a centralidade de uma dicotomia na base da mobilização populista: a da divisão discursiva permanente entre o Povo, bom e sempre puro, e as elites, malvadas e sempre impuras; ou, numa outra versão, entre o povo autêntico e as elites espúrias. O populismo como ideologia – «suave» ou «fina» – assenta neste antagonismo fundador, ao qual se juntam, de acordo com as apetências e inclinações ideológicas dos populistas, outros traços, tais como: a rejeição permanente de um «outro» – à repulsa basilar das elites políticas, junta-se muitas vezes um outro grupo específico (imigrantes, banqueiros, juízes ou os *media*, por exemplo) –; uma retórica de anti-sistema (ligada ao antielitismo), muitas vezes em nome de mecanismos de democracia directa contra a democracia representativa do sistema, refém de interesses privados e traidora do povo; e uma linguagem recta, justa e justiceira – porque o populista fala sempre em nome do senso comum e dá voz aos que não a têm. Na prática, portanto, e dependendo dos contextos nacionais e sociais, esta ideologia populista caracteriza-se pela versatilidade e pela compatibilidade, integrando-se noutras ideologias (mais detalhadas, ou «espessas»), de direita ou de esquerda, reformistas ou revolucionárias.

O populismo, embora o seu impacto varie (de acordo com a solidez ou não das instituições políticas em que ele se insere), ostenta um ar de rebelião, o que faz que, regra geral, a sua chegada seja mal acolhida, quer pelos *media* mais importantes, na sua condição clássica de guardiães do sistema, quer pela classe política tradicional e, portanto, alvo da insurgência. Por isso, o populismo é muitas vezes ligado, na comunicação social, a palavras como «tentação» (a tentação populista), «deriva» (a deriva populista) ou «ascensão» (a ascensão populista). Ao mesmo tempo, em editoriais e em comentários políticos, é comum a associação entre populismo e simplicidade, falta de sofisticação, demagogia (a *fácil* agitação emocional) e menoridade. E na classe política, muitas vezes, separa-se a palavra do próprio fenómeno populista, e o termo move-se livremente como uma flutuante arma de arremesso político e apenas como mais uma maneira de inabilitar as propostas de adversários políticos, rejeitadas como «populistas» e excluídas, assim, do «civilizado» debate democrático. Nesse sentido, é difícil não encontrar a expressão «perigo para a democracia» ou a acusação de «extremismo» (contra o centro político em que circulam as elites da governação) na denúncia tradicional, ou clássica, do populismo.

2. Filosofia moral e éticas de combate

A partir do dito, importa acrescentar que reflectir sobre a relação entre populismo, antipopulismo e ética é relativamente simples. Essa ligação está longe de ser inescrutável e quase se escreve a si própria. Existe uma ética de combate nos dois campos – o populista e o antipopulista – e uma clara rejeição moral dos adversários políticos, muitas vezes com laivos de maniqueísmo (um termo, claro está, de origem religiosa, assente na visão dualista do mundo entre luz e trevas, entre o bem e o mal). Este combate assenta na divisão moral entre os «bons» e os «maus» – liberais-democratas contra populistas e vice-versa –, o que retira legitimidade aos oponentes políticos, que, de adversários, passam a inimigos da democracia ou do povo.

2.1. O populismo como inimigo

Comecemos pelo antipopulismo. A rejeição do populismo obedece a vários graus de intensidade. No âmbito vernacular (no discurso corrente sobre o fenómeno nos *media*, no comentário político), ela é geralmente mais intensa e explícita, enquanto no âmbito analítico (no discurso académico) é, por norma, mais matizada e implícita, embora claramente presente. A uni--los está o vínculo a uma mesma ética normativa – sob o modelo da democracia liberal – e que tem sido, nas últimas décadas, dominante nos *media* tradicionais, na classe política ocidental e nos estudos académicos sobre o populismo. E aqui convém dizer que, embora o populismo de esquerda seja também desconsiderado (principalmente como irresponsável e utópico), é sobretudo contra o populismo de direita (e o seu nativismo) que se ergue grande parte da indignação e fúria antipopulista. E é aí que a moralização do discurso mais resplandece.

Quais então os traços gerais da rejeição ética desse populismo? Ela manifesta-se através de palavras e actos. No discurso antipopulista, o populismo é escoriado por chocar de frente com os valores morais que regem as sociedades liberais--democráticas, tais como a celebração da abertura, da diversidade, das minorias, da tolerância ou do igualitarismo. Esta ética normativa é, ao mesmo tempo, dominante e prescritiva, porque fundada na ideia de como a sociedade *deve* ser, contra a qual o populismo – devido à sua índole característica de «fechamento», «exclusão» e «intolerância» – representa, mais do que um erro, algo inaceitável, um retrocesso, enfim, a negação da própria ideia de «progresso». Este juízo não só exclui o populismo dos códigos morais civilizados – porque, na visão antipopulista, abre o caminho à descivilização –, como autojustifica e autolegitima todo o léxico alarmista dirigido ao populismo contemporâneo (do qual o alerta constante sobre o possível regresso aos anos 30 do século XX é tão-só uma imagem mais impressionista). No campo especificamente académico, esta metanarrativa sobre o populismo reina – no fundo, a ideia de que o populismo constitui um ataque aos valores humanistas e visa alterar a fundação moral da comunidade política –, mesmo que nem sempre seja expressa com a nitidez (e veemência) oriunda de outros sectores menos preocupados com exigências de neutralidade (tanto quanto possível) e rigor analítico. O que sobressai, implicitamente na maior parte dos casos, é uma predisposição normativa para condenar os valores «errados» do populismo e contrapô-los àqueles que devem ser os valores «certos» (em termos de inclusão, pluralismo e tolerância) de uma sociedade aberta e sociopoliticamente justa. E também aqui, muitas vezes, se desvia do campo analítico para o prescritivo, procurando-se e sugerindo-se soluções para o problema (leia-se «perigo») populista.

Durante muito tempo, na Europa, o reconhecimento desse perigo populista para as democracias liberais traduziu-se na imposição de um regime de quarentena para os partidos de direita ditos populistas – por meio da criação de «cordões sanitários» – através do qual os partidos do sistema se coligavam para impedir o exercício do poder por parte dos seus inimigos, relativizando-se ou mesmo anulando-se o seu sucesso eleitoral. Aliás, em muitos países, este consenso político-partidário de «marginalização» dos populistas continua, embora já sem o fulgor de outrora, não só devido ao crescimento destes partidos, como a uma maior propensão por parte de partidos conservadores a alianças, formais ou informais, com eles.

Mas veja-se como se utiliza terminologia higienista para caracterizar a marginalização – necessária, proba e justa – de forças «impuras». Ao mesmo tempo, o combate à «contaminação» populista também se faz aliando a condenação moral à judicial, através de leis antidiscriminação que, ao longo dos anos, têm sancionado os comportamentos desviantes e atentatórios da ordem sociomoral estabelecida.

2.2. A pregação populista

E os populismos? Quase se pode dizer que é um eufemismo a designação do populismo como «moralista». Também aqui a política se reduz, sobremaneira, à moral. Isto porque na narrativa populista o «povo» – ou uma versão particular do «povo» – constitui não só o depositário exclusivo da virtude, como se contrapõe a uma elite vista como iníqua, corrupta e fundamentalmente imoral por agir contra os interesses populares. Daí que, se na narração antipopulista o termo «populista» serve como um labéu, a palavra «elite» tem o mesmo efeito – ignominioso – na comunicação populista. Na realidade, o populista – como intérprete da vontade popular, aviltada – apresenta-se sempre como um pregador, um agente moral que denuncia a improbidade dos «príncipes» no poder.

Nos ditos populismos de «esquerda», os valores da igualdade e da justiça social têm tendência a predominar, enquanto nos de «direita» sobressaem valores identitários. Ambos, porém, têm como alvo «outros» associados com as elites, ou seja, com «os de cima», e que, por isso mesmo, não fazem parte do verdadeiro povo, ou «os de baixo». Dependendo das tendências ideológicas, e em diferentes graus consoante o caso, empresários, intelectuais opositores, académicos alinhados, juízes, jornalistas, opositores, minorias étnicas, etc. são excluídos da comunidade popular defendida pelo populismo. «Dar de novo voz ao povo» – um lugar-comum na comunicação populista – significa, acima de tudo, um chamamento aos excluídos do «sistema das elites» e um apelo à reparação da injustiça que constitui o abandono a que o «povo» (na versão populista) foi votado ao longo de anos ou décadas (dependendo do caso). Este é um dos motores da mobilização moral populista: os direitos, interesses e vontades do povo soberano foram desrespeitados e confiscados pela classe política, e a sua voz «não foi ouvida» numa série de assuntos decisivos para a comunidade nacional, como a ingerência externa, a transferência da soberania, a desregulamentação do sistema financeiro, a abertura de fronteiras ou a imigração de massa e multiculturalismo. Uma situação, portanto, do ponto de vista dos populistas, de gritante injustiça para comunidades que se viram privadas de decidir sobre o seu próprio futuro. De acordo com esta lógica, estamos perante uma violação da autodeterminação dos povos, ou seja, a perda de controlo sobre o seu destino. A capacidade da maioria dos cidadãos de decidir sobre o próprio futuro da comunidade (incluindo qual a sua forma, composição e características) foi negada, na prática, pela oligarquia dominante. A reacção contra ela, consequentemente, tem por base a indignação moral e, por isso, só pode assumir a forma de um dever, uma obrigação. O populista, seja qual for a sua proveniência, é sempre um justiceiro.

Este estigma moral das forças associadas ao *statu quo* – central em todos os populismos – transforma-se numa autêntica «guerra de valores» no combate político levado a cabo pelos populismos de direita. Isto é, uma guerra ao sistema de valores de uma elite transversal aos partidos da governação, educada e defensora (em diferentes graus) do liberalismo económico e social, cosmopolita, desenraizada e pós-identitária – comummente chamada de «globalista» –, e «inimiga» de um povo (muitas vezes identificado com a «classe trabalhadora») mais territorial, enraizado, ainda vinculado a práticas comunitárias, costumes e tradições, enfim, um «modo de vida» visto (ou melhor, desprezado) por essas mesmas elites como atrasado, ou pelo menos em vias de superação, pela marcha imparável do progresso. É este o «vício» das elites – contra o qual, na pregação populista, se ergue o povo, uno e virtuoso, protestando contra a destruição do seu *habitat* social e etnocultural. A perda da identidade cultural dos povos – um receio que na Europa se manifesta sobretudo através da resistência popular à imigração (e «islamização») – faz que na exegese populista a ideia de protecção contra um sistema maléfico que ameaça sociabilidades autóctones milenárias seja central.

Aliás, a maneira como – em muitas narrativas oriundas «de cima» – o voto em populistas (o voto «errado») é denunciado como resultado da manipulação fácil das emoções (e não da «razão») e fruto do apelo indigno aos instintos mais baixos (em vez, supostamente, dos instintos «elevados» associados ao sistema de valores das elites), ou então como, na nova época digital, esse voto «errado» é explicado em parte como o efeito da interferência perversa de poderes externos («os Russos», por exemplo) sobre a «ignorância» popular, toda esta panóplia de acusações serve a narrativa populista. Tudo isto, seguindo a lógica populista, reafirma a sua convicção do *insuportável* complexo de superioridade das classes políticas (e mediáticas, etc.), que passam um atestado de inferioridade intelectual e moral ao desejo popular – legítimo e, do ponto de vista ético, visto como justo e inatacável – por proteccionismo económico e cultural para as suas comunidades.

2.3. A solução redentora?

Daí que, para pôr fim a esta putativa vitimização do povo numa democracia de fachada dominada por grupos que agem contra os seus interesses, é muito comum nos discursos populistas – de várias proveniências ideológicas – a defesa de uma democracia «verdadeira», seja participativa, referendária ou plebiscitária, mas sempre tendencialmente «directa» e com amplos mecanismos de efectiva participação popular nas decisões sobre o destino da comunidade. No fundo, um sistema visto como mais «justo», e no qual, ao contrário das democracias liberais representativas que têm dominado nas últimas décadas, o povo soberano seja *realmente* soberano. Esta última aspiração – a de criar um sistema que cumpra na prática, sem travões, o ideal da soberania popular como a essência da democracia –, tendo um carácter fortemente normativo, assenta na ideia (ou promessa) de redenção, ou seja, na superação de um sistema falto de moralidade – em que o povo, contrariamente ao ideal, não manda –, constituindo assim uma espécie de salvação ou vitória sobre o mal.

3. Além das barricadas

Declaradamente, uma consequência maior deste combate de éticas opostas – e que se manifesta com violência verbal e simbólica, quer nas lutas eleitorais quer nos *media* tradicionais e alternativos – é a recusa, de parte a parte, de atribuição de legitimidade às forças oponentes. A maneira de sair deste impasse – que com o passar do tempo se vai agravando e entrincheirando – terá, necessariamente, de assentar no reconhecimento de que o populismo *faz* parte da democracia, não podendo ser separado dela, até porque este existe numa relação dinâmica com os seus sucessos e insucessos. Do ponto de vista normativo, isso significa que o populismo contém em si, simultaneamente, a capacidade de ser «bom» e «mau» para as democracias. Em primeiro lugar, e como premissa fundamental, a relação do populismo com a democracia não deve, não pode ser simplificada. É verdade que o populismo, assente numa visão homogénea e monolítica do povo e da sua vontade, está em estado de guerra contra os representantes do poder estabelecido (vistos fundamentalmente como inimigos e não apenas como rivais) e contra um «outro» grupo (cuja composição varia de acordo com cada movimento). Naturalmente, ao rejeitar, ao mesmo tempo, formas tradicionais de mediação e intermediação que «sufocam a voz do povo», o populismo pode, uma vez feito regime, ou seja, uma vez conquistadas as rédeas do poder, abalroar princípios sacrossantos do Estado liberal, como os direitos individuais, os direitos de minorias e o próprio pluralismo político (que, naturalmente, se enfraquece no interior de uma visão demasiado fechada e delimitada do povo). No seu entusiasmo e excesso – na tal visão holística de uma política de «redenção» e fundadora de uma «autêntica» democracia –, o «poder para o povo» pode, claro está, dar origem a um regime antiliberal e até autocrático.

Mas esta narrativa do populismo como «ameaça» é contrabalançada por uma outra narrativa – raramente apontada pela generalidade dos *media* e dos políticos –, a do populismo como emenda, ou «correcção» à democracia. A evocação de uma crise está sempre presente na génese do populismo: no caso da Europa, por exemplo, a crise evocada é sobretudo da democracia, e de confiança das pessoas no sistema que as governa, e da descrença generalizada. E nesse caso, a irrupção populista pode ser positiva. Perante uma classe política autista, enclausurada sobre si própria e incapaz de se renovar, o movimento populista – reafirmando o papel central do conflito ideológico na política – pode contribuir para abrir o sistema político quando este se encontra fechado. Porquanto o populismo anseia fazer sempre uma ligação directa com o ideal máximo da democracia («poder para o povo»), algo que se encontra sempre frustrado na prática democrática (porque o poder nas democracias representativas está nos seus representantes, que agem através do consenso, do compromisso tantas vezes lento, dos jogos de bastidores, etc.). Nessa perspectiva, a democracia terá sempre um défice de legitimidade (e será sempre confrontada com apelos para «mais democracia», «mais participação popular», etc.). Ora, quando o pêndulo democrático está demasiado próximo das elites políticas – e os anseios e preocupações dos cidadãos, sobre temas diversos, estão a ser negligenciados –, o populismo pode ajudar a empurrá-lo para o «povo» (ou para os segmentos da população desencantados e defraudados por um sistema que sentem não os representar). Nesse caso, e ao contrário do que se costuma pensar, em vez de ser um sintoma de «doença» na democracia, o populismo pode ser uma manifestação de vigor e saúde, ajudando na sua regeneração. Nesse caso, é a ausência do populismo que deveria causar apreensão, e não a sua presença.

Referências e leituras recomendadas

DE LA TORRE, Carlos (org.), *The Promise and Perils of Populism: Global Perspectives*, Lexington: Kentucky, University Press of Kentucky, 2015.

DE LA TORRE, Carlos (org.), *Routledge International Handbook of Global Populism*, Londres, Routledge, 2019.

FUREDI, Frank, *Populism and the European Culture Wars: The Conflict of Values between Hungary and the EU*, Londres, Routledge, 2017.

KALTWASSER, Cristóbal Rovira [*et al.*] (org.), *The Oxford Handbook of Populism*, Oxford: Reino Unido, Oxford University Press, 2017.

PANIZZA, Francisco (org.), *Populism and the Mirror of Democracy*, Londres, Verso, 2005.

RAIMUNDO, Filipa e PINTO, Ana Santos (org.), Dossier: Populismo e Migrações, *Relações Internacionais* 50, Junho de 2016.

REYNIÉ, Dominique, *Les nouveaux populismes*, Paris, Fayard, 2011.

II
QUESTÕES E DESAFIOS DOS SISTEMAS DEMOCRÁTICOS

Relações entre os poderes executivo, legislativo e judicial

António Araújo
Faculdade de Ciências Sociais e Humanas
da Universidade Nova de Lisboa

Nuno Sampaio
Instituto de Estudos Políticos
da Universidade Católica Portuguesa

1. O princípio da separação de poderes: entre o direito constitucional...

O princípio da separação de poderes, ainda que com diferentes modulações, está presente desde os alvores do constitucionalismo português. Assim, as Bases da Constituição de 1822 referiam, no seu parágrafo 18.º, que o governo da nação portuguesa era «a Monarquia constitucional hereditária, com leis que regulem o exercício dos três poderes políticos», sendo esta disposição consagrada no artigo 29.º e concretizada no artigo 30.º, que dispunha serem três poderes: o legislativo, o executivo e o judicial.

«O primeiro reside nas Cortes com dependência da sanção do Rei. O segundo está no Rei e nos Secretários de Estado que o exercitam debaixo da autoridade do mesmo Rei. O terceiro está nos Juízes.» O artigo 30.º terminava com um inciso claro: «Cada um destes poderes é de tal maneira independente, que um não poderá arrogar a si as atribuições do outro.»

Por sua vez, a Carta Constitucional outorgada em 29 de Abril de 1826 determinava que «A divisão e harmonia dos Poderes Políticos é o princípio conservador dos Direitos dos Cidadãos, e o mais seguro meio de fazer efectivas as garantias que a Constituição oferece» (artigo 10.º), dispondo o artigo 11.º que «Os Poderes Políticos reconhecidos pela Constituição do Reino de Portugal são quatro: o Poder Legislativo, o Poder Moderador, o Poder Executivo e o Poder Judicial».

A Constituição de 1838, na esteira da lei fundamental de 1822, proclamava, no seu artigo 35.º, que «Os poderes políticos são essencialmente independentes: nenhum pode arrogar as atribuições do outro». Em contraste com a Carta de 1826, a distribuição de poderes regressava agora ao figurino clássico, suprimindo-se o poder moderador. Nestes termos, o artigo 34.º dispunha:

> Os poderes políticos são o Legislativo, o Executivo, e o Judiciário.
>
> § 1.º – O Poder Legislativo compete às Cortes com Sanção do Rei.
>
> § 2.º – O Executivo ao Rei, que o exerce pelos Ministros e Secretários de Estado.
>
> § 3.º – O Judiciário aos Juízes e Jurados na conformidade da Lei.

Pese a hipertrofia parlamentar que caracterizou o sistema de governo delineado na Constituição de 1911, esta não deixaria de consagrar o princípio da separação de poderes, afirmando o artigo 6.º que «São órgãos da Soberania Nacional o Poder Legislativo, o Poder Executivo e o Poder Judicial, independentes e harmónicos entre si».

A seu modo, a Constituição de 1933 consagrava também tal princípio, designadamente quando dispunha que «A soberania reside na Nação e tem por órgãos o Chefe do Estado, a Assembleia Nacional, o Governo e os Tribunais» (artigo 71.º).

A circunstância de todos os nossos textos constitucionais consagrarem o princípio da separação de poderes, sabendo-se que a experiência e a prática não o respeitaram, é a prova mais concludente de que a sua proclamação meramente semântica ou nominal não é, de modo algum, suficiente para conformar, de modo efectivo, o processo político.

No caso da Constituição de 1911, aqui evocada a título de exemplo, era a própria letra da lei fundamental que acabava por infirmar os postulados de uma adequada e equilibrada separação de poderes e atribuições entre os diversos órgãos de soberania, nomeadamente quando determinava que a eleição do Presidente era feita pelo Congresso da República, que podia destituir o chefe do Estado sem que este dispusesse de igual sorte e, como elemento compensador, da prerrogativa de dissolver o Parlamento.

A Constituição de 1933, por seu turno, aparentava, na lógica de um sistema de pendor presidencialista, uma distribuição de poderes mais equilibrada e harmónica, sendo o Presidente da República eleito «pela Nação», por sufrágio directo (até à revisão de 1959, realizada na sequência do «terramoto Humberto Delgado» nas presidenciais do ano anterior). O Presidente dispunha da faculdade de dissolução da Assembleia Nacional, «quando assim o exigirem os interesses superiores da Nação» (artigo 81.º, § 6.º), e o Governo respondia perante o chefe do Estado, na pessoa do Presidente do Conselho («O Presidente do Conselho responde perante o Presidente da República pela política geral do Governo e coordena e dirige a actividade de todos os Ministros, que perante ele respondem politicamente pelos seus actos» – artigo 107.º). Com a progressiva consolidação do poder pessoal de Oliveira Salazar, a prática política adensaria o carácter nominal ou semântico da Constituição de 1933, sendo os candidatos a Presidente da República escolhidos, de facto, pelo Presidente do Conselho, com a Assembleia Nacional a ocupar uma posição extremamente débil no quadro do sistema de governo.

Ante tudo isto, talvez seja possível concluir que o princípio da separação de poderes só alcança uma concretização adequada se for compaginado e articulado com outra máxima jurídico--constitucional e política, o princípio democrático, a ponto de se poder dizer que os dois princípios estão de tal forma imbricados, que onde não existir democracia não haverá separação de poderes; ou, se preferirmos, que a ausência de uma separação de poderes efectiva e equilibrada é indício seguro de autoritarismo e ditadura ou, pelo menos, de um regime democrático instável, precário, com graves problemas de funcionamento e afirmação.

Um périplo pelos diversos textos constitucionais desvenda, de igual modo, que entre a letra da lei, aquilo a que se convencionou chamar *law in books* («direito dos códigos»), e a prática política desenvolvida ao seu abrigo, a *law in action* («direito em acção»), existe por vezes grande discrepância e notória dessintonia, reveladora dos limites do direito constitucional – de todo o direito, aliás – para conformar, por si só, a vida de todos os dias.

A Constituição de 1976 pretendeu, neste contexto, assumir--se como *normativa*, para usar a caracterização clássica de Karl Loewenstein, conformando efectivamente o processo político em vez de se deixar condicionar por ele. Não por acaso, os projectos de Constituição apresentados pelos diversos partidos continham, explícita ou implicitamente, referências à separação de poderes, desde logo ao consagrarem a distribuição das competências políticas por vários órgãos de soberania. Assim, o projecto do partido do Centro Democrático Social (CDS) contemplava a existência de um Presidente da República, eleito por um colégio eleitoral composto pela Assembleia do Movimento das Forças Armadas (MFA) e pela Assembleia Legislativa (artigos 58.º e seguintes); da Assembleia do MFA e do Conselho da Revolução (artigos 74.º e seguintes); de um parlamento, designado «Assembleia Legislativa» (artigos 80.º e seguintes); do Governo e dos Tribunais (artigos 105.º e seguintes e 119.º e seguintes, respectivamente). Eram também esses – e exactamente com as mesmas designações – os órgãos de soberania previstos no projecto constitucional do Movimento Democrático Português/Comissão Democrática Eleitoral (MDP/CDE), enquanto o Partido Comunista Português (PCP) denominava o parlamento «Câmara dos Deputados» (artigos 78.º e seguintes), utilizando o Partido Socialista (PS) a fórmula «Assembleia Legislativa Popular» (artigos 80.º e seguintes). O Partido Popular Democrático (PPD), por seu turno, advogava a existência, como órgãos de soberania, do Presidente da República, do Conselho da Revolução, da Assembleia do Movimento das Forças Armadas, da Câmara dos Deputados, do Governo e dos Tribunais (artigos 81.º e seguintes), sendo o projecto da União Democrática Popular (UDP) omisso quanto à organização do poder político.

Nos debates na Assembleia Constituinte, a consagração do princípio da separação de poderes não gerou especial controvérsia. O texto oriundo da comissão encarregada da organização do poder político foi apresentado na sessão de 4 de Fevereiro de 1976 e, sob a epígrafe «Subordinação à Constituição», tinha o seguinte teor: «1 – Os Órgãos de Soberania estão subordinados à Constituição e não podem prejudicar a separação e a interdependência nela estabelecida. 2 – Nenhum Órgão de Soberania ou de poder local pode delegar os seus poderes noutros órgãos, a não ser nos casos e nos termos expressamente previstos na Constituição e na lei.» Na sua intervenção, o deputado Jorge Miranda (PPD) considerou que a formulação do n.º 1 não seria porventura das mais felizes, mas disse estar convicto de que a Comissão de Redacção encontraria decerto uma fórmula que melhor traduzisse o pensamento da Assembleia Constituinte a respeito desse ponto, no que foi acompanhado pelo deputado José Luís Nunes (PS). Por sua vez, o deputado Marcelo Rebelo de Sousa (PPD) chamou a atenção «para a importância que assume a consagração, pela primeira vez em texto constitucional, de um princípio fundamental respeitante à matéria da delegação de poderes. É uma matéria que foi abordada entre nós a nível de lei ordinária e pela doutrina a propósito da delegação de poderes em Direito Administrativo. Desta feita, e pela primeira vez, em materialização constitucional expressa, é a própria Constituição que prevê os limites, os contornos da figura da delegação de poderes numa dupla acepção: a delegação de poderes quando aplicada aos Órgãos de Soberania e a delegação de poderes quando respeitante aos órgãos do poder local. Creio que, para o futuro da doutrina do Direito Público no nosso país, esta consagração poderá ter a maior importância» (*in Diário da Assembleia Constituinte*, n.º 107, de 3 de Fevereiro de 1976, pp. 3511-3512; cf. ainda n.º 131, de 2 de Abril de 1976, p. 4372).

Poderá dizer-se que, na sua versão originária, o texto de 1976 implicava uma cedência – uma cedência *compromissória* – à correlação de forças pós-revolucionária, seja por consagrar princípios como o da irreversibilidade das nacionalizações (artigo 83.º), seja por prever, no elenco dos órgãos de soberania (artigo 113.º), o Conselho da Revolução, órgão não electivo, de composição exclusivamente castrense, e com um acervo muito vasto de prerrogativas e competências. A primeira revisão constitucional extingui-lo-ia, criando, do mesmo passo, o Tribunal Constitucional (que recebeu as competências do Conselho da Revolução em matéria de controlo da constitucionalidade das leis e demais actos normativos) e o Conselho de Estado (órgão auxiliar de consulta do Presidente da República).

Se alguns constitucionalistas consideram que, após 1982, o nosso sistema de governo perdeu as características do semipresidencialismo (caso de André Gonçalves Pereira), se outros entendem que ele nunca foi autenticamente semipresidencial (caso de J. J. Gomes Canotilho e Vital Moreira), pode dizer-se que, só depois da revisão constitucional operada naquele ano, o regime político português adquiriu a sua *plena maturidade democrática*. E num certo sentido, só então o sistema de governo – semipresidencial ou semiparlamentar – pôde afirmar-se e desenvolver-se livre das peias colocadas por um órgão não electivo, composto apenas por militares (o primeiro-ministro só tinha assento no Conselho da Revolução se fosse militar), mas dotado de amplos poderes. Desaparecido esse elemento não democrático do nosso sistema de governo, cuja existência só pode compreender-se à luz da conjuntura pós-revolucionária e dos compromissos e arranjos que foi necessário realizar para a satisfação possível de duas fontes de legitimidade (a democrática e a militar), foi assim exequível, num processo não isento de tensões e conflitos, assegurar que o nosso sistema de governo se ajustasse plenamente ao figurino do modelo democrático de tipo ocidental.

Daí que a referência à separação de poderes seja frequente em diversos textos constitucionais, tais como a Constituição francesa de 1958 (por via da recepção da Declaração dos Direitos do Homem e do Cidadão, de 1789, cujo artigo 16.º consagra aquele princípio), a par da Constituição de São Tomé (artigo 69.º), da Croácia (artigo 4.º), da Colômbia (artigo 113.º), da Ucrânia (artigo 6.º), de Angola (artigo 2.º), da Bolívia (artigo 12.º, n.º 1), do Brasil (artigo 60.º, § 4.º), de Cabo Verde (artigo 2.º, n.º 2) ou da Venezuela (artigo 136.º).

O esquema de distribuição de poderes, gizado em torno de dois eixos (separação e interdependência), pressupõe a existência de equilíbrios que exigem, da parte dos titulares dos vários órgãos de soberania, uma conduta ordenada ao cumprimento dos propósitos inscritos na Constituição da República. Entre as formas de inter-relacionamento orgânico, e sem preocupações de exaustividade, pode enunciar-se:

- a intervenção do Tribunal Constitucional no processo de eleição do Presidente da República (artigo 124.º da Constituição);
- a intervenção do Supremo Tribunal de Justiça no processo de responsabilidade criminal do Presidente da República por delitos praticados no exercício das suas funções, cabendo a iniciativa desse processo à Assembleia da República (artigo 130.º da Constituição);
- a tomada de posse e juramento do Presidente da República perante a Assembleia da República (artigo 127.º da Constituição), sendo também perante ela, por mensagem a si dirigida, que o Presidente renuncia ao seu mandato (artigo 131.º da Constituição);
- a necessidade de assentimento da Assembleia da República para a ausência do Presidente da República do território nacional (artigo 129.º da Constituição);
- a substituição interina do Presidente da República pelo Presidente da Assembleia da República (artigo 132.º da Constituição);
- a marcação, pelo Presidente da República, da data das eleições dos deputados à Assembleia da República, nos termos da alínea b) do artigo 133.º da Constituição;
- a convocação extraordinária, o envio de mensagens e a dissolução da Assembleia da República pelo Presidente da República, nos termos das alíneas c), d) e e) do artigo 133.º da Constituição;
- a nomeação, pelo Presidente da República, do primeiro-ministro e, por proposta deste, a nomeação e exoneração

dos demais membros do Governo, nos termos das alíneas
f) e *h)* do artigo 133.º da Constituição;
- a demissão do Governo, nos termos da alínea *g)* do artigo 133.º e do artigo 195.º, n.º 2, da Constituição, bem como, nos termos da alínea *g)* do artigo 133.º e do artigo 186.º, n.º 4, da Constituição, a exoneração do primeiro-ministro;
- a possibilidade de o Presidente da República presidir ao Conselho de Ministros, quando o primeiro-ministro lho solicitar [alínea *i)* do artigo 133.º da Constituição];
- a nomeação e exoneração, sob proposta do Governo, do Presidente do Tribunal de Contas e do Procurador- -Geral da República, de acordo com a alínea *m)* do artigo 133.º da Constituição e, nos termos da alínea *n)* do mesmo artigo, a nomeação de dois vogais do Conselho Superior da Magistratura;
- o poder de promulgação das leis e decretos-leis pelo Presidente da República, com a faculdade de exercício do veto político (artigo 136.º) ou do envio ao Tribunal Constitucional, em sede de fiscalização preventiva ou sucessiva da constitucionalidade, de acordo com as alí- neas *b), g)* e *h)* do artigo 134.º da Constituição;
- a nomeação pelo Presidente da República, sob proposta do Governo, dos embaixadores e enviados extraordiná- rios [artigo 135.º, alínea *a),* da Constituição];
- a sujeição a referenda ministerial dos actos do Presidente da República referidos no artigo 140.º, n.º 1, da Consti- tuição;
- a presença no Conselho de Estado do Presidente da Assembleia da República e do primeiro-ministro, como membros obrigatórios [artigo 142.º, alíneas *a)* e *b),* da Constituição];
- a incompatibilidade entre as funções de deputado e de membro do Governo, nos termos do n.º 1 do artigo 154.º da Constituição;

– o poder de os deputados fazerem perguntas ao Governo e lhe apresentarem requerimentos para obter elementos, informações e publicações oficiais que considerem úteis para o exercício do seu mandato, segundo as alíneas *d)* e *e)* do artigo 156.º da Constituição;
– a imunidade parlamentar e a necessidade de a Assembleia da República se pronunciar, para efeitos de suspensão do mandato, caso seja movido procedimento criminal contra algum deputado (artigo 157.º);
– a perda do mandato de deputado em caso de condenação judicial pela prática de certo tipos de crime, segundo a alínea *d)* do n.º 1 do artigo 160.º da Constituição;
– a reserva (absoluta) de competência da Assembleia da República prevista no artigo 161.º, a par das reservas absoluta e relativa de competência legislativa consagradas nos artigos 164.º e 165.º da Constituição, podendo, no domínio da reserva relativa de competência, conceder autorizações legislativas ao Governo (n.ºs 2 e seguintes do artigo 165.º da Constituição) e podendo igualmente o Governo proceder ao desenvolvimento de leis de bases;
– a competência da Assembleia da República para apreciar o programa do Governo e para votar moções de confiança e censura ao Executivo [artigo 163.º, alíneas *d)* e *e)*, da Constituição];
– a eleição, pela Assembleia da República, de cinco membros do Conselho de Estado, bem como de dez juízes do Tribunal Constitucional e de sete vogais do Conselho Superior da Magistratura [artigo 163.º, alíneas *g)* e *h)*, da Constituição];
– a apreciação parlamentar de actos legislativos ou, mais precisamente, de decretos-leis (artigo 169.º);
– a participação de membros do Governo na actividade da Assembleia da República, designadamente nas suas reuniões plenárias e nos trabalhos das comissões (artigo 170.º);

- a previsão de comissões parlamentares e, entre estas, de comissões parlamentares de inquérito (artigo 178.º);
- a responsabilidade do Governo perante o Presidente da República e perante a Assembleia da República (artigo 190.º da Constituição);
- a reserva exclusiva de competência do Governo para legislar sobre a sua organização e funcionamento, nos termos do n.º 2 do artigo 198.º da Constituição;
- em regra, a necessidade de autorização da Assembleia da República para a detenção ou prisão de qualquer membro do Governo, bem como para a sua suspensão em caso de procedimento criminal (artigo 196.º);
- a aprovação por lei dos requisitos e regras de recrutamento dos juízes dos tribunais judiciais de primeira instância, nos termos do disposto no artigo 215.º, n.º 2, da Constituição, e, nos termos do artigo 217.º, a definição por lei das regras e da competência para a colocação, transferência e promoção dos juízes, bem como para o exercício da acção disciplinar sobre eles;
- a atribuição ao Tribunal Constitucional de competência para verificar a morte e declarar a impossibilidade física permanente do Presidente da República, bem como para verificar os impedimentos temporários do exercício das suas funções e, bem assim, para verificar a perda do cargo de Presidente da República [artigo 223.º, n.º 2, alíneas *a)* e *b)*, da Constituição] e a morte ou incapacidade para o exercício da função presidencial de qualquer candidato a Presidente da República [artigo 223.º, alínea *d)*, da Constituição];
- os poderes atribuídos ao Tribunal Constitucional para julgar, a requerimento dos deputados, os recursos relativos à perda do mandato e às eleições realizadas na Assembleia da República [artigo 223.º, alínea *g)*, da Constituição];

– os poderes atribuídos ao Tribunal Constitucional no quadro da fiscalização da constitucionalidade (e certos casos de legalidade) das leis e demais actos normativos, de acordo com o estipulado na Parte IV da Constituição, na qual se prevêem todos os tipos de controlo: da inconstitucionalidade por acção (artigo 277.º), através da fiscalização preventiva (artigo 278.º), da fiscalização abstracta sucessiva (artigo 281.º) e da fiscalização concreta (artigo 280.º), e da inconstitucionalidade por omissão (artigo 283.º);

– a consagração, como limite material de revisão constitucional, do princípio da separação e interdependência dos órgãos de soberania [artigo 288.º, alínea *j*), da Constituição].

Além destas situações, poderia citar-se certos institutos cujo regime jurídico envolve, de forma mais ou menos intensa, dois ou mais órgãos de soberania, como sucede com o referendo, a declaração de estado de sítio ou de emergência, a declaração de guerra e a feitura da paz, a vinculação internacional do Estado português através de tratados, o envolvimento de contingentes militares e de forças de segurança no estrangeiro ou, enfim, a participação de Portugal no processo de integração europeia.

São inúmeras as refracções do princípio da interdependência de poderes. E o modo como são concretizadas deve estar ordenado segundo o cumprimento de princípios ou tópicos normativos como «lealdade institucional» ou «regular funcionamento das instituições», que apelam para uma conduta orientada por uma ética política que cumpra os pressupostos, institucionais e não só, da democracia representativa. É sintomático que, após a revisão constitucional de 1982, nenhum Presidente da República tenha demitido o Governo por este pôr em causa o regular funcionamento das instituições democráticas, tal como dispõe o n.º 2 do artigo 195.º da Constituição. Por outro lado, e apesar de tensões inerentes à dinâmica própria do jogo democrático, nunca se verificou, da parte de qualquer órgão de soberania ou dos seus titulares, um comportamento de sistemático obstrucionismo da acção dos demais centros de poder, como teria sucedido, por exemplo, se a Assembleia da República aprovasse sucessivas leis de amnistia ou se o Presidente da República conferisse um número desmesurado de indultos que, no limite, pudessem pôr em causa a actividade jurisdicional reservada aos tribunais; ou se estes, de seu lado, extravasassem de forma reiterada e patente o seu campo de intervenção, aventurando-se em territórios que pertencem mais à política em sentido estrito do que ao Direito e à função jurisdicional.

De igual modo, nunca a Assembleia da República deixou de conceder autorização ao Presidente para se ausentar do território nacional, nos termos da anacrónica e obsoleta exigência contida na norma do artigo 129.º da Constituição, do mesmo modo que, ao que se saiba, nunca o Governo recusou a referenda ministerial aos actos do Presidente, tal como o exige o artigo 140.º da Lei Fundamental, que, note-se, comina a falta de referenda com a mais drástica das sanções, a inexistência jurídica. No que se refere ao Presidente, nenhum chefe do Estado recusou promulgar diplomas do Parlamento ou do Governo, ainda que, por diversas vezes, tenha sido usado o veto político ou solicitada a intervenção do Tribunal Constitucional. No caso das leis e revisão constitucional, de promulgação obrigatória (artigo 286.º, n.º 3, da Constituição), nunca esta foi recusada, da mesma forma que nunca um Presidente da República obstruiu a acção governativa ou parlamentar através de um uso sistemático do veto político de *todos* os diplomas que lhe foram enviados para promulgação, ou através de um envio inusitado de diplomas ao Tribunal Constitucional, para efeito da fiscalização preventiva ou sucessiva da sua constitucionalidade.

Em diversas ocasiões, os presidentes promulgaram diplomas que lhes suscitavam dúvidas para não obstarem à sua atempada entrada em vigor, como sucedeu em particular nas leis que aprovam o Orçamento do Estado. Por seu lado, e sem ter explicitamente formulado uma *political question doctrine*, semelhante à do Supremo Tribunal Federal dos EUA, o nosso Tribunal Constitucional tem, ao longo dos anos, demonstrado uma inquestionável contenção, ou *self-restraint*, nos juízos de inconstitucionalidade, respeitando a margem de discricionariedade do legislador e abstendo-se de intervir na esfera política própria dos órgãos com legitimidade para o efeito.

Não significa isto, como é evidente, que ao longo das últimas décadas de democracia não tenham ocorrido conflitos interinstitucionais e até acusações de deslealdade por parte de diversos actores políticos. Se muitas destas tensões são inerentes à dinâmica própria de uma democracia – e exprimem a vitalidade e a autenticidade da forma como o princípio da separação de poderes se encontra consolidado em Portugal –, há casos que revelam um deficiente funcionamento dos órgãos de soberania, como sucedeu, por exemplo, quando o Presidente Jorge Sampaio se viu impedido de se deslocar ao estrangeiro, em Fevereiro de 1999, para assistir às exéquias fúnebres de um chefe de Estado, devido à incapacidade de a Assembleia da República e a sua Comissão Permanente reunirem em tempo útil para conferir a necessária autorização para ausência do território nacional, sem a qual, nos termos da Constituição, o Presidente da República perde o seu mandato. Noutras situações, poderá questionar-se se existiu uma utilização abusiva dos poderes presidenciais, nomeadamente quando o Presidente Mário Soares, em vez de requerer a fiscalização preventiva da constitucionalidade da «lei das propinas», o que teria sanado à nascença o conflito e as tensões existentes nas universidades e no meio estudantil, optou por solicitar a fiscalização sucessiva daquele diploma, assim prolongando por vários meses o desgaste do Governo. No decurso do mandato do Presidente Jorge Sampaio, a aprovação da Lei de Programação Militar, em Setembro de 2001, gerou acesa controvérsia jurídica, o mesmo sucedendo, no mandato do Presidente Aníbal Cavaco Silva, a propósito da aprovação do Estatuto Político-Administrativo da Região Autónoma dos Açores, tendo o Tribunal Constitucional declarado a inconstitucionalidade de diversas normas desse Estatuto.

Noutros casos, bem mais frequentes, foi igualmente necessária a intervenção arbitral do Tribunal Constitucional para dirimir questões que, pese a sua natureza eminentemente jurídica, são também políticas, ou político-institucionais. Nesse sentido, e apenas em termos exemplificativos, o Tribunal Constitucional tem firmado jurisprudência abundante em matéria de leis de autorização legislativa que a Assembleia concede ao Governo, nomeadamente sobre o seu objecto, sentido, extensão e duração, tal como prescreve o n.º 2 do artigo 165.º da Constituição. A propósito de uma resolução tangente a uma comissão parlamentar de inquérito sobre a tragédia que, em 4 de Dezembro de 1980, vitimou o primeiro-ministro Francisco Sá Carneiro e o ministro da Defesa Nacional Adelino Amaro da Costa, o Tribunal Constitucional teve ensejo de se pronunciar também, no seu Acórdão n.º 195/94, sobre os poderes daquelas comissões, uma vez que lhes são atribuídas prerrogativas investigatórias idênticas às das autoridades judiciais («As comissões parlamentares de inquérito gozam de poderes de investigação próprios das autoridades judiciais», diz o n.º 5 do artigo 178.º da Constituição), o que, como se compreende, pode suscitar atritos, sobretudo quando sobre a mesma matéria decorra uma investigação judicial e um inquérito parlamentar. Conclui o Tribunal, entre o mais, que «pode ser objecto de um inquérito parlamentar um facto ou uma questão coincidente com um processo judicial, em fase de inquérito ou de instrução ou com decisão transitada em julgado. É que são totalmente diferentes a natureza da actividade prosseguida pela comissão parlamentar de inquérito, a finalidade da sua acção e o alcance do resultado que pretende alcançar, quando comparados com as funções cometidas aos tribunais.» Sobre o princípio da separação de poderes, e em tese geral, considerou o Tribunal que o mesmo veda, por um lado, que um órgão de soberania se atribua, fora dos casos em que a Constituição expressamente o permite ou impõe, competência para o exercício de funções que essencialmente são conferidas a outro e diferente órgão e, do outro lado, que um determinado órgão de soberania se atribua competências em domínios para os quais não foi concebido, nem está vocacionado.

É no domínio da função jurisdicional que a separação de poderes se afigura actualmente de uma forma pura, ou seja, a reserva de jurisdição, consagrada nos artigos 20.º e 202.º, n.os 1 e 2, da Constituição, não pode sofrer quaisquer derrogações ou excepções, as quais poriam sempre em risco a independência do poder judicial e, com isso, o princípio do Estado de direito. Já no que tange às fronteiras entre a função legislativa e a função administrativa, a proliferação de leis-medida (*Maßnahmengesetz*), o firmar da chamada «reserva de administração» (cf., p. ex., o acórdão n.º 248/98 do Tribunal Constitucional, sobre as «portagens do Oeste») e, enfim, a atribuição de competências legislativas ao Governo vieram, cada qual a seu modo, perturbar a nitidez das linhas divisórias entre aquelas esferas.

É também adquirido que o princípio da separação de poderes não vale somente para os órgãos de soberania, aplicando-se igualmente aos órgãos das regiões autónomas e de poder local.

O processo de integração europeia, tal como já foi detectado por constitucionalistas como J. J. Gomes Canotilho e Vital Moreira, veio trazer novas dimensões ao princípio da separação de poderes, uma vez que, com o aprofundamento da União, os «poderes soberanos» são agora distribuídos não apenas entre órgãos de soberania (separação horizontal) ou entre os órgãos da República e os órgãos das regiões autónomas (divisão vertical), mas também entre os órgãos soberanos nacionais e os órgãos da União Europeia. Dada a inelutável primazia do Executivo na interlocução com Bruxelas, resta saber se, a prazo, todos os regimes políticos dos Estados-membros não se irão converter em «governamentais», assim se diluindo as taxonomias jurídicas e políticas que distinguem sistemas parlamentares, presidenciais ou semipresidenciais.

2. ... e a prática política

No essencial, a prática política tem-se conformado à clássica separação de poderes consagrada na Constituição. Não obstante, e a exemplo de outras democracias, o sistema jurídico-político português não está imune a tensões e a críticas de disfunções nas relações entre os diferentes poderes.

Neste contexto, uma das dimensões que importa analisar é a da relação do Governo com a Assembleia da República, quer no âmbito legislativo, quer no âmbito da responsabilidade política do Executivo perante o Parlamento e do dever deste de fiscalizar a acção governativa.

É já antiga a tendência observada, por parte dos que estudam os sistemas de governo, para os gabinetes governamentais expandirem o seu predomínio sobre os parlamentos, quer através de um crescente protagonismo dos primeiros-ministros, quer através de uma transferência progressiva de parte substancial da função legislativa do Parlamento para o Governo. São vários os motivos que enquadram essa propensão, relacionados com a personalização da política, com a crescente complexidade técnica das actividades governativas e com a relação com a União Europeia.

Por outro lado, é também observado com frequência que os parlamentos têm dificuldade em exercer a sua função de fiscalização dos governos. É certo que isso pode depender das circunstâncias políticas e, sobretudo, da existência e da configuração das maiorias parlamentares. Iremos analisar em que medida essa função foi exercida ao longo de diferentes legislaturas, através dos diferentes instrumentos de controlo ao dispor dos deputados.

Outra dimensão que se insere neste contexto é a da relação do poder executivo e legislativo com o poder judicial. As críticas ao que tem sido denominado de «politização da justiça» e de «judicialização da política» proliferam no espaço público. Iremos analisar, no entanto, não os aspectos «subjectivos» ou, por assim dizer, «jornalísticos» desse debate, mas sim como foram e são utilizados os instrumentos formais que medeiam a relação entre política e justiça.

Em 2007, a Assembleia da República aprovou um novo Regimento, que implicou algumas alterações significativas e (re)colocou o Parlamento no centro do sistema político. É à luz dessa alteração e a partir da X Legislatura, iniciada em Março de 2005, que iremos analisar a evolução de alguns dos mecanismos parlamentares que medeiam estas relações.

Responsabilidade política

De modo a contextualizar o quadro político-institucional, sintetiza-se nesta primeira tabela a composição do Parlamento, os governos e o respectivo apoio parlamentar, e os Presidentes da República em funções nas últimas quatro legislaturas.

Tabela 1: **Legislatura, Composição do Parlamento, Governo e Presidente da República**

	Composição do Parlamento	Governo/ apoio parlamentar	Presidente da República
X Legislatura (10/03/2005 a 14/10/2009)	PS (121); PSD (75); PCP (12); CDS-PP (12); BE (8); PEV (2)	**XVII Governo** – José Sócrates, PS (maioria absoluta)	**Jorge Sampaio** (até 09/03/2006); **Aníbal Cavaco Silva** (09/03/2006)
XI Legislatura (15/10/2009 a 19/06/2011)	PS (97); PSD (81); CDS-PP (21); BE (16); PCP (13); PEV (2)	**XVIII Governo** – José Sócrates, PS (minoritário)	**Aníbal Cavaco Silva** (até 09/03/2011; segundo mandato, 09/03/2011)
XII Legislatura (20/06/2011 a 22/10/2015)	PSD (108); PS (74); CDS-PP (24); PCP (14); BE (8); PEV (2)	**XIX Governo** – Pedro Passos Coelho, PSD/CDS-PP (maioria absoluta coligação)	**Aníbal Cavaco Silva**
XIII Legislatura (23/10/2015 a...)	PSD (89); PS (86); BE (19); CDS-PP (18); PCP (15); PEV (2); PAN (1)	**XX Governo** – Pedro Passos Coelho, PSD/CDS-PP (30/10/2015 a 26/11/2015) (minoritário coligação) **XXI Governo** – António Costa, PS (26/11/2015 a...) (minoritário PS; acordo parlamentar BE, PCP, PEV)	**Aníbal Cavaco Silva** (até 09/03/2016); **Marcelo Rebelo de Sousa** (09/03/2016)

Note-se que apenas na XIII Legislatura tomaram posse dois governos, o primeiro dos quais com uma duração de apenas 28 dias, tendo cessado funções em consequência da rejeição do programa de Governo. Nas restantes legislaturas, os Presidentes da República apenas deram posse a um Governo.

No espaço temporal aqui analisado, apenas uma legislatura foi interrompida antes do fim do mandato. O segundo Governo de José Sócrates, com apoio minoritário no Parlamento, caiu após a aceitação pelo Presidente da República do pedido de demissão do primeiro-ministro (artigo 195.º da Constituição). O pedido de demissão foi apresentado no dia 23 de Março de 2011, na sequência da «rejeição» na Assembleia da República do Programa de Estabilidade e Crescimento (PEC) para 2011-2014 apresentado pelo Governo. Essa «rejeição» foi consubstanciada através da aprovação de projectos de resolução apresentados por todos os partidos da oposição. Nas palavras do Presidente da Assembleia da República, Jaime Gama, no fim do debate e das votações: «Estão, assim, aprovados os cinco projectos de resolução que preconizam, na sua disposição substantiva, a rejeição do Programa de Estabilidade e Crescimento 2011-2014»[1]. No contexto político de crescente dificuldade financeira e ante a necessidade de apresentar um PEC que fosse credível nas instâncias europeias, o primeiro-ministro José Sócrates interpretou essa rejeição como uma moção de censura política, e como não tendo apoio no Parlamento para aprovar as medidas preconizadas pelo Governo. Mas, de facto, o Governo não caiu através de uma moção de censura formal. Foi no dia 31 de Março de 2011 que, por meio de uma comunicação ao país, o Presidente da República anunciou que, após ouvir os partidos políticos representados na Assembleia da República e o Conselho de Estado, tinha decidido aceitar a demissão do primeiro-ministro, dissolver a Assembleia da República e convocar eleições para o dia 5 de Junho de 2011.

Note-se, a cada passo, a interdependência entre as decisões dos diferentes poderes. O Governo interpretou as votações no Parlamento como sinal de que não dispunha de condições políticas para se manter em funções, mas a demissão do Governo só acontece após a aceitação por parte do Presidente da República do pedido de exoneração do primeiro-ministro. Por outro lado, o Presidente da República só pode optar pela dissolução

---

[1] *Diário da Assembleia da República*, 24 de Março de 2011, I Série – Número 67, p. 79.

RELAÇÕES ENTRE OS PODERES EXECUTIVO | 145

Tabela 2: **Responsabilidade política**

	Programa de Governo	Moções de censura	Moções de confiança
X Legislatura (10/03/2005 a 14/10/2009)	Não foi proposta a rejeição, nem solicitada aprovação de um voto de confiança.	N.º 1/XII (3.ª) – (BE) 11/01/2008 Rejeitada N.º 2/XII (3.ª) – (PCP) 05/05/2008 Rejeitada N.º 3/XII (3.ª) – (CDS) 02/06/2008 Rejeitada N.º 4/XII (3.ª) – (CDS) 12/06/2009 Rejeitada	
XI Legislatura (15/10/2009 a 19/06/2011)	Idem	N.º 1/XII (1.ª) – (PCP) 18/05/2010 Rejeitada N.º 2/XII (2.ª) – (BE) 04/03/2011 Rejeitada	
XII Legislatura (20/06/2011 a 22/10/2015)	Idem	N.º 1/XII (1.ª) – (PCP) 20/06/2012 Rejeitada N.º 2/XII (2.ª) – (BE) 01/10/2012 Rejeitada N.º 3/XII (2.ª) – (PCP) 01/10/2012 Rejeitada N.º 4/XII (2.ª) – (PS) 28/03/2013 Rejeitada N.º 5/XII (2.ª) – (PEV) 15/07/2013 Rejeitada N.º 6/XII (3.ª) – (PCP) 27/05/2014 Rejeitada	N.º 1/XII (2.ª) – (Governo) Moção de Confiança ao XIX Governo Constitucional, 25/07/2013 Aprovada
XIII Legislatura (23/10/2015 a...)*	XX Governo Constitucional Moção de rejeição n.º 1/XIII (1.ª) – (PS) **Aprovada** (foram também apresentadas moções de rejeição por BE, PCP e PEV); XXI Governo Constitucional Moção de rejeição n.º 5/XIII (1.ª) – (PSD e CDS-PP) Rejeitada	N.º 1/XIII (3.ª) –pelas falhas do Governo nos incêndios trágicos de 2017 (CDS-PP) 19/10/2017 Rejeitada	

* Dados recolhidos até 02/04/2018

da Assembleia «ouvidos os partidos nela representados e o Conselho de Estado» (artigo 133.º da Constituição). Esta interdependência, aliada à necessidade de um Governo ter o apoio dos partidos representados na Assembleia da República, tem obviado a que os Governos que possam ser considerados de «iniciativa presidencial» estejam ausentes do histórico de soluções governativas desde 1980.

Nas legislaturas analisadas (incluindo a que está a decorrer), foram apresentadas 13 moções de censura, todas rejeitadas. O partido que mais moções apresentou foi o PCP (5), tendo o seu parceiro na Coligação Democrática Unitária (CDU), o Partido Ecologista "Os Verdes" (PEV), apresentado mais uma. O PSD não apresentou nenhuma moção de censura e o PS apresentou apenas uma (sendo que o PS esteve no Governo nove dos 13 anos aqui analisados). O Bloco de Esquerda (BE) e o CDS-PP registam três moções de censura apresentadas neste período.

Perante o histórico de rejeições, as moções de censura têm funcionado mais como instrumentos de posicionamento político do que como uma forma efectiva de destituir governos. Refira-se que, nos termos do artigo 194.º da Constituição, «se a moção de censura não for aprovada, os seus signatários não podem apresentar outra durante a mesma sessão legislativa». Na prática, e para efeitos tribunícios, os grupos parlamentares sabem que só podem apresentar uma moção por sessão legislativa.

Note-se a parcimónia na utilização deste instrumento político por parte dos dois maiores partidos. Poder-se-á argumentar que se deve ao facto de em grande parte do tempo fazerem parte do Governo. Contudo, dos 13 anos analisados, o PSD esteve nove na oposição e nunca apresentou uma moção de censura, tendo votado apenas favoravelmente duas moções apresentadas pelo CDS. Por seu lado, o PS votou a favor apenas de duas das cinco moções apresentadas pelos outros partidos de esquerda durante a governação PSD/CDS de 2011-2015. Sendo um instrumento de responsabilização política do Governo, a apresentação e o posicionamento face a moções de censura tem sido interpretado também como uma forma de avaliar a «responsabilidade» das oposições.

Relativamente à única moção de confiança apresentada neste período, refira-se que tal aconteceu numa legislatura que teve também o carácter singular de ser a primeira na história da democracia portuguesa em que um Governo de coligação concluiu o seu mandato. A aprovação dessa moção de confiança foi o culminar de uma crise governamental que teve início com o anúncio de pedido de demissão do ministro dos Negócios Estrangeiros e líder do CDS-PP, Paulo Portas. Esta situação levou o Presidente da República a fazer uma comunicação ao País apelando ao entendimento entre os partidos da coligação no Governo e o PS, e promovendo um conjunto de reuniões entre os três partidos tendo em vista esse entendimento, denominado «Compromisso de Salvação Nacional». No final, não houve entendimento com o PS, mas os partidos da coligação governamental renovaram o seu acordo e cumpriram o seu mandato até ao fim da legislatura.

Outros instrumentos de fiscalização política

No âmbito da sua função de fiscalização política, e além das moções, a Assembleia da República dispõe de uma série de instrumentos jurídicos para exercer um controlo mais próximo da acção governativa. Por conseguinte, os deputados podem dirigir «Perguntas ao Governo» e «Requerimentos» aos diversos níveis da Administração Pública. Embora a lei estabeleça um prazo de 30 dias para as respostas obrigatórias, este preceito muitas vezes não é cumprido, como se pode verificar pelo elevado número de perguntas e de requerimentos respondidos fora do prazo ou não respondidos.

Tabela 3: **Requerimentos**

	AC	AL	AR	EI	RA
X Legislatura (10/03/2005 a 14/10/2009)	T 5241 RFP 4364 NR 350	T 4563 RFP 954 NR 2446	14	T 1 NR 1	T 5 NR 4
XI Legislatura (15/10/2009 a 19/06/2011)	T 1236 RFP 601 NR 201	T 4397 RFP 830 NR 1321	1	T 160 RFP 28 NR 37	T 4 NR 2
XII Legislatura (20/06/2011 a 22/10/2015)	T 815 RFP 278 NR 215	T 11 003 RFP 977 NR 6696	0	T 174 RFP 29 NR 52	T 6 NR 4
XIII Legislatura (23/10/2015 a...) *consulta 12/03/2018	T 432 RFP 170 NR 115	T 5280 RFP 445 NR 3553	1	T 178 RFP 6 NR 79	T 1 NR 1

AC – *Administração Central*; AL – *Administração Local*; AR – *Assembleia da República*; EI – *Entidades Independentes*; RA – *Regiões Autónomas*; T – Total; RFP – Respondidos fora do prazo; NR – Não respondidos

Tabela 4: **Perguntas ao Governo**

	Total	RFP	NR	% RFP e NR
X Legislatura (10/03/2005 a 14/10/2009)	6617	3733	1434	78,09%
XI Legislatura (15/10/2009 a 19/06/2011)	9141	3892	3060	76,05%
XII Legislatura (20/06/2011 a 22/10/2015)	12 204	5383	2752	66,66%
XIII Legislatura (23/10/2015 a...) *consulta 12/03/2018	9623	4930	1320	64,95%

RFP – Respondidas fora do prazo; NR – Não respondidas

Fiscalização da actividade legislativa

A Assembleia da República, sendo o órgão legislativo por excelência, além da sua competência legislativa própria, pode e deve fiscalizar a actividade legislativa do Governo. Uma das figuras jurídicas mais importantes para o fazer é a Apreciação de Decretos-Leis, prevista no artigo 169.º da Constituição, através da qual um diploma aprovado pelo Governo é debatido na Assembleia, podendo ser alterado ou até mesmo ver cessada a sua vigência.

Tabela 5: **Apreciações de Decretos-Leis**

	Apreciações de Decretos-Leis	Alteração de diplomas	Cessação de vigência
X Legislatura (10/03/2005 a 14/10/2009)	126	8	–
XI Legislatura (15/10/2009 a 19/06/2011)	100	18	4
XII Legislatura (20/06/2011 a 22/10/2015)	150	5	–
XIII Legislatura (23/10/2015 a...) *consulta 12/03/2018	59	12	3

Refira-se ser comum diferentes grupos parlamentares apresentarem pedidos de apreciação parlamentar sobre os mesmos diplomas. Nesses casos a discussão é, sempre que possível, conjunta. As alterações que resultam das apreciações parlamentares não são necessariamente as apresentadas pelo autor da iniciativa e também é comum resultarem de textos finais aprovados nas comissões parlamentares especializadas. No quadro acima apresentado, é visível e natural o maior grau de sucesso na aprovação de alterações nos casos em que o partido do Governo não dispõe de maioria.

As cessações de vigência *stricto sensu* são raras. Note-se que apenas se encontram aprovações de cessação de vigência em legislaturas em que o Governo não dispõe de maioria absoluta dos partidos que o compõem no Parlamento. Este instrumento teve alguma relevância na breve legislatura que decorreu entre Outubro de 2009 e Junho de 2011. No caso da legislatura que se iniciou em Outubro de 2015, apesar de ter acordado o apoio parlamentar dos partidos à sua esquerda, trata-se de um Governo minoritário do PS. Ainda assim, das três cessações de vigência aprovadas até 12 de Março de 2018, duas são respeitantes a decretos-leis ainda aprovados pelo Governo anterior. Mas as apreciações parlamentares têm servido para ajustar algumas divergências entre o Governo e os partidos que lhe conferem apoio parlamentar à esquerda.

Além da aprovação de alterações e cessações de vigência na sequência de apreciações parlamentares, existe ainda a possibilidade – ou o risco – de em situações de minoria, em particular, o Parlamento poder legislar no sentido contrário ao do Governo. Quando acontecem estes tipos de situação é natural que o Governo em funções proteste contra o risco de um «governo de assembleia». Um caso saliente foi o da aprovação de um projecto de lei, em 25 de Março de 2011, por parte de todos os partidos da oposição, em que era suspenso e revogado o modelo de avaliação do desempenho de docentes, o Decreto Regulamentar n.º 2/2010, de 23 de Junho. Recorde-se que esta aprovação aconteceu num momento em que o primeiro--ministro já tinha anunciado o seu pedido de demissão e em que o Presidente da República procedia a audições aos partidos representados no Parlamento. Seria o Presidente da República a requerer a fiscalização preventiva da constitucionalidade das normas constantes do Decreto n.º 84/XI, da Assembleia da República. Em 29 de Abril de 2011, o Tribunal Constitucional pronunciou-se pela inconstitucionalidade de todas as normas desse diploma, considerando que o artigo 1.º (que estabelecia que o Governo devia iniciar «o processo de negociação sindical tendente à aprovação do enquadramento legal e regulamentar que concretize um novo modelo de avaliação do desempenho de docentes, produzindo efeitos a partir do início do próximo ano lectivo») e o artigo 3.º (que revogava um decreto regulamentar) violavam o princípio da separação e interdependência dos órgãos de soberania consagrado na Constituição.

Ainda no âmbito do acompanhamento e fiscalização da actividade legislativa do Governo, o Regimento da Assembleia da República (RAR) estabelece que compete à Conferência dos Presidentes das Comissões Parlamentares «promover a elaboração, no início de cada sessão legislativa, de um relatório de progresso relativo à aprovação e entrada em vigor das leis e da consequente regulamentação, incluindo o cumprimento dos respectivos prazos» [artigo 21.º, n.º 3, alínea c)]. Na página oficial da Internet da Assembleia da República, é possível consultar esses relatórios com a análise do início da IX Legislatura até à primeira sessão da XIII Legislatura[2].

Comissões de Inquérito Parlamentar

Uma figura de fiscalização parlamentar que se reveste de um carácter muito especial e de um regime jurídico próprio são as comissões de inquérito. Um inquérito parlamentar pode ser requerido por um quinto dos deputados. Permite ao Parlamento avocar documentação e informação sobre determinada matéria e convocar membros do Governo ou qualquer outro cidadão que possa prestar informação relevante sobre o

---

[2] http://www.parlamento.pt/Fiscalizacao/Paginas/Relatorios-de-fiscalizacao-da-atividade-do-Governo.aspx [consultado em 12/03/2018].

tema em inquérito. As comissões parlamentares de inquérito dispõem de poderes de investigação próprios das autoridades judiciais, sendo por isso um território de eventual fricção entre o poder legislativo e o poder judicial.
Nas últimas legislaturas, algumas comissões de inquérito ganharam grande relevância política e mediática.

Tabela 6: **Comissões de Inquérito Parlamentar**

	Comissões de Inquérito Parlamentar
X Legislatura (10/03/2005 a 14/10/2009)	Comissão de Inquérito à Gestão do Processo Eurominas (pré RAR) [Encerrado];
	Comissão Eventual de Inquérito Parlamentar ao Processamento, Disponibilização e Divulgação de Registos de Chamadas Telefónicas Protegidos pela Obrigação de Confidencialidade (pré RAR) [Encerrado];
	Comissão de Inquérito Parlamentar ao Exercício da Supervisão dos Sistemas Bancário, Segurador e de Mercado de Capitais [Encerrado];
	Comissão de Inquérito sobre a Situação que Levou à Nacionalização do BPN e sobre a Supervisão Bancária Inerente [Encerrado].
XI Legislatura (15/10/2009 a 19/06/2011)	Comissão Eventual de Inquérito Parlamentar à actuação do Governo em relação à Fundação para as Comunicações Móveis [Encerrado];
	Comissão Eventual de Inquérito Parlamentar à relação do Estado com a Comunicação Social e, nomeadamente, à actuação do Governo na compra da TVI [Encerrado];
	Comissão Parlamentar de Inquérito à Tragédia de Camarate [Encerrado].

XII Legislatura (20/06/2011 a 22/10/2015)	Comissão Parlamentar de Inquérito ao Processo de Nacionalização, Gestão e Alienação do Banco Português de Negócios S.A. [Encerrado]; Comissão Parlamentar de Inquérito à Contratualização, Renegociação e Gestão de todas as Parcerias Público-Privadas do Sector Rodoviário e Ferroviário [Encerrado]; X Comissão Parlamentar de Inquérito à Tragédia de Camarate [Encerrado]; Comissão Parlamentar de Inquérito à Celebração de Contratos de Gestão de Risco Financeiro por Empresas do Sector Público [Encerrado]; Comissão Parlamentar de Inquérito para Apuramento das Responsabilidades pelas Decisões que Conduziram ao Processo de Subconcessão dos Estaleiros Navais de Viana do Castelo [Encerrado]; Comissão Parlamentar de Inquérito aos Programas Relativos à Aquisição de Equipamentos Militares (EH-101, P-3 Orion, C-295, torpedos, F-16, submarinos, Pandur II) [Encerrado]; Comissão Parlamentar de Inquérito à gestão do BES e do Grupo Espírito Santo [Encerrado].
XIII Legislatura (23/10/2015 a...) *consulta 12/03/2018	Comissão Parlamentar de Inquérito ao Processo que Conduziu à Venda e Resolução do Banco Internacional do Funchal (BANIF) [Encerrado]; Comissão Parlamentar de Inquérito à Recapitalização da Caixa Geral de Depósitos e à Gestão do Banco [Encerrado]; Comissão Eventual de Inquérito Parlamentar à atuação do XXI Governo Constitucional no que se relaciona com a nomeação e a demissão da Administração do Dr. António Domingues [Encerrado].

Refira-se a proeminência que tiveram, num contexto de crise financeira, as comissões de inquérito relacionadas com as resoluções de bancos, principalmente as duas comissões referentes ao Banco Português de Negócios, outra à gestão do BES e do Grupo Espírito Santo e, já na XIII Legislatura, a relativa à venda e resolução do BANIF.

Direito de petição

Outro meio de fiscalização da actividade do Governo e da Administração Pública são as petições que os cidadãos podem dirigir ao Presidente da Assembleia da República. De acordo com a lei (Lei do exercício do direito de petição, Lei n.º 45/2007, de 24 de Agosto), as matérias objecto de petição podem ser apreciadas pelas comissões parlamentares e, quando subscritas por mais de 4000 cidadãos, podem ser apreciadas pelo Plenário da Assembleia da República.

Tabela 7: **Petições**

	Petições entradas	Admitidas	Indeferimento liminar	Admissão parcial/ /condicional	Solicitação aperfeiçoamento	Debate plenário
X Legislatura (10/03/2005 a 14/10/2009)	592	544	25	–	–	137
XI Legislatura (15/10/2009 a 19/06/2011)	181	160	9	2	–	84
XII Legislatura (20/06/2011 a 22/10/2015)	552	478	60	7	1	223
XIII Legislatura (23/10/2015 a...) *consulta 12/03/2018	482	401	27	3	2	86

Contudo, apesar de nos últimos 13 anos 530 petições terem reunido os requisitos para serem debatidas no Plenário da Assembleia da República, incluindo o número de 4000 subscritores, o Parlamento continua a ser o lugar de excelência dos representantes, dos eleitos e não dos eleitores, e, nesse contexto, o palco privilegiado em que as forças políticas se digladiam.

A importância dos debates parlamentares

Na classificação de POLSBY (1975), a função tribunícia do Parlamento é equiparada a uma arena de disputa do poder político. Numa era de hipermediatização de todas as dimensões da sociedade, e sem excepção da política, as transmissões de debates no Plenário ou de audições nas comissões parlamentares de inquérito transformaram-se em «espectáculos» para a opinião pública. A própria Assembleia da República tem um canal próprio de televisão (disponível nos serviços de televisão por cabo e também no serviço público de Televisão Digital Terrestre), e os canais temáticos especializados em informação têm nos directos da Assembleia da República uma fonte permanente de conteúdos.

Além das interpelações ao Governo, figura através da qual os grupos parlamentares podem provocar dois debates com o Governo por sessão legislativa sobre temas sectoriais ou gerais, o Regimento prevê um conjunto diversificado de tipos de debate, como o debate de actualidade, o debate temático e o debate de urgência[3].

---

[3] Regimento da Assembleia da República: «Artigo 72.º Debate de atualidade 1 – Em cada quinzena pode realizar-se um debate de atualidade a requerimento potestativo de um grupo parlamentar. [...]; Artigo 73.º Debate temático 1 – O Presidente da Assembleia, as comissões parlamentares, os grupos parlamentares ou o Governo podem propor, à Conferência de Líderes,

Tabela 8: **Tipos de debate**

	Pm*	Pm CE **	Min	Act	Tem	Urg	Pot	DG	EN	UE	Rel	Out
X Legislatura (10/03/2005 a 14/10/2009)	42	–	18	28	3	27	3	6	5	1	11	76
XI Legislatura (15/10/2009 a 19/06/2011)	17	–	–	14	3	10	2	3	1	2	–	31
XII Legislatura (20/06/2011 a 22/10/2015)	57	15	5	30	3	18	4	7	4	4	4	24
XIII Legislatura (23/10/2015 a...) *consulta 12/03/2018	34	8	3	20	11	12	4	3	2	3	6	19

Tipos de debate: primeiro-ministro; com primeiro-ministro antes do Conselho Europeu; com ministros; actualidade; temáticos; urgência; político potestativo; Declaração Governo; Estado da Nação; participação de Portugal na União Europeia; apreciação de relatórios; outros debates.
* Novo RAR a partir de 1 de Setembro de 2007.
** Lei n.º 21/2012 de 17 de Maio, primeira alteração à Lei n.º 43/2006, de 25 de Agosto.

Mas o momento alto da arena parlamentar é o debate com o primeiro-ministro o qual, com a aprovação do Regimento de 2007, passou a ser uma «sessão» de perguntas com periodicidade quinzenal (artigo 224.º). Um modelo mais próximo do icónico «Prime Minister's Question Time», durante o qual, todas as quartas-feiras ao meio-dia, o primeiro-ministro é questionado

a realização de um debate sobre um tema específico. [...]; Artigo 74.º Debates de urgência 1 – Os grupos parlamentares e o Governo podem requerer fundamentadamente ao Presidente da Assembleia a realização de debates de urgência. [...]»

pelos membros do Parlamento britânico. O Regimento também estipula que cada ministro deve comparecer perante o Plenário pelo menos uma vez por sessão legislativa, o que resulta num intenso calendário de debates entre Governo e oposições no Parlamento.

A este intenso programa junta-se o debate do Estado da Nação, com periodicidade anual, e debates relacionados com a União Europeia, como o «debate com o primeiro-ministro antes do Conselho Europeu» e o «debate participação de Portugal na União Europeia». Os números confirmam a crescente importância dos debates com o primeiro-ministro quer no Parlamento, quer no debate público e mediático.

Reforço da fiscalização das iniciativas europeias

Com o Tratado de Lisboa, os mecanismos de fiscalização dos parlamentos nacionais das iniciativas europeias foram reforçados. A Lei de Acompanhamento, Apreciação e Pronúncia pela Assembleia da República no âmbito do Processo de Construção da União Europeia (Lei n.º 43/2006, de 25 de Agosto, com as alterações introduzidas pela Lei n.º 21/2012, de 17 de Maio) estabelece os termos dessa fiscalização.

Além dos debates já mencionados e das disposições constitucionais que estabelecem competências da Assembleia da República, as iniciativas europeias são enviadas para o Parlamento, de modo que este se possa pronunciar. É através deste mecanismo que os parlamentos nacionais, cumprindo determinados requisitos, podem travar previamente iniciativas da União Europeia. A própria Assembleia da República estabelece desde 2010, por meio de resolução, as áreas temáticas cujo escrutínio considera prioritário.

Em jeito de conclusão

Tendo em conta a evolução da actividade legislativa, com a crescente predominância do Governo e as diversas dimensões da actividade da Assembleia da República atrás analisadas, é-se levado a concluir que no sistema político português se tem acentuado a vertente do Parlamento como a arena onde as forças políticas aí representadas se digladiam.

Numa análise mais vasta do sistema político português no seu todo e, em particular, das relações entre os poderes executivo, legislativo e judicial, verifica-se um respeito generalizado pelo princípio da separação e interdependência dos órgãos de soberania consagrado na Constituição. Esta ideia pode parecer uma constatação trivial, mas assume alguma relevância na medida em que num sistema semipresidencial, com eleição directa do Presidente da República, o facto de a maioria presidencial não ser coincidente com a maioria parlamentar poderia constituir--se como um elemento de fricção e entropia. Por outro lado, o estatuto especial que assumem as comissões parlamentares de inquérito e a grande mediatização de processos judiciais poderiam conduzir eventualmente, noutra dimensão, a uma maior conflitualidade entre o poder político e o poder judicial, fenómeno que se observa nalguns países. Quer num caso quer noutro, constata-se que a ética da responsabilidade dos titulares dos órgãos de soberania tem, em regra, prevalecido sobre as suas afinidades ou preferências políticas. Para utilizar a dicotomia de Max Weber, a prevalência da ética da responsabilidade sobre a ética da convicção dos diversos agentes políticos tem conduzido a um respeito genérico pelo princípio da separação e da interdependência de poderes, que se consubstancia na estabilidade política e na não interferência nas diversas esferas dos órgãos de soberania.

Referências e leituras recomendadas

CANOTILHO, J. J. Gomes e MOREIRA, Vital, *Constituição da República Portuguesa Anotada*, Volume II, 4.ª edição revista, Coimbra, Coimbra Editora, 2010.

FERNANDES, Jorge, *O Parlamento Português*, Lisboa, Fundação Francisco Manuel dos Santos, 2015.

FREIRE, André [*et al.*], *O Parlamento Português: Uma Reforma Necessária*, Lisboa, Imprensa de Ciências Sociais, 2002.

LESTON-BANDEIRA, Cristina, *Da Legislação à Legitimação: O Papel do Parlamento Português*, Lisboa, Imprensa de Ciências Sociais, 2002.

MIRANDA, Jorge e MEDEIROS, Rui, *Constituição Portuguesa Anotada*, Tomo II, Coimbra, Coimbra Editora, 2006.

Página oficial na Internet da Assembleia da República: http://www.parlamento.pt/.

PIÇARRA, Nuno, *A separação dos poderes como doutrina e princípio constitucional*, Coimbra, Coimbra Editora, 1989.

POLSBY, Nelson W., Legislatures, *in* GREENSTEIN, Fred I. e POLSBY, Nelson W., *Handbook of Political Science*, Boston, Addison-Wesley, 1975, pp. 257-319.

Regimento da Assembleia da República, versão anotada. Disponível em: http://www.parlamento.pt/Legislacao/Documents/Legislacao_Anotada/RegimentoAR_Anotado.pdf.

SEGURO, António J., *A Reforma do Parlamento Português: O controlo político do Governo*, Lisboa, Quetzal Editores, 2016.

Democracia e o poder dos *media*

Susana Salgado

Instituto de Ciências Sociais da Universidade de Lisboa

1. Os *media* em democracia

Em 1835, Tocqueville já se referia aos efeitos adversos para a democracia se toda a imprensa apresentasse uma mesma perspectiva sobre a política e o mundo em geral (TOCQUEVILLE, 2001 [1835]). Subjacente a esta observação, está a ideia de que, para que os *media* cumpram a sua função em democracia, devem ser não só independentes dos outros poderes, mas também independentes e diferentes uns dos outros, assegurando assim a diversidade e o pluralismo essenciais em democracia. Os *media* contribuem de forma determinante para a qualidade da democracia. A liberdade e a independência com que operam num dado contexto e o tipo de cobertura que fazem afectam o processo e as práticas políticas e a confiança que os cidadãos têm nas instituições democráticas. Os *mass media* contribuíram para o processo de inclusão social e política, democratizando o acesso à informação política e, em alguns casos, o próprio acesso aos *media*. Actualmente, as potencialidades e o uso que é feito dos novos *media* (ou seja, os novos meios de comunicação centrados nas tecnologias digitais e que intensificam processos de interacção e de customização) através da Internet começam a levantar dúvidas quanto ao impacto que podem ter na democracia, já que, ao mesmo tempo que promovem o acesso de mais pessoas a ferramentas que permitem produzir e transmitir mensagens, têm posto em causa a qualidade da informação que circula e têm acentuado as diferenças, polarizando opiniões, como veremos um pouco mais adiante.

No século XVIII, e principalmente no século XIX, com a gradual introdução do sufrágio universal, os jornais amplificaram o impacto dos discursos políticos que, de outra forma, ficaria limitado aos presentes. Durante a Primeira e Segunda Guerras Mundiais, os *media* foram eficazmente controlados pelos políticos para transmitir propaganda, convencer a opinião pública das vantagens de participar nos conflitos e enfraquecer os adversários. Foram igualmente usados durante a Guerra Fria (liderada pelos Estados Unidos da América e pela União Soviética, mas que praticamente dividiu o mundo entre dois blocos, e que decorreu durante várias décadas, entre 1947 e 1991) e em muitos outros conflitos armados para reforçar a divisão ideológica e manter a tensão política e cultural entre os dois lados. Mas durante todo este tempo, os *media* também contribuíram para a construção de sentimentos de pertença e de comunidade, unindo frequentemente várias populações em torno dos mesmos eventos, e para a democratização do acesso à informação e ao conhecimento, instigando e promovendo o desenvolvimento humano.

A forma como os *media* e a política democrática interagem e os efeitos que estas interacções produzem têm sofrido muitas alterações ao longo do tempo, mas há algo que se mantém constante: a base de uma democracia saudável são os cidadãos livres e informados, que necessitam de informação para exercer o seu direito de voto e para compreender o funcionamento das instituições políticas. Jornais, rádio e televisão (*mass media*) têm assegurado esta função central de serem a fonte de informação sobre a actualidade e a política para a maioria dos cidadãos, e estudos têm confirmado a influência que os *media* exercem sobre o tipo de conhecimento que os cidadãos têm da política (p. ex.: BANDUCCI, GIEBLER e KRITZINGER, 2017).

Ao reflectir sobre o que é a democracia, DAHL (2000) incluiu os *media* nos requisitos mínimos para que um regime possa ser considerado democrático. Além de governantes eleitos pelos cidadãos em eleições regulares e justas, da liberdade de expressão, da liberdade de associação, dos direitos iguais para todos os cidadãos, numa democracia tem de estar também assegurado o acesso a fontes de informação protegidas por lei e independentes do controlo do governo ou de qualquer grupo político que possa tentar influenciar as opiniões e as atitudes dos cidadãos (2000, p. 85).

Os órgãos de comunicação social, para serem um factor de influência positiva para a democracia, devem dar espaço aos diversos pontos de vista políticos que existem na sociedade, incluindo os minoritários, ao mesmo tempo que devem seguir padrões éticos no tratamento dos conteúdos informativos, de opinião, de entretenimento, entre outros. Isto pode ser interpretado como um papel normativo dos *media* em democracia, usualmente denominado «teoria da responsabilidade social», porque é precisamente o acesso a informação proveniente de fontes diversas, com diferentes pontos de vista, que permite aos cidadãos compreenderem a realidade que os cerca e realizarem escolhas políticas informadas.

Contudo, as lógicas de competição e de comercialização do mercado tendem muitas vezes a sobrepor-se a estes princípios éticos orientadores de pluralidade e inclusão. Veja-se, por exemplo, a propensão dos órgãos de comunicação para noticiarem escândalos políticos e as inúmeras polémicas relacionadas com a fuga de informação em segredo de justiça, especialmente nos casos de maior visibilidade e que envolvem figuras da política, da banca ou do desporto. THOMPSON (2000) analisou a maior presença de escândalos na informação nos últimos anos, atribuindo-a à transformação da natureza da visibilidade (que se torna mediada e também por isso mais ampla) e à alteração da relação entre a esfera pública e a esfera privada. Além disso, o equilíbrio entre o dever de informar e a lógica comercial dos *media*, o direito à presunção de inocência dos visados e o direito dos cidadãos a serem informados têm-se afigurado muito frágeis e sempre relativos.

Os *media*, para contribuírem para a esfera pública (no sentido habermasiano de comunidade virtual em que os indivíduos se agregam como público para articular e debater os problemas da sociedade e influenciar as decisões do Estado, num processo legitimador da democracia, HABERMAS, 1991 [1962]), devem abordar os temas de interesse público dando voz à diversidade de interesses e pontos de vista existentes. Isto permite aos cidadãos o acesso a informação vital não só para compreender a política democrática e para avaliar e responsabilizar os líderes políticos, como também para motivar a sua participação política. Este papel dos *media*, no qual se assume a sua independência, é essencial tanto para a governação, como para períodos de disputa eleitoral, pois os meios de comunicação social são a principal fonte de informação sobre os candidatos e as propostas dos partidos políticos. Esta informação deve, contudo, distinguir factos de opiniões, fornecer contextualização e dados substanciais sobre os assuntos, e recorrer a fontes de informação diversificadas (GOLDSTEIN, 2007).

As democracias dependem, assim, de um ambiente de liberdade e participação, no qual todos podem fazer ouvir a sua opinião, sendo que o acesso sem constrangimentos a informação plural é essencial para formar opiniões. Ou seja, não é suficiente a existência de uma imprensa livre e plural estar prevista na Constituição; é igualmente necessário que existam condições, na prática, para que os *media* possam de facto desenvolver a sua actividade sem constrangimentos e, em particular, sem restrições de natureza política e económica. Veja-se, por exemplo, o caso de algumas democracias emergentes, como a angolana, em que existe o enquadramento legal para os *media* livres, plurais e independentes, mas em que os órgãos de comunicação, especialmente os de expressão nacional, são controlados pelas elites políticas e económicas (SALGADO, 2014).

Como DAHL (1989) alertou, mais do que apenas direitos civis e políticos consagrados na Constituição, a democracia necessita de processos que garantam a inclusão de todos os cidadãos, bem como a sua compreensão das regras de funcionamento democrático e participação efectiva nos processos políticos, incluindo em eleições, mas não só. Os *media*, desde que livres, plurais e independentes, garantem a existência de parte das condições necessárias ao funcionamento da democracia, porque permitem o acesso à informação e ao conhecimento por parte dos cidadãos, para que estes possam participar na política, desenvolver e expressar opiniões informadas, e influenciar os processos de decisão política.

Em suma, os *media* desempenham algumas funções elementares em democracia: informar os cidadãos do que acontece no país e no mundo e explicar os temas complexos e as suas implicações; promover discussões abrangentes sobre os problemas; promover a participação dos cidadãos em debates e na vida política em geral; fomentar o pluralismo, dando espaço a opiniões diversas e diferentes abordagens ideológicas; denunciar abusos de poder e promover a responsabilização dos implicados; alertar e mobilizar os cidadãos para injustiças sociais e para causas humanitárias; funcionar como um espaço crítico no qual os políticos explicam as suas decisões.

2. O poder dos *media* entre os outros poderes

O poder dos *media*, relacionado com os seus efeitos nos cidadãos, nas formas de fazer política e na sociedade em geral, tem sido contestado ao longo do tempo. Um primeiro período da teorização dos efeitos dos *media*, nos anos 30 do século XX, foi marcado pela teoria conhecida como *hypodermic needle* (agulha hipodérmica); cerca de uma década mais tarde, surgiu um segundo período em que se passou a considerar que os *media* tinham, afinal, efeitos limitados, particularmente devido à descoberta de factores – como, por exemplo, a idade, o género, a classe social, o nível de instrução, e também a influência de familiares, amigos, líderes de opinião, etc. – que mediavam o impacto, antes considerado directo, dos *media* nas populações. A influência passa assim a ser compreendida como selectiva em vez de directa e constante.

A primeira teoria representa uma época em que se considerava que a mensagem era recebida directamente pelo receptor e que o seu significado era integralmente aceite por este. A teoria dos efeitos limitados, por sua vez, tem sido crescentemente questionada desde os anos de 1970, não por se duvidar dos efeitos selectivos das mensagens nos receptores, mas porque se passou a considerar também os possíveis efeitos de longo prazo dos *media* nas audiências, em vez de apenas efeitos imediatos.

Mais recentemente, devido à evolução das análises de *big data* (que significa grandes volumes de dados) que permitem identificar as preferências dos utilizadores e, com base nestas, enviar mensagens personalizadas, tem sido sugerido o regresso a um modelo similar ao inicial de *hypodermic needle*, com a diferença fundamental de não se tratar de uma mesma mensagem a influenciar multidões, mas de mensagens personalizadas enviadas através de algoritmos a influenciarem os utilizadores (BENNETT e MANHEIM, 2006). Actualmente, e dada a variedade de tipos de meios de comunicação, diferentes modelos de efeitos dos *media* parecem persistir e adaptar-se a situações concretas.

Não obstante o debate académico sobre o poder dos *media*, este é de facto assumido implicitamente se considerarmos a centralidade dos processos de comunicação e informação nas sociedades contemporâneas, as disputas para influenciar e mesmo para controlar os *media*, bem como a regulação a que estão normalmente sujeitos os órgãos de comunicação e os *media* em geral.

O conceito de «mediatização» intenta precisamente descrever a crescente importância dos *media* na sociedade e na política. Os meios de comunicação moldam e enquadram os processos e a comunicação política, bem como a própria sociedade em que esses processos de comunicação ocorrem. As instituições democráticas e os actores políticos e sociais não só se têm tornado cada vez mais dependentes dos *media* para transmitir as suas mensagens, como adaptam essas mensagens para que se enquadrem na lógica dos *media*, de forma que assegurem o interesse dos jornalistas e a cobertura mediática. O processo de mediatização da política tem sido de tal forma abrangente, que alguns autores, como MAZZOLENI e SCHULZ (1999), chegaram a questionar se esta adaptação da lógica política à lógica mediática poderia significar uma ameaça para a democracia.

Os *media* têm potencial para moldar o tipo de democracia que é construído, bem como para influenciar de forma decisiva a própria qualidade da democracia e da relação dos cidadãos com as instituições democráticas, tanto em democracias emergentes como em democracias consolidadas. Mas os *media* podem ser instrumentalizados pelo poder político (ou económico) e, neste caso, cumprir funções muito diversas daquelas que é suposto terem em democracias saudáveis. Não é por acaso que, por vezes, é feito o jogo de palavras de os *media* serem na realidade o «quarto do poder», em vez do comummente designado «quarto poder» (na sequência dos poderes executivo, legislativo e judicial).

Relacionada com a ideia dos *media* como quarto poder está a noção do seu papel de *watchdog* («cão de guarda» na tradução literal do termo e «vigilante» numa acepção geral) dos outros poderes. Isto significa que os *media* agem como vigilantes que controlam os mais poderosos da sociedade, alertam a opinião pública para potenciais problemas, enquanto contextualizam e interpretam a realidade, chamando a atenção para os diferentes interesses envolvidos nos problemas em causa. Idealmente, o objectivo de todos os jornalistas seria o de proteger o interesse público, nomeadamente em casos de corrupção, abuso de poder ou mesmo de incompetência, através de informação e transparência.

Os *media* podem influenciar a política democrática de várias formas. Podem, por exemplo, influenciar o clima de opinião em que as percepções se formam e as decisões políticas são tomadas, ou até mesmo contribuir para a construção de candidaturas políticas (SALGADO, 2010); podem também ter um papel importante nos próprios processos de decisão política, no que se refere quer à definição do sentido de voto, quer à definição e implementação de políticas públicas. Através dos efeitos de agendamento (*agenda setting*) (MCCOMBS e SHAW, 1972), activação de uma ideia na mente do público (*priming*) (IYENGAR e KINDER, 1987) e enquadramento (*framing*) (ENTMAN, 1993), podem influenciar e moldar a percepção que os cidadãos têm dos vários líderes e partidos políticos, bem como dos problemas sociais e da própria actuação do governo para resolver esses problemas. Ao definir a agenda e ao escolher a forma como os problemas são apresentados, os *media* dão a conhecer, contextualizam e interpretam os problemas sociais, enquanto simultaneamente informam o governo e os partidos políticos sobre as preocupações dos cidadãos.

Ao atribuir ênfase a um determinado problema ou necessidade da população através de extensa cobertura mediática, os *media* podem forçar a acção do governo no sentido de dar resposta a esses problemas, o que, por sua vez, poderá ter efeitos na definição das políticas públicas. O efeito CNN (ROBINSON, 2002) refere-se precisamente a este tipo de influência dos meios de comunicação social, mas no âmbito da política externa e humanitária (ao repetir imagens que chocam sobre crises humanas ou guerras no estrangeiro, os *media* forçam os governos nacionais a agir, pelo menos para não desapontarem as expectativas da opinião pública). Em suma, os processos de agendamento, activação de uma ideia na mente do público e enquadramento afectam a informação que é veiculada, o que pode ter impacto nas atitudes políticas dos cidadãos e na confiança que estes têm nas instituições democráticas.

Mas se os *media* podem influenciar as opiniões e atitudes dos cidadãos, eles também podem ser instrumentalizados e utilizados para vigiar e manipular o comportamento dos cidadãos. O uso crescente de *focus groups* (grupos de pessoas que são questionadas sobre as suas opiniões, atitudes, percepções em relação a uma ideia, medida, candidatura, etc.) e da estratégia denominada *trial balloons* (tubo de ensaio, expressão que neste contexto significa informação que é enviada para os *media* para testar a reacção da opinião pública e dos opositores políticos) pelos governos e partidos políticos para, por exemplo, aferir decisões e momentos para anunciar medidas específicas demonstra uma preocupação da parte dos políticos em desenvolver estratégias que garantam o sucesso das suas abordagens, o que inclui também saber como utilizar de forma eficaz os diferentes tipos de *media*.

Outra questão importante está relacionada com a crescente concentração da propriedade dos meios de comunicação nas mãos de poucos, grandes grupos económicos, o que tende a diminuir não só a diversidade da informação disponível, como também os actores políticos e sociais que têm acesso aos *media* para divulgar as suas mensagens. A propriedade dos *media* afecta a linha editorial dos órgãos de comunicação, por exemplo, na selecção da informação e dos protagonistas que recebem cobertura mediática e na forma como essa informação é tratada e apresentada. Estes procedimentos de selecção jornalística podem incluir fontes de informação específicas e enquadramentos positivos ou negativos, o que, por sua vez, tem impacto na forma como a informação é depois recebida pelas audiências, ou seja, afecta a percepção da política e da democracia, a reacção aos problemas sociais e políticos e, ocasionalmente, a própria confiança dos cidadãos nos *media*.

Observamos então que, não obstante o papel central que os *media* (primeiro os *mass media*, agora também a Internet) têm em democracia, a sua influência pode, por vezes, consubstanciar-se num impacto negativo. Por exemplo, CAPPELLA e JAMIESON (1997) alertaram para a espiral de cinismo que se desenvolve nos cidadãos em resposta à forma como os jornalistas realizam a cobertura da política, fazendo uso de um enquadramento jornalístico estratégico. Este tipo de enquadramento pressupõe que a cobertura noticiosa da política é feita através de narrativas (no sentido de as notícias serem mais uma construção do que apenas um espelho da realidade), com actores (políticos), críticos (jornalistas) e audiência (eleitores), nas quais é dado destaque ao estilo e desempenho do candidato, à divulgação de sondagens de opinião e à posição que os candidatos ocupam nas mesmas, e em que é frequentemente utilizada uma linguagem de jogos, competição e guerra (por exemplo, «combate», «batalha», «derrota», «vitória», etc.).

PATTERSON (1993) justificou este tipo de cobertura noticiosa da política com um estilo de jornalismo mais agressivo, que coincidiu com o impacto da televisão comercial, no qual há uma tendência crescente para as notícias conterem mais negatividade e interpretação e se focarem mais na perspectiva de competição entre os políticos do que nos temas e nos problemas sociais. Também DAVIS (2014) criticou o jornalismo político contemporâneo por este se centrar menos em investigação e informação substancial (por exemplo, sobre os processos de decisão das políticas públicas) e se ter tornado mais sensacionalista e superficial, enquanto BENNETT e IYENGAR (2008) chamaram a atenção para o crescente afastamento dos cidadãos não só em relação às instituições democráticas institucionais, mas também aos *media* noticiosos.

O jornalismo em democracia funciona frequentemente como uma arena para a qual convergem interesses, tensões e disputas de poder, e em que vários actores (políticos, grupos de interesse e de pressão, consultores, relações-públicas, cidadãos, etc.), além dos jornalistas, podem influenciar não só o que é notícia, mas também como as notícias são comunicadas. Todas estas interacções devem ser consideradas quando se reflecte sobre o tipo de impacto que os *media* têm em democracia, sendo também determinantes outros factores, como a configuração da paisagem mediática, o grau de desenvolvimento tecnológico, o enquadramento legal e estruturas de regulação, os níveis de liberdade efectiva, as características e fiabilidade das várias instituições democráticas, e as próprias características dos cidadãos, incluindo os níveis de literacia geral e de literacia mediática.

3. Os novos *media*: novas oportunidades e novos desafios para a democracia

Em democracia, como vimos, os cidadãos dependem dos *media* para obter informação (factos, contextualização e interpretação) sobre o que acontece no mundo, a qual serve também para sustentar as suas opções políticas, e outras. Os *mass media* (jornais, rádio, televisão) têm sido durante muito tempo uma fonte privilegiada de informação para a maioria dos cidadãos. Contudo, a emergência e o rápido desenvolvimento da Internet têm causado reconfigurações decisivas não só nos *media*, mas também na própria política democrática.

A facilidade que os utilizadores da Internet têm actualmente em produzir e publicar conteúdos não mediados pelas estruturas tradicionais de mediação, como os jornalistas, e a interactividade permitida pelos *social media* (websites e aplicações que permitem aos utilizadores criar e partilhar conteúdos e interagir com outros utilizadores) provocam novas realidades comunicativas com impacto no próprio contexto político. Veja-se, por exemplo, a ligação que é feita entre a emergência dos *social media*, que originam novas formas de comunicação directa com a população, e o avanço de movimentos e partidos populistas em vários países (como, por exemplo, o Movimento 5 Estrelas e a Liga Norte em Itália, ou o Podemos em Espanha).

A comunicação e a informação políticas têm, desta forma, sofrido importantes transformações devido aos processos de adaptação às novas tecnologias (veja-se, por exemplo, a forma como Donald Trump comunica através do Twitter, ou os novos hábitos de consumo de notícias, em que uma parte crescente da população acede à actualidade informativa através do Facebook). Também decorrente desta pressão da tecnologia nos sistemas mediáticos das democracias contemporâneas, instalam-se interdependências e influências mútuas entre os vários tipos de *media*. A lógica inerente às práticas de comunicação e informação políticas está agora intimamente ligada à combinação dos novos com os velhos *media*, de que resultam novos formatos e novos conteúdos, no que CHADWICK (2013) classifica como um sistema mediático híbrido (*hybrid media system*) e em que se verifica o declínio dos modelos de negócio tradicionais devido às potencialidades das novas tecnologias, que dão origem a novas formas de utilização e de consumo dos *media*.

Os novos *media* propiciam o aumento da oferta de novos formatos e novos conteúdos e tornaram possíveis novas formas de participação política, em muito estimuladas pela interactividade agora tornada possível pela tecnologia. Mas a estas novas potencialidades estão também associados novos riscos para a democracia. As novas tecnologias, porque envolvem novas formas de literacia mediática, potenciam o aumento de desigualdades, quer no simples acesso à informação, quer no uso dos novos *media* (por exemplo, o uso de aplicações e redes sociais, como o Facebook ou o Twitter). Além disso, os novos *media* aumentam a fragmentação das audiências, já que agora a diversidade de fontes é muito maior, e é muito mais fácil (e mesmo necessário dada a imensa quantidade disponível) seleccioná-las e optar apenas pela informação que mais interessa, o que tende a provocar uma maior polarização de opiniões.

Vários estudos já demonstraram que a maior parte das pessoas tem tendência para preferir informação e fontes de informação que são consistentes com as suas próprias opiniões e preferências políticas (ver, por exemplo, IYENGAR e HAHN, 2009). Esta escolha, todavia, muitas vezes nem passa directamente pelos próprios utilizadores, sendo feita por algoritmos automáticos que seleccionam, organizam e apresentam os conteúdos com base em perfis personalizados, obtidos a partir das preferências dos utilizadores recolhidas através dos websites que visitaram. Estas situações criam *echo chambers* (câmaras de ressonância) que amplificam e reforçam percepções, opiniões e até mesmo preconceitos e extremismos.

Tudo isto contraria o princípio da pluralidade e tem potencial para causar sérias ameaças à democracia. Ao aumentar a fragmentação e a polarização tanto no uso dos *media*, como nos próprios conteúdos disponíveis através deles, a Internet está também a aumentar a fragmentação política e social, a polarização de opiniões e mesmo o extremismo, o que, por sua vez, causa tensões e exacerba conflitos sociais e políticos. Não é por acaso que os novos *media* são tão utilizados por terroristas ou por grupos de extrema-direita. Contudo, importa não esquecer que é essencial considerar os objectivos que estão subjacentes à utilização da tecnologia em geral e dos novos *media* em particular. Os novos *media* simplesmente permitem uma comunicação aberta, participativa, de muitos para muitos, e se as suas potencialidades têm sido aproveitadas por grupos terroristas e extremistas, os novos *media* também impulsionaram movimentos como o *Occupy movement* (movimento internacional contra as desigualdades económicas), o *#MeToo movement* (movimento internacional contra o assédio sexual) ou o *ice bucket challenge* (desafio de se deixar filmar enquanto cai sobre a sua cabeça um balde de gelo, lançado para reunir fundos para a investigação da esclerose lateral amiotrófica, uma doença neurodegenerativa progressiva e fatal, e promover a consciencialização da população).

Utilizar os *media* para ver e ler só o que se quer e que confirma as nossas opiniões implica que a nossa compreensão do mundo fique imediatamente limitada, ficando seriamente afectada também a nossa capacidade de tomar decisões informadas. O Facebook recolhe as preferências políticas dos seus utilizadores, e esta informação – sabe-se agora – pode ser usada para influenciar a opinião pública ou mesmo manipular resultados de eleições (veja-se, por exemplo, os casos que envolvem a empresa Cambridge Analytica, que terá alegadamente utilizado informação pessoal dos utilizadores para influenciar decisões políticas, e a eleição de Donald Trump nos EUA em 2016, e no mesmo ano o referendo no Reino Unido que conduziu ao *Brexit*).

Também o Twitter tem formas de seleccionar e organizar a imensa quantidade de informação disponível que podem ameaçar as práticas democráticas. O objectivo dos *hashtags* é permitir que os utilizadores encontrem facilmente os *tweets* e a informação que mais lhes interessa; na prática, é um simples mecanismo de busca e selecção da informação. Mas alguns utilizadores são também *hashtag entrepreneurs*, o que significa que criam e espalham *hashtags* com o objectivo de promover ideias, factos, pessoas, opiniões, serviços, produtos, etc., pelo que aquilo que parece ser um simples avanço tecnológico pensado para facilitar a busca de informação e economizar tempo levanta questões fundamentais sobre a liberdade de escolha, de acesso à informação e sobre a democracia em geral.

A exposição e a personalização agora possibilitadas pelos novos *media* permitem a segmentação dos utilizadores consoante os seus interesses e, por se tratar de um tipo de *media* sem *gatekeepers* (no sentido de guardião, porteiro), logo, sem barreiras, possibilitam também o uso posterior dessa informação recolhida nos perfis para manipular percepções e opiniões, ou mesmo para espalhar informação falsa. Os novos *media* também promovem a fragmentação e a polarização, como vimos, porque os cidadãos não estão tão expostos como antes a pontos de vista contraditórios e a informação oriunda de fontes diversas. Tudo isto põe em risco os valores fundamentais da democracia e as práticas e instituições democráticas, com as consequências que começamos já a conhecer. Mas os novos *media* também têm activado a participação dos cidadãos, em alguns casos com consequências muito positivas para as práticas democráticas e, consequentemente, para a democracia.

Não deixa de ser interessante apontar que uma tecnologia, como o Facebook, que foi idealizada para ligar pessoas esteja agora na base de procedimentos e comportamentos que fragmentam e polarizam essa mesma comunidade, e que têm impacto além dela.

Estes desenvolvimentos enfatizam a necessidade de uma profunda e contínua reflexão sobre o impacto da tecnologia e dos *media* (incluindo as tecnologias de informação e comunicação, TIC) nas sociedades democráticas, analisando não só os valores que influenciam a forma como os meios de comunicação e as tecnologias que os sustentam são concebidos, mas também, e sobretudo, como a evolução tecnológica e os *media* mudam as sociedades e as democracias. Os princípios éticos que orientam o funcionamento dos *media* desde o seu início – verdade e rigor, independência, equidade e imparcialidade, humanidade, e responsabilidade – continuam absolutamente centrais nesta reflexão.

Referências e leituras recomendadas

ARONS DE CARVALHO, Alberto, O poder económico e os *media*, in PATRÃO NEVES, Maria do Céu e SILVA, Rui, *Ética Aplicada: Comunicação Social*, Lisboa, Edições 70, 2017, pp. 63-86.

BANDUCCI, Susan; GIEBLER, Heiko e KRITZINGER, Sylvia, Knowing More from Less: How the Information Environment Increases Knowledge of Party Positions, *British Journal of Political Science* 47, 2017: pp. 571-588.

BENNETT, W. Lance e IYENGAR, Shanto, A New Era of Minimal Effects? The Changing Foundations of Political Communication, *Journal of Communication* 58, 2008: pp. 707-731.

BENNETT, W. Lance e MANHEIM, Jarol B., The One-Step Flow of Communication, *The ANNALS of the American Academy of Political and Social Science* 608, 2006: pp. 213-232.

BLUMLER, Jay e GUREVITCH, Michael, *The Crisis of Public Communication*, Londres, Routledge, 1995.

CAPPELLA, Joseph N. e JAMIESON, Kathleen H., *Spiral of Cynicism: The Press and the Public Good*, Nova Iorque, Oxford University Press, 1997.

CHADWICK, Andrew, *The Hybrid Media System*, Nova Iorque, Oxford University Press, 2013.

DAHL, Robert, *Democracy and its Critics*, [s.l.], Yale University Press, 1989.

DAHL, Robert, *On Democracy*, Londres, Yale University Press, 2000.

DAVIS, Aeron, The Impact of Market Forces, New Technologies, and Political PR on UK Journalism, in KUHN, Raymond e NIELSEN, Rasmus (ed.), *Political Journalism in Transition: Western Europe in a Comparative Perspective*, Londres, I.B. Tauris, 2014.

ENTMAN, Robert, Framing: Toward Clarification of a Fractured Paradigm, *Journal of Communication* 43, 1993: pp. 51-58.

GOLDSTEIN, Tom, *Journalism and Truth: Strange Bedfellows*, [s.l.], Northwestern University Press, 2007.

HABERMAS, Jürgen, *The Structural Transformation of the Public Sphere: An Inquiry into a Category of Bourgeois Society*, Massachusetts, MIT Press, 1991 [1962].

IYENGAR, Shanto e HAHN, Kyu S. Red Media, Blue Media: Evidence of Ideological Selectivity in Media Use, *Journal of Communication* 59, 2009: pp. 19-39.

IYENGAR, Shanto e KINDER, Donald, *News That Matters: Television and American Opinion*, Chicago, Chicago University Press, 1987.

MAZZOLENI, Gianpietro e SCHULZ, Winfried, «Mediatization» of Politics: A Challenge for Democracy?, *Political Communication* 16, 1999: pp. 247-261.

McCOMBS, Maxwell e SHAW, Donald, The Agenda-Setting Function of Mass Media, *Public Opinion Quarterly* 36, 1972: pp. 176-185.

PATRÃO NEVES, Maria do Céu e SILVA, Rui, Na intrincação de poderes, in PATRÃO NEVES, Maria do Céu e SILVA, Rui, *Ética Aplicada: Comunicação Social*, Lisboa, Edições 70, 2017, pp. 9-26.

PATTERSON, Thomas E., *Out of Order*, Nova Iorque, Vintage, 1993.

ROBINSON, Piers, *The CNN Effect: The Myth of News Media, Foreign Policy and Intervention*, Oxon, Routledge, 2002.

SALGADO, Susana, *Os Candidatos Presidenciais: Construção de Imagens e Discursos nos Media*, Coimbra, Editora MinervaCoimbra, 2010.

SALGADO, Susana, *The Internet and Democracy Building in Lusophone African Countries*, Londres e Nova Iorque, Routledge, Taylor and Francis, 2014.

THOMPSON, John B., *Political Scandal: Power and Visibility in the Media Age*, Cambridge, Polity Press, 2000.

TOCQUEVILLE, Alexis de, *Da Democracia na América*, Cascais, Principia Editora, 2001 [1835].

Relações entre o poder político e o poder económico

Carlos Pimenta

Faculdade de Economia da Universidade do Porto
e Observatório de Economia e Gestão de Fraude

1. Economia e Política: influência e diversidade

A natureza da actividade económica e da organização dos homens em sociedade varia ao longo do tempo e do espaço geográfico-cultural em que se concretiza. Considerando que a sobrevivência e a reprodução da espécie humana exigem a utilização da natureza, de que faz parte mas de que se autonomiza, a evolução das suas capacidades técnicas condiciona o que podemos designar por actividade económica. Amplia-se assim a divisão social do trabalho – vertente fundamental da coesão social, como chama a atenção DURKHEIM (1922) –, exigindo consentâneas formas de organização da sociedade que, quase sempre, também se reflectem na estrutura política, como influência das forças produtivas nas relações de produção e destas sobre a superestrutura, isto é, as ideias e as instituições dominantes – como salientaram frequentemente MARX e ENGELS (1982-85).

Mas os homens em sociedade são um todo insusceptível de se reduzir ao económico, como o têm demonstrado inequivocamente as Ciências Sociais, nomeadamente a Antropologia com o seu conceito de «facto social total» (MAUSS, 2002), indicativo, *grosso modo*, de que tudo se relaciona com tudo. A cultura é uma designação genérica para referir a influência das relações sociais (espaço habitacional, usos e costumes, religião, parentesco, emoções e lucubrações, comportamentos gregários, institucionais e individuais) e das idiossincrasias individuais nas formas de vida dos povos. Ela reflecte-se na organização política com impactos imediatos, mais ou menos profundos, no funcionamento da economia.

É nesta relação dialéctica entre a influência «estrutural» do económico sobre o político e a capacidade «conjuntural» da relação inversa que os poderes económico e político interagem fazendo a história do que hoje somos.

2. Olhar sobre a realidade de hoje

Pretende-se, contudo, mais do que reconstituir essa história, proceder à descrição e interpretação do que hoje existe, tomando como referência as características fundamentais de cada um dos poderes em confronto, tomando como referência a economia mundial e, sobretudo, a dos países altamente desenvolvidos. Considera-se, por um lado, uma economia capitalista na fase da globalização e, por outro, democracias em que cada cidadão representa um voto.

Começaremos por caracterizar um pouco estes dois poderes – o económico e o político –, no contexto da globalização, para depois dissecar as (in)compatibilidades e as influências recíprocas.

3. Da Revolução Industrial à globalização

Com a Revolução Industrial do século XVIII, o capitalismo brota em todo o seu esplendor, assente dominantemente na propriedade privada dos meios de produção. Se este é um denominador comum desde a sua implantação até aos dias de hoje, há toda uma evolução de sucessos – crescimento e desenvolvimento, expansão e alta conjuntura, melhoria das condições de vida de algumas vastas regiões, produção com crescente produtividade, princípios éticos e quadros legais vigentes, enfim, edificação de novas sociedades crentes no futuro – e grandes dificuldades e retrocessos – colonialismo e subdesenvolvimento em vastas regiões, crises de sobreprodução e de outras causas e duração, aumento das desigualdades sociais entre países ou cidadãos, desvio de recursos para actividades improdutivas, perda dos referenciais éticos colectivos, enfim, também guerras, ditaduras e revoluções – que marcam o tempo então decorrido.

Pretendendo centrarmo-nos exclusivamente no presente, tomamos como um todo (por razões económicas e políticas) o período iniciado durante a década de 80 do século passado, prolongando-se, com diferentes matizes e distribuições espaciais, até aos dias de hoje. É um período de continuação do domínio de grandes empresas internacionais, que simplificadamente designaremos de multinacionais, que agem então num contexto organizativo comummente designado por globalização. Tivemos a oportunidade de o analisar uma primeira vez em meados da década passada, assente num levantamento estatístico e recentemente aprofundado num trabalho colectivo interdisciplinar: PIMENTA, AFONSO e FONSECA (2017). Em alguns pontos seguintes acompanharemos de perto esses trabalhos.

4. Financiarização da economia

Um dos traços dominantes desta época foi o da financiarização, isto é, o aumento significativo da importância das operações monetárias desligadas da actividade produtiva. Como os dados estatísticos revelam, há um aumento significativo da importância das operações financeiras (improdutivas) em relação às actividades industriais e comerciais (produtivas): o valor médio diário das transacções nos mercados bolsistas era, no início do milénio, o dobro do Produto Interno Bruto (PIB) a nível mundial durante um ano, e até à crise de 2007/9 houve um aumento da sua importância relativa. A referida crise, efectivamente de sobreprodução, assume-se visualmente como uma crise financeira. Acrescente-se que, muitas vezes, as operações improdutivas em si mesmas fazem parte de um processo directamente associado à actividade produtiva (por exemplo, o lançamento de obrigações ou solicitação de crédito para aumento de uma fábrica), mas as verbas referidas estão pouco ligadas a essas dinâmicas.

Esta financiarização manifesta-se de diversas formas: o crescimento das empresas associadas às actividades financeiras e a sua capacidade de imposição no mundo dos negócios enquanto oligopólios ou monopólios; a diversidade de instituições financeiras (bancos de investimento e comerciais, frequentemente confundindo-se os limites de uns e outros, seguradoras e fundos de pensões, fundos de investimento e de capital de risco, e uma grande diversidade de fundos especulativos, por vezes sediados em territórios *offshore* onde o sigilo é a alma do negócio); os variegados títulos bolsistas existentes, alguns dos quais mais não são do que ficções matemáticas; a titularização dos créditos, que permitia que algumas «prestigiadas» instituições transformassem riscos inerentes aos empréstimos em negócios de bolsa, metamorfoseando aqueles em lucros nos seus balanços; a circulação do capital financeiro à escala mundial, sem nenhum controlo ou constrangimento. A usura (por exemplo, o empréstimo para consumo, o empréstimo aos Estados) aumenta significativamente em relação ao crédito (por exemplo, os empréstimos para criar ou aumentar a produção). A financiarização conduz a um estrondoso aumento do capital fictício, isto é, de algo que se assemelha, individualmente, a capital, mas que nada tem que ver com a produção social de valor, rendimento, novo. O sistema financeiro é considerado «sistémico», vital para o funcionamento da economia, apesar de 40% da população não beneficiar de nenhum serviço financeiro (AMARAL [*et al.*], 2010, p. 100) e de provavelmente a restante economia só beneficiar com o seu «emagrecimento» nas suas actividades desligadas do desenvolvimento.

É inegável que os aspectos referidos se repercutiram em muitos outros indicadores económicos e no funcionamento global das sociedades (como, por exemplo, migrações, fusões e aquisições, relações laborais, etc.), mas não iremos além desta constatação. No entanto, é fundamental, para compreender a economia e a política contemporâneas, dedicarmos alguma atenção a um seu factor permissivo – o neoliberalismo – e uma sua consequência – economia não registada e *rent-seeking* (apropriação de rendimento preexistente).

4.1. Neoliberalismo

O neoliberalismo é um dos pilares da globalização, viabilizando-a e promovendo-a. Apresentemos sinteticamente algumas das suas características, começando por desmistificar um falso significado que frequentemente lhe é atribuído.

Pela sua designação, atribui-se-lhe espontaneamente a qualidade de variante do liberalismo, nascente com a sistematização de conhecimentos da actividade económica que deu lugar ao aparecimento da ciência hoje designada por Economia – sendo frequentemente designados como seus «pais» QUESNAY (1978) e SMITH (1981 e 1983). A diferença entre liberalismo e neoliberalismo seria, eventualmente, uma diferença de grau na (não) intervenção do Estado e nas suas justificações teóricas. Contudo, são paradigmas da ciência económica (que influenciam directamente a organização e acção do Estado) bastante diferentes. No liberalismo estuda-se a realidade da produção, repartição e troca, enquanto no neoliberalismo se procura adaptar a realidade social ao que os poderes dominantes consideram que «deve ser». Aquele tem uma atitude científica e este, um fideísmo no que considera ser o mercado.

Numa revolução industrial na Europa, com uma cultura renascentista, em que o trabalho de Galileu assinalava um novo pensar crítico, a ciência nascente da actividade económica exigia considerar que esta tinha «leis naturais», que não dependiam nem de Deus nem do Rei. O Estado, e a sua actividade na sociedade, não era objecto de estudo quando fazer ciência era observar e interpretar uma parte da realidade social, enquanto as leis naturais garantiam a reprodução do sistema económico.

Após a Revolução Russa de 1917, a miséria na opulência da crise de 1929-33 e as leituras defensoras de que valem mais reformas do que revoluções (keynesianismo), a ciência vai mudar profundamente, evoluindo da análise do que é para a formulação do que deve ser (chamada «racionalidade»), sob a capa mistificadora de um positivismo aparente (PIMENTA, 2017). Nessa procura da optimização, o mercado, idealizado como racional, eficaz e transparente, passa a ser a referência a que a economia e a política se devem subordinar, podendo exigir uma acção do Estado, quiçá vigorosa, seja para passar para as empresas toda a actividade económica, seja para alterar a legislação em favor daqueles princípios, seja para organizar a burocracia do Estado de forma empresarial.

Em síntese, enquanto o paradigma liberal analisa o ser, o neoliberal tem como referência o dever ser; para aquele há ausência do Estado, para este o Estado deve intervir em nome do idealizado; enquanto o primeiro é exclusivamente um paradigma da Economia, o segundo também o é da Política. Esta defesa do mercado idealizado expressa-se também na redução ao mínimo da regulação, fiscalização e criminalização de qualquer tipo de actividade económica, no reforço do poder das multinacionais e das actividades ilegais e subterrâneas, que vão passar a desempenhar uma função importante na reprodução do sistema económico, como veremos. Em 1989, por iniciativa dos Estados Unidos da América (EUA), Fundo Monetário Internacional (FMI) e Banco Mundial, é elaborado um documento orientador da política económica, pomposamente designado Consenso de Washington, que reflecte a cartilha programática do neoliberalismo num duplo sentido: primeiro, pelo seu conteúdo, assente na «livre circulação dos capitais» e na subordinação do político ao económico; segundo, pela falta de democracia patente no facto de poucos organismos (essencialmente, o FMI, o Banco Mundial e o Departamento do Tesouro dos EUA) terem definido um «consenso» universal, imposto a todos, em todas as circunstâncias.

4.2. Estrutura de repartição do rendimento

Antes da globalização, era fácil encontrar a origem do rendimento apropriado pelo sector financeiro: o sector produtivo criava valor e o sector financeiro apropriava-se de uma parte dele pelo serviço de intermediação entre o capital-dinheiro disponível e o capital industrial. Contudo, como vimos, na globalização esses parâmetros foram alterados, porque a financiarização está associada fortemente ao capital fictício, isto é, aos movimentos de capital-dinheiro que se podem transformar em rendimento do sector financeiro, sem que antes tenha havido essa criação de novo valor. Não se trata de um fenómeno secundário, mas corresponde à forma de funcionamento do sistema mundial. E se seria de esperar que a profunda crise iniciada em 2007/9 modificasse as regras de jogo, tal não aconteceu: aumentou o desemprego e a destruição de capital produtivo, mas quem pôde continuar a actuar nos mercados financeiros aumentou a sua fortuna; os bancos tiveram perdas colossais em muitos países, foram apanhados em operações ou fraudulentas ou com produtos financeiros brutalmente desvalorizados, mas uma grande parte desses custos foi transferida para os Estados (e para os cidadãos), que dessa forma realimentaram as aplicações financeiras.

Parece-nos que a superação temporária (o que não significa passageira) deste conflito entre apropriação e não produção de valor pode ser alcançada pelas multinacionais por três vias, todas elas muito multifacetadas:

– aproveitarem o progresso tecnológico, a estreita relação com o Estado e a gestão à escala mundial para trazer o valor produzido e socialmente reconhecido para a sua área de influência, para a sua apropriação de riqueza;
– aproveitarem em seu proveito uma grande parte do valor criado à margem do oficial, isto é, serem parte integrante, chamemos-lhe assim, da economia não registada na contabilidade nacional;
– apropriarem-se da riqueza alheia, isto é, passar para a sua propriedade o que era valor anteriormente apropriado por outras entidades, assistindo-se a uma transferência de riqueza, e não de rendimento então gerado.

Na actividade económica, estas diversas vias podem mesclar-se, dependendo dos agentes económicos envolvidos. Consideramos oportuno explicitar alguns aspectos de cada um destes processos, suportes da sociedade contemporânea.

A primeira via é, em alguma medida, uma continuação de algumas formas tradicionais de apropriação do rendimento e da riqueza pelas elites económicas, apenas aproveitando a maior concentração e centralização do capital, a maior facilidade de mobilidade dos recursos à escala mundial. Assim temos, por exemplo, a desvalorização do valor da força de trabalho, a subvalorização dos recursos dos países neocolonizados ou subdesenvolvidos, a substituição dos serviços públicos rendíveis por serviços de empresas privadas.

A segunda via reporta-se ao enorme peso assumido pela economia não registada (na contabilidade nacional), nomeadamente, utilizando a terminologia da Organização para a Cooperação e Desenvolvimento Económico (OCDE, 2002), pela economia subterrânea (por exemplo, HASSAN e SCHNEIDER, 2016), a qual resulta da intenção de fuga ao fisco e a outros compromissos para com o Estado, e pela economia ilegal (por exemplo, NAPOLEONI, 2009; GAYRAUD, 2014), assente em actividades criminosas.

A terceira via passa pela promoção de *rent-seeking*, conceito controverso (VON SEEKAMM, 2017) através do qual expressamos a «obtenção de rendimentos não como recompensa por se ter criado riqueza, mas por açambarcamento de uma fatia excessiva de riqueza que não se produziu [...] retirando riqueza dos outros» (STIGLITZ, 2013, p. 93). São aspectos relevantes desta apropriação de renda os «jogos de bolsa» totalmente alheados do funcionamento da produção, a usura sob as suas diversas formas (do «crédito hipotecário», que forçou a crise do *subprime* – resultante de créditos de alto risco –, às diversas formas de crédito ao consumo; a dívida dos Estados e outros tipos de financiamento). A redução da concorrência e a forte assimetria da informação, a própria fraude e corrupção podem fazer parte desta promoção do *rent-seeking*.

Muitas destas diferentes actividades à margem da economia oficial passam pelos mesmos agentes económicos, muitos dos quais são parte integrante das elites financeiras e políticas. O neoliberalismo, apoiante do «livre» funcionamento dos mercados, cria desregulação. Esta impulsiona a fraude económico-financeira e, pelo branqueamento de capitais, utiliza a liquidez gerada naquela para reforçar a sua intervenção no mundo oficial dos negócios. A organização político-social da economia mundial funciona de forma a permitir esta dinâmica, tendo como centros nevrálgicos a rede dos chamados *offshores* (paraísos fiscais, paraísos judiciais, jurisdições de sigilo), ponto de encontro institucional de actividades legais, da evasão aos compromissos fiscais, das actividades criminosas (da droga ao tráfico de seres humanos, entre milhares de outros exemplos), em que as organizações criminosas nacionais e transnacionais campeiam, da corrupção política e do branqueamento de capitais. Neste entrelaçamento sistémico, pleno de conflitos de interesses e de opacidade da realidade social, a criminalidade de colarinho branco (organizada transnacionalmente) assume um papel cada vez mais decisivo na política e na economia.

Na globalização emerge uma imensidade de actividades que violam a ética, as práticas generalizadamente aceites. Em todo o caso, muitas delas são legais, como os *offshores* patenteiam.

5. Democracia política: referencial a reter

Nas últimas décadas, houve o que muitos consideram uma generalização das democracias, desde o fim das ditaduras portuguesa e espanhola na década de 70, do regime de *apartheid* na África do Sul (1994) e de muitas outras ditaduras nos antigos países socialistas de leste e no mundo em geral. Apesar da grande diversidade de culturas, de formas de organização política e regimes constitucionais, a palavra «democracia» é utilizada para designar «governo em que a soberania é exercida pelo povo [...] País em que existe esta forma de governo» (MACHADO, 1981, Tomo IV, p. 38). Contudo, grandes são as diferenças entre o que tal significa para Lincoln – «governo do povo, pelo povo e para o povo» – ou para LENINE – democracia de classe, do proletariado (1976) –, para POPPER – enquanto controlo dos dirigentes (1974) – ou para SCHUMPETER – luta concorrencial para a obtenção de votos (1974, p. 366) –, para Habermas – conceptualizador de uma democracia radical, como lhe chama LEMASSON (2008) – ou ainda para Rawls – baseada na teoria do contrato social (PIMENTA, 2017, pp. 379-380).

A teoria da justiça rawlsiana é particularmente importante, porque ela é o suporte para o intenso trabalho desenvolvido pelo economista Amartya SEN (1999, 2010, 2012) mostrando inequivocamente as vantagens que a consideração da Ética teria para a Economia, não deixando de referir a operacionalização que essa junção traria para a Ética (ver PIMENTA, 2017, pp. 357-395).

Se a democracia tem que ver com a possibilidade de os povos terem algum controlo sobre o Estado, e a economia visa fundamentalmente o desenvolvimento social (sendo o suporte em rendimento destinado a uma capacidade de acção do homem total, mais plena), parece-nos mais interessante recorrer ao conceito de «sociedade decente» (FERREIRA, 2016), firmado, entre outros aspectos, na solidariedade e no interesse público (p. 32). Essa sociedade decente é a única forma de superar um dos paradoxos actuais: o facto de a sociedade contemporânea assentar na rede de solidariedades e na divisão do trabalho mais amplas e desenvolvidas de sempre e acreditar nos poderes totalmente contingentes da vontade e liberdade dos indivíduos, na virtude das desigualdades resultantes de uma enorme competição entre todos (PECH, 2011, p. 171).

6. Desigualdades sociais e (in)decência

Para analisar o grau de decência na sociedade contemporânea, consideremos aspectos da distribuição do rendimento (da riqueza).

Se houve um período em que alguns autores admitiram que a globalização tenderia a aproximar os países e as pessoas no seu rendimento disponível, hoje, perante a informação disponível, é impossível sustentar tal posição. Se compararmos o rendimento *per capita* em dólares correntes dos países de mais elevados e de mais baixos rendimentos, verificamos que, entre 1980 e 1994, a relação aumentou 3,7 vezes, seguindo-se até 2003 um período de instabilidade anual do rácio, apresentando neste último ano um valor similar ao anteriormente referido e, depois, um período de queda acentuada até 2015, mas expondo neste último ano, mesmo assim, um rácio 2,2 vezes superior ao existente em 1980.

Mas é dentro dos próprios países de altos rendimentos que as diferenças se têm acentuado mais. Se as comparações ao longo do tempo são estatisticamente difíceis de fazer (os dados sobre o chamado Coeficiente de Gini, o indicador mais fidedigno para medir as desigualdades, são esparsos), alguns cuidadosos estudos actuais sobre o problema revelam uma desigualdade abissal, apontando no sentido de a crise ter também contribuído para o aumento das desigualdades entre cidadãos. Anotam-se apenas alguns dados, de acordo com a OXFAM (2016):

- 1% dos mais ricos do mundo possuem mais riqueza do que os 99% restantes;
- em 2015, apenas 62 pessoas possuíam uma riqueza igual à dos 3,6 mil milhões de pessoas que constituem a metade mais pobre da humanidade; em 2010, eram 388;
- a fortuna dessas 62 pessoas mais ricas do mundo aumentou 44% entre 2010 e 2015, isto é, mais de 500 mil milhões de dólares; simultaneamente, a riqueza de metade dos mais pobres sofreu uma quebra de 41%;
- desde o início do século, os 50% menos ricos receberam apenas 1% do aumento de riqueza ocorrido no período

entre 2001 e 2016, enquanto os 1% dos mais ricos beneficiaram de 50% daquele aumento;
— o funcionamento actual do sistema económico processa-se a favor do capital e em detrimento do trabalho, isto é, a favor dos mais ricos, havendo indícios de uma intensificação dessa situação;
— os paraísos fiscais são cruciais neste processo; 90% das empresas mundialmente mais importantes utilizam, pelo menos, um paraíso fiscal;
— o peso dos salários no PIB tende a diminuir entre 1988 e 2011, ou seja, a produtividade dos trabalhadores dos países desenvolvidos aumenta, enquanto os salários estagnam;
— desde a década de 80, os salários dos administradores aumentaram aproximadamente 1000%.

Também SHORROCKS [*et al.*] (2016), em nome do Credit Suisse, chamam a atenção para a pirâmide global da riqueza e para como ela revela profundas desigualdades à escala mundial e também no segmento mais rico:

— se analisarmos a distribuição da riqueza pela população, constatamos que os mais ricos representam 0,7% dos habitantes deste nosso planeta, mas possuem 45,6% da riqueza; o grupo seguinte representa 7,5% da população e 40,6% da riqueza; 18,5% da população tem 11,4% da riqueza e, finalmente, os restantes 73,3% dos cidadãos do mundo apenas possuem 2,4% da riqueza;
— se analisarmos as diferenças internas no grupo que concentra a mais importante parcela de riqueza, deparamos novamente com uma profunda desigualdade, embora, evidentemente, com um significado social diferente do anteriormente referido.

STIGLITZ (2013) apresenta dados sobre a situação nos EUA, essencialmente no período da crise, que confirmam as constatações anteriores e mostram como a crise não atenuou alguns tipos de desigualdade, antes os agravou – como já foi dito. Sinteticamente:

- o recente crescimento dos rendimentos nos EUA ocorre essencialmente em 1% do topo da distribuição de rendimentos. A riqueza das 16 mil famílias mais ricas (0,1% do topo) subiu de 1%, em 1980, para 5%, em 2010, enquanto no pós-crise (2007/2010) a riqueza da classe média caiu cerca de 40%;
- como resultado, verifica-se uma crescente desigualdade. Nas últimas três décadas, os 90% da base tiveram um crescimento de apenas 15% nos seus salários, enquanto os 1% do topo tiveram um aumento de quase 150% e os 0,1% do topo de mais de 300%. Apesar de a crise ser frequentemente considerada financeira e as suas consequências ainda hoje se fazerem sentir, quem pôde suportar a quebra na bolsa no início da crise e tinha recursos financeiros para aí continuar a «investir» saiu recuperando todo o dinheiro perdido e aumentando a sua riqueza;
- os cidadãos da base e os da classe média vivem hoje pior do que viviam no início do século;
- as desigualdades na riqueza são ainda maiores do que as desigualdades nos rendimentos;
- as desigualdades são evidentes não só nos rendimentos, mas também em muitas outras variáveis que reflectem os padrões de vida, tais como a insegurança e a saúde;
- a vida é particularmente difícil para as classes mais baixas, e a recessão tornou-a muito pior. Recorde-se que na crise oito milhões de famílias perderam as suas casas;
- tem-se verificado um certo esvaziamento da classe média;
- existe pouca mobilidade dos rendimentos – a ideia dos EUA enquanto terra de oportunidades não passa de um mito;

- por fim, os EUA têm mais desigualdades do que qualquer outro país desenvolvido, fazem menos para as corrigir, e a desigualdade cresce mais do que em muitos outros países (p. 85).

Uma vez que é um argumento habitual relacionar eufemisticamente estas desigualdades com a possibilidade de melhores condições de vida para as populações («sem investimento não há emprego», dizem alguns), terminamos estas considerações sobre as desigualdades na globalização ainda com as palavras de STIGLITZ:

> Se os ricos ficassem cada vez mais ricos e se a classe média e os da classe mais baixa também ficassem cada vez melhor, seria uma coisa, sobretudo se os esforços dos primeiros fossem fulcrais para o êxito dos restantes. Poderíamos celebrar os êxitos dos que estão no topo e sermos gratos pelos seus contributos. Porém, não é isso o que se tem verificado. (p. 61)
>
> Se as famílias pobres em dificuldades inspiram hoje a nossa compaixão, as do topo suscitam cada vez mais a nossa ira. Outrora, quando havia um alargado consenso social de que os ricos ganhavam o que mereciam, havia uma generalizada admiração por quem estava no topo. Contudo, na crise recente os directores executivos dos bancos receberam bónus descomunais pelas perdas descomunais e as empresas despediram trabalhadores, afirmando não haver dinheiro para os manter, para depois usarem essas poupanças nos bónus oferecidos aos executivos. Como consequência, a admiração pela inteligência do topo deu lugar à raiva pela sua insensibilidade (2013, pp. 80-81).

7. Razões da situação

Ao referirmos estas desigualdades obscenas, não é a riqueza dos mais poderosos que, num primeiro momento, preocupa, mas as miseráveis condições de vida ou da sobrevivência possível de grande parte da população mundial.

Contudo, num olhar mais atento, admitindo que os recursos para o desenvolvimento são escassos – muito menos seriam se tivéssemos a dignidade de contrariar a degradação ambiental que temos provocado, garantindo condições melhores para as gerações futuras – e que «o enriquecimento dos mais afortunados não resulta primordialmente de qualidades, méritos ou talentos excepcionais» (PECH, 2011, p. 129), verificamos que a riqueza de uns está causal e intrinsecamente associada à pobreza de outros. Por isso não basta reconhecer que existem profundas desigualdades económicas. É necessário perceber por que razão, sobretudo nos países mais desenvolvidos, não só grandes camadas da população não vêem a situação de uns e outros como algo intrinsecamente associado, como muitos olham os ricos como o seu ideal de vida: «Não basta criticar os ricos, é preciso também explicar a ambígua fascinação que eles inspiram aos seus contemporâneos» (PECH, 2011, p. 130).

Há uma panóplia de situações que justificam estas desigualdades, sendo a principal o enorme peso das multinacionais na economia mundial e nas instituições existentes e a fraqueza dos Estados, por haraquiri, por fideísmo e por pequenez económico-financeira relativa.

Existem também outras causas, complementares, como as teorias económicas subjacentes à globalização e o primado da eficiência sobre a ética – como tentámos explicar em PIMENTA (2017) –, como a difusão de uma ideologia assente em aparentes evidências do conhecimento corrente, como o individualismo radicando numa sociedade de consumo destruidora da solidariedade, como o silêncio sepulcral, rara e episodicamente interrompido pelos acontecimentos, sobre a fraude económico-financeira e os *offshores*, como o conteúdo de muitos órgãos de informação e a função embriagadora das revistas cor-de-rosa. Enfim, é uma multiplicidade de factores magistralmente referenciados por FERREIRA (2016).

8. Compatibilidades e incompatibilidades

A primeira conclusão a retirar do exposto é a de que há um espaço próprio da política e da economia em que a democracia e a globalização coexistem e convivem (podemos ter globalização e respeito por muitas das liberdades individuais), mas esta relação é sistematicamente contaminada pelas profundas desigualdades sociais, o que exige distinguir a realidade de vivência dos povos do formalismo jurídico-político de que aquela se reveste.

A segunda conclusão é a de que uma sociedade decente num contexto capitalista exige a iniciativa privada, as multinacionais, assim como o Estado, pois o investimento em entidades produtivas cria rendimento e emprego, melhores condições de vida e esperança no futuro. Contudo, a financiarização, a criminalidade associada às elites, o discurso essencialmente ideológico (não económico) dos empresários (GARRIC e LÉGLISE, 2008) e a tendência para os políticos se considerarem parte da «elite político-económica» (ARRIAGA, 2015, p. 33) dificultam essa harmonização.

A terceira conclusão recorda-nos de que há hoje fortes entraves a uma vida decente dos povos. Não é fácil distinguir se é a elite política que governa a elite económica ou o contrário (PECH, 2011, p. 19). E assim continuará enquanto o social não se sobrepuser ao individual com uma ética dos valores públicos.

Referências e leituras recomendadas

AMARAL, João Ferreira do [*et al.*], *Financeirização da Economia: a Última Fase do Neoliberalismo*, Lisboa, Livre, 2010.

ARRIAGA, Manuel, *Reinventar a Democracia*, Lisboa, Manuscrito, 2015.

DURKHEIM, Émile, *De la division du travail social*, Paris, Librairie Félix Alcan, 1922.

FERREIRA, Eduardo Paz, *Por Uma Sociedade Decente*, Queluz de Baixo, Marcador, 2016.

GARRIC, Nathalie e LÉGLISE, Isabelle, Le discours patronal, un exemple de discours économique ?, *Mots. Les langages du politique* 86, 2008: pp. 67-83. Disponível em: http://www.cairn.info/revue-mots-2008-1-page-67.htm.

GAYRAUD, Jean-François, *Le nouveau capitalisme criminel*, Paris, Odile Jacob, 2014.

HASSAN, Mai e SCHNEIDER, Friedrich, Size and Development of the Shadow Economies of 157 Countries Worldwide: Updated and New Measures from 1999 to 2013, *IZA*, Discussion Paper n.º 10 281, 2016.

LEMASSON, Laurent, La démocratie radicale de Jürgen Habermas : entre socialisme et anarchie, *Revue française de science politique* 58, 2008: pp. 39-67. doi:10.3917/rfsp.581.0039.

LENINE, *Oeuvres*, tomo 24, Moscovo, Edições Progresso, 1976.

MACHADO, José Pedro, *Grande Dicionário da Língua Portuguesa*, Lisboa, Amigos do Livro, 1981.

MARX, Karl e ENGELS, Friedrich, *Obras Escolhidas*, Lisboa, Editorial Avante, 1982-85.

MAUSS, Marcel, *Essai sur le don. Forme et raison de l'échange dans les sociétés primitives*, Chicoutimi, Université du Québec, 2002.

NAPOLEONI, Loretta, *O Lado Obscuro da Economia*, Lisboa, Presença, 2009.

OCDE, *Measuring the Non-Observed Economy – a Handbook*, Paris, OCDE, 2002.

Oxfam, *Une économie au service de 1%*, Note d'Information d'Oxfam 210, 2016.

Pech, Thierry, *Le temps des riches. Anatomie d'une sécession*, Paris, Seuil, 2011.

Pimenta, Carlos, *Globalização: Produção, Capital Fictício e Redistribuição*, Lisboa, Campo da Comunicação, 2004.

Pimenta, Carlos, *Racionalidade, Ética e Economia*, Coimbra, Almedina, 2017.

Pimenta, Carlos, Afonso, Óscar e Fonseca, Ricardo, *Crise, rupturas e continuidade no mundo e na África subsariana*, documento apresentado em «Desafios da Investigação Social e Económica em Tempos de Crise», Maputo: Moçambique, 2017.

Popper, Karl R., *A Sociedade Aberta e Seus Inimigos*, São Paulo, Universidade de São Paulo, 1974.

Quesnay, François, *Quadro Económico*, Lisboa, Fundação Calouste Gulbenkian, 1978 [1758].

Schumpeter, Joseph, *Capitalisme, socialisme et démocratie*, Paris, Payot, 1974.

Sen, Amartya, Democracy as a Universal Value, *Journal of Democracy* 10.3, 1999: pp. 3-17.

Sen, Amartya, *A Ideia de Justiça*, Coimbra, Almedina, 2010.

Sen, Amartya, *Sobre Ética e Economia*, Coimbra, Almedina, 2012.

Shorrocks, Anthony [*et al.*], *Global Wealth Report 2016*, Zurique, Credit Suisse AG, 2016.

Smith, Adam, *Riqueza das Nações (I e II)*, Lisboa, Fundação Calouste Gulbenkian, 1981 e 1983 [1776].

Stiglitz, Joseph E., *O Preço da Desigualdade*, Lisboa, Bertrand, 2013.

Von Seekamm, Kurt, Jr., A Note on the Modeling of Rent Seeking, *Review of Radical Political Economics* 49, 2017. doi:10.1177/ 0486613417717047.

Transparência orçamental, responsabilidade política e finanças públicas

Paulo Trigo Pereira
Instituto Superior de Economia e Gestão da Universidade de Lisboa

1. Transparência, interesse público e democracia

Uma abordagem usual da ética aplicada ao exercício do poder político é a de que os seus titulares devem servir o interesse público e não os interesses particulares dos que ocasionalmente detêm esse poder. Esta abordagem tem interesse e fornece já alguma luz em relação à forma de abordar o tópico que nos ocupa neste capítulo[1]. A transparência orçamental – ao

---

[1] Há várias questões importantes de ética aplicada ao campo das finanças públicas. Existe alguma obrigação moral de os mais ricos ajudarem os mais pobres? Ou de aqueles que vivem em países mais desenvolvidos darem um apoio àqueles que vivem em países em desenvolvimento? É eticamente aceitável que uma sociedade contraia uma dívida elevadíssima, em relação aos activos que acumulou, e a deixe para as gerações futuras pagarem? Responder *substantivamente* a estas questões exigiria um espaço que não temos neste artigo, embora ensaiemos aqui uma resposta *processual* e indiquemos referências de onde algumas destas questões são tratadas. A primeira é tratada em

contrário da opacidade, da complexidade e da impenetrabilidade das contas públicas – permite que cidadãos, organizações de sociedade civil ou instituições internacionais avaliem se o decisor político está a tomar decisões de acordo com o interesse público ou se, por outro lado, está a fazer um mau uso dos recursos públicos, cujo caso-limite seria a existência de benefícios pessoais. Porém, e como veremos, a transparência, só por si, não ajuda a esclarecer se as decisões são do interesse público. Na realidade, nunca sabemos o que é *o* interesse público, pois apenas conhecemos a *expressão democrática do interesse público*. A qualidade do processo democrático, quer do ponto de vista processual quer deliberativo, é essencial para que a *expressão* do interesse público se aproxime da *valorização* de interesse público da maioria da população.

A democracia é um quadro institucional que permite que haja diferentes plataformas políticas que consubstanciam, perante o eleitorado, diferentes visões, veiculadas pelos partidos políticos, em relação ao que é do interesse público. É desta competição pelo voto popular que resulta a expressão parlamentar de diferentes perspectivas do que constitui o interesse público. Aquela que tiver uma expressão maioritária parlamentar (seja de um único partido ou de uma coligação) é a expressão concreta *do* interesse público que tem a legitimidade democrática para ser implementada durante uma ou mais legislaturas[2]. A título ilustrativo, no domínio orçamental há partidos que defendem que as regras do Pacto de Estabilidade

---

SINGER (2000) e a segunda é uma variante da primeira. A terceira abordamo-la em PEREIRA (2013) e também marginalmente neste texto.

[2] Em democracia, os cidadãos votam em partidos políticos que apresentam *pacotes* de medidas antes de eleições. Isto cria um problema interessante, discutido por SINGER (2000) mas não neste texto, de que como os cidadãos não votam em propostas particulares, mas em pacotes, há situações em que se pode justificar o uso de acções *ilegais* contra uma proposta aprovada por uma maioria.

e Crescimento servem o interesse público, outros que afirmam não o servir e ainda outros que consideram que apenas servem se forem aplicadas de forma inteligente. Há partidos que consideram que a renegociação da dívida pública serve o interesse público e outros que não. Se há algumas divergências que poderão ser colmatadas pela argumentação racional entre actores políticos diferentes, outras há que são irredutíveis, pois a concepção sobre o que é o «bem comum» ou o «interesse público» deriva, além de argumentos racionais, de valores sobre o que deve ser uma sociedade ideal[3].

A importância da transparência no domínio das finanças públicas tem sido reforçada por várias instituições internacionais (OCDE, 2002; FMI, 2007). A Organização para a Cooperação e Desenvolvimento Económico (OCDE) refere que a transparência é essencial, já que promove a responsabilidade e prestação de contas (*accountability*), a integridade, a inclusão, a confiança e a qualidade.

O caso português é bem ilustrativo da consequência de pouca transparência. Durante décadas de má gestão das finanças públicas em Portugal (ver PEREIRA, 2012), foi frequente os partidos políticos apresentarem propostas financeiras antes das eleições e, após as mesmas, os que alcançaram o poder dizerem que, afinal, não tinham conhecimento da situação financeira

---

[3] A nossa análise neste particular aproxima-se da de SCHUMPETER (1943), quando este refere que «there is, first, no such thing as a uniquely determined common good that all people could agree on or be made to agree on by the force of rational argument. This is due not primarily to the fact that some people may want things other than the common good but to the much more fundamental fact that to different individuals and groups the common good is bound to mean different things.» Distingue-se, contudo, por considerarmos que vale a pena manter o conceito de «interesse público», não como entidade metafísica, mas como revelado democraticamente por *processos deliberativos justos*. Isto permite colocar o foco em questões processuais ressaltando, entre várias dimensões relevantes, a da transparência orçamental aqui analisada.

do país, implementando políticas diferentes, por vezes opostas às que anunciaram em período pré-eleitoral. Esta contradição entre o que é prometido em campanha eleitoral e o que é aplicado (a que chamaremos para simplificar «o engano do eleitorado») pode resultar ou de um verdadeiro desconhecimento, ou de uma mentira instrumental com fins eleitorais. É sempre mais agradável anunciar descidas de impostos do que subidas e aumentos de despesa em vez de cortes. Uma forma de evitar esta ambiguidade sobre as verdadeiras razões por detrás do engano do eleitorado é a transparência orçamental, pois assim fica excluída a possibilidade de o engano resultar de desinformação. Havendo transparência e um conhecimento real das contas públicas, ou existiu algum acontecimento exógeno e não antecipável que possa justificar uma implementação de políticas diferentes das anunciadas em campanha eleitoral ou as políticas deverão ser, no essencial, as que foram anunciadas. Se não o forem, trata-se efectivamente de ludibriar o eleitorado com promessas falsas e, nesse caso, os partidos que o fizerem serão provavelmente penalizados eleitoralmente. A transparência orçamental é, assim, uma condição necessária, embora não suficiente, para um bom funcionamento democrático.

A competição política democrática será tanto mais expressiva do interesse público, quanto mais *justa* e *deliberativa* for entre propostas políticas distintas, e quanto mais elas assentem num conhecimento da realidade económica, social e orçamental do país. Uma competição política deliberativa, além de todos os aspectos que geralmente associamos à democracia deliberativa (igualdade de tratamento dos candidatos, liberdade de imprensa, financiamento partidário justo, possibilidade alargada de argumentação no espaço público, etc.), exige, no campo das finanças públicas, transparência.

2. A ética kantiana e o problema dos comuns

O problema dos comuns identificado por HARDIN (1968), usado noutros contextos, aplica-se, no entanto, muito bem ao caso das finanças públicas. Hardin mostrou que quando há um recurso comum, que é usado por múltiplos agentes de forma independente uns dos outros, o cálculo do óptimo individual leva a uma utilização excessiva do recurso do ponto de vista social. Em caso-limite, as inúmeras acções individuais podem levar a uma tragédia (esgotamento de um recurso arável, sobrepopulação do planeta, etc.). Essa tragédia, no caso português, aconteceu em 2011, com o peso da dívida pública a atingir níveis excessivos, de forma que os juros a que o Estado se podia financiar eram de tal magnitude, que foi necessário recorrer a um programa de austeridade como condição de acesso a empréstimos da tróica (Fundo Monetário Internacional, Comissão Europeia e Banco Central Europeu)[4].

Quando os ministros sectoriais e os agentes públicos do Estado, que assumem cargos de direcção, querem alargar o seu orçamento particular, avaliando as necessidades de despesa e de receita, não consideram geralmente que o seu pequeno, ou grande, orçamento faz parte de um orçamento mais vasto que é o Orçamento do Estado. Quando os dirigentes de empresas públicas fazem contratos ruinosos de *swaps*[5] sem

---

[4] Ao contrário de outros, que atribuem ao colapso financeiro do Estado português razões puramente externas, tenho atribuído esse colapso a um misto de razões internas e externas. As razões internas foram desenvolvidas no livro de PEREIRA (2012) e podem subsumir-se, em grande parte, neste problema da «tragédia dos comuns» agora enunciado.

[5] Os *swaps* são contratos de partilha de risco entre uma entidade devedora (D) e outra credora (C), face a eventos futuros incertos (variações de taxa de juro, de taxa de câmbio, sobretudo), de acordo com critérios contratualmente estabelecidos. O objectivo dos devedores é sobretudo o de precaução, o dos credores poderá ser especulação. Como os devedores são geralmente avessos ao risco, estes contratos tipicamente geram menores ganhos para os devedores

sequer entenderem bem o que estão a assinar, ou gerem de forma descuidada a sua empresa, não cuidam que a dívida da sua empresa pública tem impacto na dívida do Estado e que, afectando negativamente a notação financeira (*rating*) deste, também irão afectar o seu próprio *rating* e, deste modo, os juros que terão de pagar (o serviço da dívida). Quando os dirigentes das regiões autónomas ou das autarquias locais pensam nos seus orçamentos, também não incorporam nas suas decisões o facto de que o que resultar da execução destes orçamentos terá implicações em duas variáveis-chave das finanças públicas, que são o défice e a dívida das administrações públicas. Do mesmo modo, na sociedade, quando os sindicatos de importantes sectores da função pública (médicos, enfermeiros, professores, militares) fazem reivindicações junto do poder político, consideram apenas o seu interesse particular respectivo, sem incorporar nem ponderar o efeito agregado de reivindicações semelhantes de outros sectores[6].

Há, por isso, um *problema dos comuns*, semelhante ao enunciado por Hardin, quer na utilização directa de recursos públicos por entidades públicas, quer na pressão indirecta da sociedade civil para a utilização desses recursos. O bem comum que se deveria preservar é o de ter finanças públicas sustentáveis, mas ele não emerge voluntariamente da acção de milhares de entidades independentes. O que tenderia a emergir dessa acção atomística de entidades públicas, sem nenhum tipo de

---

quando existem condições favoráveis para ele (p. ex., subida da taxa de juro acima do valor contratualizado) do que as perdas quando existem condições desfavoráveis (descida da taxa de juro). Foi isso que aconteceu nos últimos com várias empresas públicas a suportarem elevadíssimos encargos financeiros, em virtude de terem realizado estes contratos e de as taxas de juro estarem perto de zero.

[6] Para que fique claro, nem neste nem noutros casos referidos (com excepção dos contratos de *swaps*) se está a fazer juízos de valor moral (negativos) em relação a esses comportamentos, mas antes a clarificar comportamentos numa óptica meramente descritiva.

regulação ou regras, seria no mínimo um fracasso e no máximo uma «tragédia dos comuns».

Uma solução poderia existir se todos os agentes, em particular aqueles ocupados em definir, aprovar e executar orçamentos, regessem o seu comportamento de acordo com o imperativo categórico kantiano, em que numa das suas variantes é expresso assim: «age apenas de acordo com uma máxima que possas desejar, ao mesmo tempo, que se torne numa lei universal». Se todos os gestores de orçamentos públicos actuassem de acordo com este imperativo, não haveria problema dos comuns nas finanças públicas, pois todos agiriam assumindo que os restantes actuariam de uma forma desejável (nomeadamente, de acordo com princípios de economia, eficiência e eficácia). Acontece que, na sociedade, há uma multiplicidade de padrões de conduta humana. Há uma minoria de indivíduos «kantianos» que actua de acordo com o imperativo categórico, há outros que actuam de acordo com normas de reciprocidade (positiva e negativa) e uma proporção significativa que é simplesmente egoísta, pensando sobretudo nos seus benefícios próprios[7].

Na presença de indivíduos egoístas e na presença de bens públicos ou bens comuns, o que temos é o *dilema do prisioneiro*[8]. O dirigente, ou por atitude egoísta ou por simples miopia, pensa que «o ideal é que o meu departamento governamental possa gastar mais, desde que todos os outros possam conter as

---

[7] A evidência de que há uma multiplicidade de comportamentos resulta, claro, de artigos de economia experimental. Note-se que, embora não discutido por Hardin explicitamente, nem por muita da extensa literatura que se lhe seguiu, implícito na análise está o agente «racional e egoísta», não o «kantiano», nem o «recíproco». Para efeitos de simplificação da diversidade de comportamentos, assumimos apenas estes três.

[8] O dilema do prisioneiro é um dos jogos de interacção desenvolvidos no âmbito da teoria dos jogos e com maior aplicação na economia e na ciência política. Ver aplicações em PEREIRA (2008).

suas despesas de acordo com a restrição orçamental do Estado». Ou que «devo gastar todo o orçamento até ao final do ano, senão para o ano cortam-me no orçamento, pelo que no último mês gastemos tudo o que é possível». Estas ideias de que só o meu departamento não coopera (com a consolidação orçamental), mas todos os restantes cooperam, levam a um equilíbrio em que *ninguém* coopera, que é uma solução pior do que se *todos* cooperassem. Não há assim solução atomística descentralizada para os problemas das finanças públicas.

É daqui que resulta, em parte, a necessidade de regras orçamentais e leis para coordenar as acções dos agentes em relação à gestão dos recursos públicos. Antes de enunciarmos algumas dessas regras, e o papel relevante da transparência na sua aplicação, convém realçar a importância da ética no seu cumprimento. Urge que uma sociedade perceba a razão de ser das regras orçamentais, pois se tal acontecer será mais fácil aplicá-las. Percebê-las é compreender que elas defendem também os *nossos* interesses e que não são impostas por *outros* (vulgo, as instituições europeias)[9]. Note-se que apenas a existência de regras – sem acompanhamento de instituições e sem que os agentes, imersos em estruturas sociais, estejam comprometidos com a sua aplicação – não é suficiente. O caso da Grécia é ilustrativo a este respeito. Alguns dirigentes máximos deste país consideraram que as regras, «impostas» pelo Pacto de Estabilidade e Crescimento (na realidade, subscritas também pela Grécia), eram regras dos outros, que era bom que os outros, mas não os Gregos, seguissem. Por isso falsificaram as contas públicas. Mais tarde, essa «contabilidade criativa» (leia--se falta de transparência) foi descoberta, e hoje a Grécia está,

---

[9] Não é este, obviamente, o local para discutir a razoabilidade de todas as regras, quer da União Económica e Monetária, quer do quadro orçamental português. Algumas justificam-se, outras não, mas genericamente, nesta secção, o ponto que queremos enfatizar é a necessidade de existência de *algumas* regras, não a sua substância concreta.

ainda, numa situação problemática, altamente dependente dos credores internacionais.

Há assim três níveis em que a ética se relaciona com a transparência, as regras orçamentais e as finanças públicas sustentáveis. Primeiro, na necessidade de regras para coordenar a acção de milhares de indivíduos (dirigentes de organismos estatais, regionais e locais), porque nem todos são «kantianos». Na presença de uma pluralidade de motivações de conduta humana, o resultado geral não seria satisfatório (demasiado défice e dívida excessiva). Segundo, a própria aplicação das regras necessita de pelo menos um conjunto de indivíduos em lugares-chave que tenham a percepção de que a aplicação universal dessas regras é essencial para defender o bem comum. Nos países de gestão orçamental mais centralizada, como Portugal, esses indivíduos são a equipa do Ministério das Finanças, que funciona como «tutora» da aplicação das regras nos ministérios sectoriais, e do Tribunal de Contas, que actua na fiscalização *ex ante* e *ex post*. Nos países com gestão mais descentralizada, todos os ministérios sectoriais têm um responsável para garantir essa disciplina orçamental. Terceiro, quanto mais os indivíduos da comunidade em geral tiverem o sentimento de pertencer a uma «comunidade cívica» e actuar nela, quanto maior for o seu capital social (a rede de participação em associações, os níveis de confiança mútua), quanto mais os seus padrões de comportamento se nortearem ou por imperativos categóricos kantianos ou por normas de reciprocidade, mais eficaz será o desempenho do governo em termos daquilo que for a expressão democrática do interesse público (ver PUTNAM, LEONARDI e NANNETI, 1993). Em resumo, para um bom desempenho da governação democrática, necessitamos de informação detalhada e transparente, precisamos de regras orçamentais para coordenar a actuação dos agentes, devemos ter instituições que promovam a *accountability* e pessoas com sentido de serviço público ocupando os lugares-chave na gestão e monitorização orçamental nos vários níveis de decisão. Abordaremos cada um destes aspectos de seguida.

3. O ciclo orçamental, as regras e a transparência

O ciclo orçamental é composto essencialmente por quatro fases[10]: a preparação do Orçamento do Estado (OE) por parte do executivo; a sua apresentação, discussão, alteração e aprovação na Assembleia da República (AR); a execução do orçamento pelo executivo durante o ano civil; finalmente, a elaboração e aprovação das contas referentes ao exercício orçamental por parte do governo que deverão ter um parecer do Tribunal de Contas e ser aprovadas na AR. A única fase em que me parece que não existe, nem deve existir, transparência *em relação a conteúdos* é a primeira. A competência exclusiva da proposta de lei do OE é do executivo. Não é, pois, razoável que, no próprio processo de debate interno sobre usos alternativos de recursos públicos, se abra a controvérsia sobre as questões orçamentais à opinião pública. Isso traria para o debate um ruído indesejável, numa altura em que as diferentes pressões para a afectação de recursos, quer dentro do executivo quer junto dele, se fazem sentir. O que poderia existir era *transparência em relação a processos*, isto é, o registo das entidades que, no processo de preparação do OE, tiveram reuniões com membros do governo ou dos seus gabinetes. Desta forma, ter-se-ia alguma informação sobre parte da «pegada legislativa» do OE logo no seu início. Uma coisa que valia a pena ser feita, alguns meses antes da apresentação do OE – e que é feita nalguns

---

[10] Os ciclos orçamentais são analisados em PEREIRA [*et al.*] (2015). Para simplicidade, nesta secção, consideraremos as finanças públicas do Estado, mas o que é referido aplica-se, com as variantes necessárias, às finanças regionais e às finanças locais. A temática da transparência orçamental foi abordada, entre muitos outros, por BATALHA (2014) e ESTELLER-MORÉ e OTERO (2012).

países, como o Reino Unido, mas não em Portugal –, era uma apresentação prévia das prioridades orçamentais por parte do ministro das Finanças[11]. É essencialmente após a elaboração do Orçamento pelo governo que todo o processo deve ser o mais transparente possível – desde logo com a explicação do Orçamento aos cidadãos, num documento que se costuma designar por *Orçamento Cidadão* e que é um dos elementos necessários, mas não suficientes, para que um país tenha uma avaliação boa da sua transparência orçamental. Como se perceberá ao longo deste artigo, consideramos a transparência uma condição necessária, mas não suficiente, para a qualidade do processo orçamental.

A transparência orçamental é basicamente enquadrada por dois diplomas legais: a Lei de Enquadramento Orçamental – uma lei de valor reforçado que enquadra o orçamento e especifica o tipo de informação que lá deve constar e as regras essenciais da sua elaboração; e o Decreto-Lei de Execução Orçamental, que é anual e clarifica as regras de execução orçamentais anuais.

Um orçamento de Estado é, entre outras coisas, uma autorização de despesa e de receita (incluindo o endividamento) por parte da Assembleia da República ao governo. Esta autorização não é apenas um limite às despesas a efectuar e à legalidade das receitas a cobrar, mas uma especificação das entidades habilitadas a cobrar as receitas e dos orçamentos dos diferentes organismos do Estado. Ao definir os orçamentos de centenas de organismos, o Orçamento do Estado tem de especificar, com algum grau de detalhe, a repartição da despesa pelas várias rubricas (pessoal, aquisição de bens e serviços, etc.) e as condições em que essas autorizações de despesa podem, ou não, ser

---

[11] Faz-se algo relativamente parecido, que é a apresentação, em Abril, do programa de estabilidade com a estratégia orçamental para os quatro anos subsequentes. Porém, seria uma coisa bem diferente o ministro das Finanças apresentar previamente as linhas gerais orçamentais.

alteradas. Assim, a existência de regras orçamentais é essencial para que o OE tenha um rigor na sua elaboração, o que facilitará também a sua execução e fiscalização.

No campo das regras orçamentais, convém distinguir as que têm que ver com o objectivo de o OE ser mais transparente e rigoroso das associadas ao cumprimento de determinados critérios de equilíbrio orçamental. As primeiras vêm consignadas na Lei de Enquadramento Orçamental (LEO) e são as regras da unidade e universalidade, da não consignação, da não compensação, da especificação, da anualidade. Por exemplo, a regra da especificação determina que qualquer despesa tem de estar especificada de acordo com as classificações funcional, orgânica, económica e por programas. Assim, uma transferência de capital da administração central para a Escola Portuguesa de Díli é especificada no programa educação (Programa 011) como sendo de educação (funcional 1013), nos serviços integrados como Escola Portuguesa de Díli (orgânica) enquanto transferência de capital (económica, 08.03.06.57.67). Com este tipo de informação em relação às despesas, fica-se a conhecer qual é a função do Estado a que está associada, qual o organismo que efectua a despesa, qual a sua natureza e a que programa está associada. Já em relação às receitas, o essencial é a sua classificação orgânica (qual a entidade recebedora) e económica (impostos, taxas, transferências, etc.). A regra da não compensação, por seu turno, está também associada à transparência. Se o Estado adquire uma viatura e dá outra em troca, esta regra sugere que a despesa a registar não é a líquida (que deixaria ambiguidade quanto ao valor real da viatura), mas a despesa bruta de aquisição e a receita da retoma do veículo. Estas regras são importantes pois dão substância ao próprio orçamento, condicionando obviamente a sua execução. A autorização que é dada ao governo é para que possa afectar os recursos públicos de uma determinada maneira, aprovada na Assembleia da República, e não apenas que faça certa despesa pública global de uma forma discricionária e que se financie com impostos, taxas e endividamento. Estas regras são essenciais para o controlo político da Assembleia da República relativamente ao governo. Além do controlo político da Assembleia, existe um controlo externo do Tribunal de Contas sobre a legalidade, regularidade, gestão e responsabilidade financeira das instituições e dos agentes que gerem recursos públicos. De nada serviria a existência de regras sem mecanismos de controlo interno e externo, e sanções em caso de incumprimento.

Um segundo tipo de regras tem que ver com objectivos de sustentabilidade das finanças públicas e de equilíbrio orçamental. São as que estão incluídas no Pacto de Estabilidade e Crescimento, no chamado «Tratado Orçamental» e também na Lei de Enquadramento Orçamental, como sejam as que se reportam ao equilíbrio orçamental dos vários subsectores da administração pública, ao equilíbrio orçamental (do saldo global, primário e estrutural) e à variação do peso da dívida pública no produto. Estas regras destinam-se a assegurar uma responsabilidade intergeracional das contas públicas e evitar que más práticas de um país tenham impacto nos restantes. O acompanhamento e eventual sanção derivada de incumprimento (p. ex., procedimento de défices excessivos) são essencialmente da Comissão Europeia e do Conselho Europeu.

4. Da transparência à *accountability*: instituições e conhecimento

Hoje em dia existe uma grande quantidade de informação à disposição dos cidadãos, muita dela online. Basta lembrar que todos os meses a Direcção-Geral do Orçamento publica o boletim de execução orçamental mensal. Por seu turno, o Instituto Nacional de Estatística (INE) publica frequentemente dados sobre as contas nacionais portuguesas e sobre finanças das administrações públicas. Duas vezes por ano, o INE divulga o relatório sobre o procedimento dos défices excessivos, em que faz o apuramento do défice e da dívida pública. O Banco de Portugal (BdP) faz também várias publicações estatísticas, não apenas sobre o sector financeiro, a balança de pagamentos, mas também sobre finanças públicas. Porém, a informação em bruto, por mais transparente que seja, não é suficiente para a desejável *accountability* política, económica e social.

É necessário passar do campo da divulgação de informação orçamental e produção estatística para o da análise e das previsões, e aqui o papel das instituições é essencial. São várias as instituições, quer nacionais quer estrangeiras, que fazem essas previsões. Em Portugal, além do papel tradicional que o INE e o BdP têm vindo a desempenhar, houve recentemente a criação de duas instituições que, pelas suas análises, alimentam o debate político e público. A Unidade Técnica de Apoio Orçamental (UTAO), situada institucionalmente na AR, dá apoio à Comissão de Orçamento, Finanças e Administração Pública (XIII Legislatura). A necessidade da sua criação resulta precisamente de não ser suficiente a *transparência* da informação, mas ser necessário tratá-la e analisá-la para que se torne inteligível, nomeadamente pelos deputados da AR. Do mesmo modo, foi criada outra instituição – o Conselho das Finanças Públicas (CFP)[12] –, independente do governo, cujas atribuições são avaliar as projecções macroeconómicas do governo, o cumprimento das regras orçamentais, a dinâmica e sustentabilidade da dívida, a evolução dos compromissos plurianuais do Estado (em particular no sistema de pensões), a situação financeira de regiões autónomas, municípios e do sector empresarial do Estado. Também aqui se torna claro que não

---

[12] O CFP foi criado pelo artigo 3.º da Lei n.º 22/2011, de 20 de Maio, que procedeu à 5.ª alteração da Lei de Enquadramento Orçamental e entrou em funcionamento em Fevereiro de 2012.

basta a transparência de se prever no OE que, no ano seguinte, o Estado vai arrecadar certa importância de IRS. O relevante é saber se as projecções macroeconómicas (crescimento económico e variação do rendimento das famílias) são realistas e se as elasticidades consideradas (da colecta de IRS em relação à variação do PIB nominal ou da variação do rendimento das famílias) são adequadas. O facto de existirem instituições públicas nacionais, independentes do governo, que fazem estas análises contribui decididamente para o debate público e político[13].

É neste mesmo espírito que as instituições internacionais – em particular, a Comissão Europeia e o Fundo Monetário Internacional – fazem as suas análises e previsões.

Uma das razões pelas quais a transparência da informação não é suficiente, no domínio das finanças públicas, é que não basta ter muita informação. Ela é, na realidade, imensa e avassaladora em muitos países e, por isso, é necessário analisá-la, desejavelmente por instituições que até podem e devem ter perspectivas diferentes de apreciação.

Além das já referidas instituições públicas nacionais e internacionais, há várias iniciativas da sociedade civil que têm contribuído para a melhoria da transparência orçamental. No que diz respeito ao Orçamento do Estado, as iniciativas do Budget Watch, em particular o Índice de Transparência Orçamental desenvolvido no IPP/ISEG[14], e do Open Budget

---

[13] Durante muitos anos, os défices excessivos de certas autarquias locais deveram-se a uma sobreestimação das receitas com a venda de activos que acabavam por não se concretizar. Como a despesa estava ajustada a essa suposta receita, o resultado inevitável era o défice orçamental e o crescimento da dívida. No plano nacional, o problema é semelhante: uma sobreestimação de receitas, devido a um cenário macroeconómico excessivamente optimista, leva ao agravar do défice e da dívida (a menos que se use alguma «engenharia financeira» usualmente não desejável).

[14] O projecto Budget Watch nasceu de uma parceria entre o ISEG (agora ISEG e Institute of Public Policy), a Deloitte e o Expresso, com a criação de um painel de economistas e académicos (ISEG/IPP) e de empresários

Initiative (OBI), que produz o Índice de Orçamento Aberto[15], têm contribuído para o escrutínio da transparência do Estado. No plano local, a iniciativa de construção e quantificação do Índice de Transparência Municipal, elaborado pela TIAC[16], tem também contribuído nesse sentido. A forma como o OBI apresenta a sua missão é clarificadora: «A International Budget Partnership colabora com organizações da sociedade civil em todo o mundo para analisar e influenciar os orçamentos públicos, de forma a reduzir a pobreza e melhorar a qualidade da governação.» A construção de todos estes indicadores de «orçamento aberto» e de «transparência orçamental» facilitam assim a melhoria da qualidade da governação e da *accountability* democrática. Se há lugar na esfera pública em que deveremos ser colectivamente muito exigentes na transparência e *accountability*, é precisamente no domínio orçamental, dado que parte significativa dos recursos despendidos é financiada de forma coerciva pelo Estado (impostos).

A *transparência* é necessária, as *instituições*, fundamentais e a sua análise deve basear-se no melhor *conhecimento* disponível. As dimensões em que considero existir menos transparência

---

(Deloitte) que, respondendo a questionários distintos, permite avaliar o grau de transparência e responsabilidade orçamental (no Índice Orçamental ISEG) e o carácter *pro-business* do orçamento (Deloitte). A análise do IPP/ISEG realizou-se sobre os OE de 2010 a 2018 e deu origem a resultados e a relatórios, estes últimos tornados públicos desde 2016 em: http://www.ipp-jcs.org/pt/budget-watch/.

[15] A avaliação da transparência orçamental mais exaustiva e completa que se faz hoje no mundo é a realizada no programa Open Budget Initiative, implementado pela organização International Budget Partnership (ver https://www.internationalbudget.org/opening-budgets/open-budget-initiative/) em cerca de 100 países, incluindo Portugal. Uma das dimensões da transparência avaliada pelo OBI é a existência de um orçamento cidadão, já referido acima, que tem tido uma existência irregular entre nós.

[16] Este índice é elaborado pela Transparência e Integridade, Associação Cívica (resultados em: http://dev.transparencia.pt/itm-2017/).

orçamental e conhecimento em Portugal são a dívida pública[17], a dívida implícita da Segurança Social e os investimentos do sector empresarial do Estado. Todas com consequências nas gerações futuras. As decisões políticas de hoje afectam as próximas gerações, e as consequências quer do endividamento e investimento público, quer do modelo actual de financiamento e de prestações sociais, dependem de múltiplas variáveis económicas e demográficas. Esse conhecimento requer a acessibilidade a dados pela comunidade científica, necessita de um governo aberto, algo que se verifica no caso da dívida pública, mas está longe de acontecer no caso da dívida implícita da Segurança Social[18].

São necessárias instituições públicas ou privadas, de preferência independentes do governo, para realizar essas análises, de forma que se possa passar da transparência (da informação) para a *accountability* em relação a todos os que são potencialmente afectados (os *stakeholders*), directa ou indirectamente, pelo uso apropriado (ou não) dos recursos públicos.

---

[17] A discussão da dívida em termos éticos foi formulada por JEFFERSON (1789) numa carta a Madison em que aquele dizia «A questão de saber se uma geração de homens tem o direito de amarrar outra parece nunca ter sido iniciada neste ou no nosso lado do mar», referindo-se aos dois lados do Atlântico Norte (Jefferson estava em França na altura). Discutimos brevemente a opinião de Jefferson em PEREIRA (2013).

[18] Esta a principal dificuldade da transparência orçamental (e do conhecimento) em Portugal, o acesso a microdados individuais, mesmo que anonimizados, para salvaguardar os direitos fundamentais à privacidade. Os governos, em geral, não gostam de ceder esses dados. Pudemos já constatar, por experiência própria, os grandes obstáculos ao acesso a microdados, quer na área da educação quer da segurança social. Ainda recentemente nos defrontámos com a impotência no acesso a estes dados e verificámos que o acesso a microdados da Segurança Social em Espanha é muito mais fácil do que em Portugal, o que significa que em Espanha é possível desenvolver análises e ter um conhecimento que, lamentavelmente, em Portugal não é, por enquanto, possível ter.

5. Ética deontológica, consequencialista e a selecção dos melhores

Tendo esclarecido a importância da transparência orçamental na qualidade do desempenho democrático, os problemas éticos da gestão orçamental na presença de um orçamento comum, a importância das regras orçamentais e das instituições que acompanham a execução e registo orçamental, regressamos, para finalizar, à dimensão ética.

Regras, instituições e ética individual são as três dimensões que se devem reforçar mutuamente para um desempenho orçamental adequado. De nada servem regras se aqueles que as vão implementar as querem subverter. Para concluir, iremos debruçar-nos sobre duas questões muito particulares. Como melhorar o comportamento ético mediano de uma sociedade? Como seleccionar os melhores para o serviço público?

Não é fácil a resposta a estas questões, uma vez que, desde logo, existe uma questão prévia a estas duas: o que é um bom comportamento ético? Há essencialmente dois tipos de resposta – um deontológico, outro consequencialista –, de acordo com dois grandes ramos da ética aplicada que, sendo alternativos, não deixam de ter alguma complementaridade. O primeiro, deontológico, tem que ver com a adesão a princípios éticos justos, independentemente das suas consequências imediatas, e pode traduzir-se, no caso concreto, na reformulação das questões deste modo: como aumentar o número de «kantianos» na sociedade? Ou como aumentar a selecção para cargos dirigentes de indivíduos motivados pela prossecução genuína do interesse público? O segundo, consequencialista, em que as regras ou acções são avaliadas como boas se promoverem a melhoria do bem-estar da generalidade dos cidadãos, ou seja, em termos das suas *consequências*, leva a uma reformulação das questões nestes termos: como fazer para que uma maioria da população, cada vez mais alargada, tenha conhecimento das consequências dos diferentes *pacotes* de políticas orçamentais que lhe são propostos pelos diferentes partidos políticos e de cada política *per se*? Como fazer para que os dirigentes públicos conheçam e incorporem nas suas decisões a previsão das consequências das mesmas?

A resposta a estas questões já tem sido ensaiada por vários autores. Apenas como notas finais, aqui ficam algumas ideias. Se adoptarmos uma perspectiva essencialmente *consequencialista*, necessitamos de ter conhecimento científico sobre o impacto das políticas públicas. Como referimos, não basta a transparência da informação, é necessário conhecimento, e ele é tão mais complexo, quanto maior a escala temporal em que são previsíveis essas consequências, mais complexo o modelo de previsão, maior o número de variáveis relevantes e a sua imprevisibilidade. Alguns dos fracassos do Estado nos últimos anos – de que são paradigmáticos os incêndios de 2017 – derivam da incapacidade de as políticas públicas incorporarem o conhecimento existente na academia e de sistemas de incentivos mal desenhados.

Numa perspectiva *deontológica*, podemos distinguir o longo prazo, em que se processam mudanças culturais geracionais, do curto prazo. No longo prazo, a ética individual resulta de um processo de aprendizagem na família, na escola e na sociedade. Cada indivíduo lida com inúmeras situações diárias em que tem de tomar decisões de natureza ética. O principal instrumento de políticas públicas que pode afectar os valores e os comportamentos éticos é a educação pública. Da pré-primária ao ensino superior, aquilo em que vale a pena pensar é em que medida a ética deveria começar a constar mais dos conteúdos curriculares, não necessariamente como disciplina à parte, mas intrincada nalgumas disciplinas. Aplicando ao ensino superior e à economia, dizia o Nobel Amartya SEN (1987, p. 89): «o argumento para trazer a ética à economia não assenta em ser uma tarefa fácil, mas antes na recompensa do exercício».

Numa perspectiva de mais curto, médio prazo, no que toca à selecção das pessoas que exercem as funções públicas, a pergunta que me parece promissora é a formulada por BUCHANAN (1993): «Como devem as constituições ser desenhadas, de forma que os políticos que querem servir o interesse público possam sobreviver e prosperar?»[19]. Temos de desenhar a Constituição, de forma que possam sobreviver na política aqueles que querem servir o interesse público. Generalizando, a Constituição e as outras leis (estatuto dos deputados, lei de controlo da riqueza de titulares de cargos políticos e altos cargos públicos, etc.) devem ser desenhadas de forma que sejam atraídos para esses cargos homens e mulheres que verdadeiramente desejem servir o interesse público, que tenham capacidades para tal e que, mesmo no caso não de não terem essa motivação, sejam compelidos pelas regras e instituições existentes para servir o interesse público.

Padrões éticos elevados e generalizados, na população e nos dirigentes, permitiriam resolver problemas essenciais das finanças públicas. Apesar de um enquadramento adequado da actividade política e administrativa poder seleccionar os que mais querem satisfazer o interesse público, partir dessa

---

[19] Este é o título do próprio artigo de BUCHANAN (1993), que, logo no primeiro parágrafo, diz «Political players who might seek to further some conception of an all-encompassing general, or public, interest cannot survive. They tend to be eliminated from the political game in the evolution-like selection process», para concluir no final que «If a more wholesome ethics is to be introduced into the observed behavior of our politicians, and especially our legislators, it will be necessary to remake the constitutional structure». Concordamos plenamente com a pergunta, mas já não com a resposta. É certo que algumas alterações constitucionais facilitam um comportamento ético de acordo com a expressão democrática do interesse público (como a introdução na Constituição de uma norma associando equidade intergeracional e dívida pública, como argumentámos em PEREIRA, 2013). Porém, divergimos de Buchanan, pois este considera sinónimos interesse público e interesse geral, sugerindo que grande parte das questões distributivas deve estar fora do perímetro da decisão política e ser limitada pela Constituição.

premissa é ser demasiado optimista em relação à natureza humana. Necessitamos de regras adequadas e equilibradas que estabeleçam normas e sanções à sua violação, bem como de incentivos que alinhem o comportamento dos agentes em relação aos objectivos de interesse público. Por exemplo, no campo da responsabilidade financeira, elas não devem ser nem tão rígidas e de elevadíssima responsabilidade (e sanção), que afastem pessoas verdadeiramente dedicadas à causa pública mas algo avessas ao risco de uma má decisão, nem tão laxistas que permitam que aqueles que procuram servir-se privadamente dos recursos públicos o possam fazer. Precisamos ainda de instituições, baseadas no conhecimento, que monitorizem a aplicação destas regras, e para isso a transparência é essencial.

Referências e leituras recomendadas

BARRO, Robert, The Control of Politicians: An Economic Model, *Public Choice* 14, 1973: pp. 19-42.

BATALHA, Sofia Alves de Aguiar, *Determinantes da Transparência Municipal em Portugal: Uma Análise Empírica*, dissertação de mestrado em Economia e Políticas Públicas, Lisboa, Universidade de Lisboa, Instituto Superior de Economia e Gestão, 2014.

BUCHANAN, James, How can constitutions be designed so that politicians who seek to serve «public interest» can survive and prosper?, *Constitutional Political Economy* 4, 1993: pp. 1-6.

ESTELLER-MORÉ, Alejandro e OTERO, José Polo, Fiscal Transparency, *Public Management Review* 14, 2012: pp. 1153-1173.

FMI, *Code of Good Practices on Fiscal Transparency*, 2007.

HARDIN, Garrett, The Tragedy of the Commons, *Science* 13, 1968: pp. 1243-1248.

JEFFERSON, Thomas, *Letter to James Madison*, 6 de Setembro de 1789.

OCDE, *OECD Best Practices for Budget Transparency*, 2002.

Pereira, Paulo Trigo, *O Prisioneiro, o Amante e as Sereias: Instituições Económicas, Políticas e Democracia*, Coimbra, Almedina, 2008.

Pereira, Paulo Trigo, *Portugal: Dívida Pública e Défice Democrático*, [s.l.], Fundação Francisco Manuel dos Santos, 2012.

Pereira, Paulo Trigo, Equidade Intergeracional, Dívida Pública e a Constituição, in Lopes, J. C. [*et al.*] (coord.), *Estudos de Homenagem a João Ferreira do Amaral*, Coimbra, Almedina, 2013.

Pereira, Paulo Trigo [*et al.*], *Economia e Finanças Públicas*, Lisboa, Escolar Editora, 5.ª edição, 2015.

Putnam, Robert; Leonardi, Robert e Nanneti, Raffaella, *Making Democracy Work: Civic Traditions in Modern Italy*, Princeton: Nova Jérsia, Princeton University Press, 1.ª edição, 1993.

Sen, Amartya, *On Ethics and Economics*, Oxford e Nova Iorque, Blackwell, 1987.

Schumpeter, Joseph, *Capitalism, Socialism and Democracy*, Londres, George Allen & Unwin, 1976 [1943].

Singer, Peter, *Ética Prática*, Lisboa, Gradiva, 2000 [1.ª edição: Cambridge University Press, 1993].

Poder e Corrupção

Luís de Sousa

Instituto de Ciências Sociais da Universidade de Lisboa

«Corrupção» – provavelmente o termo mais contestado na vida pública, quer pela sua natureza ambígua e ausência de consenso sobre a sua definição, quer pelo facto de ser utilizado como arma de arremesso e rótulo pejorativo no jogo político. Não estamos perante um fenómeno novo, circunscrito a uma determinada cultura, tipo de regime ou nível de desenvolvimento. A corrupção é, aos olhos da história das civilizações e do pensamento político, um fenómeno milenar. Mas é sobretudo um fenómeno de poder que acompanha a edificação do Estado moderno através da separação dos domínios públicos e privados, da delegação de poderes, da segregação de funções e da gestão de um bem público tributado.

A corrupção, não obstante ganhe maior visibilidade durante períodos de crise ou de alteração do quadro de valores dominante em sociedade, é um fenómeno resiliente. Enquanto forma de influência ou de compra de decisões, permaneceu invariável ao longo dos séculos, mas o modo como o poder se estrutura e é exercido em sociedade tem evoluído, criando novas oportunidades e incentivos para este tipo de prática. A corrupção exige recursos e poder que não estão necessariamente à disposição de todos.

A literatura sobre corrupção tem incidido sobretudo nas questões de natureza conceptual e no desenvolvimento de teorias explicativas, através de estudos de caso, sendo mais recentes as tentativas de medição do fenómeno e a construção de modelos causais multinível. São poucos os estudos que se dedicam a compreender a relação entre corrupção e poder. Esta relação dual será objecto de reflexão neste capítulo com a humildade e parcimónia a que um ensaio desta natureza obriga.

1. Sobre a relação entre poder e corrupção

Quando nos debruçamos sobre a relação entre poder e corrupção, é recorrente vermos citada, por vezes de forma pouco cuidada, a famosa expressão utilizada pelo historiador, político e escritor do século XIX Lorde Acton, numa carta enviada a Mandell Creighton, em 5 de Abril de 1887. Acton contestara de forma veemente a ideia, veiculada por Creighton, de que o poder dos papas durante o período reformista teria sido «tolerante» e «benevolente» (ROGOW e LASSWELL, 1963, pp. 3-4). Para Acton, independentemente de se tratar de um poder factual ou simbólico, «O poder tende a corromper e o poder absoluto corrompe absolutamente».

Esta expressão deriva de uma perspectiva pessimista sobre a natureza humana que se disseminou e prevaleceu no mundo ocidental dos primórdios da cristianização até aos nossos dias (ROGOW e LASSWELL, 1963, p. 5). Para Acton, «Os grandes homens são sempre homens ruins, mesmo quando exercem influência e não autoridade». Tal como Hobbes[1] e outros antes

---

[1] HOBBES, Thomas, *Leviathan, or The Matter, Forme & Power of a Common- -Wealth Ecclesiasticall and Civill*, [s.l.], [s.n.], 1651.

do seu tempo, Lorde Acton defendia que o poder é um fim em si mesmo. Os homens procuram e lutam pelo poder para seu próprio benefício ou de terceiros. Logo, qualquer cargo de autoridade ou influência será sempre exercido numa lógica oligárquica e corrupta, não podendo nunca elevar ou dignificar as qualidades de liderança do seu detentor.

O aforismo do liberal católico é relevante para compreender a relação entre poder e corrupção, porque, por um lado, encerra um conjunto de pressupostos teóricos sobre a natureza humana e o desempenho das instituições com consequências directas na organização do poder político nas democracias de matriz liberal-constitucional e, por outro, exprime um nível simbólico de ancoragem dos julgamentos éticos em sociedade[2].

A corrupção a que Lorde Acton se refere não é o abuso de funções tal como vem proscrito nos códigos penais e leis criminais, mas, de uma forma mais ampla, a corrupção enquanto degeneração do corpo político. Esta definição maximalista da corrupção, centrada num conceito – também esse problemático – de interesse público, ganharia actualidade com a recente crise económica e financeira, como irei explicar mais adiante.

A relação entre poder e corrupção é um dos debates mais antigos e assombrados no pensamento político europeu. A ideia de que o poder corrompe não acolheu consenso nos clássicos gregos. Nem o poder era visto como algo intrinsecamente

---

[2] Existe uma permanente tensão entre o real e o abstracto, nos juízos que as pessoas emitem sobre cenários de corrupção, que importa avaliar. Num artigo intitulado «Paradoxes de la corruption politique», BECQUART-LECLERCQ (1984) dá conta da existência desses dois níveis de ancoragem dos julgamentos dos inquiridos: o «simbólico» e o «estratégico». A nível simbólico, a opinião pública condena em abstracto a corrupção, reconhecendo quer os parâmetros repressivos fixados por lei, quer a matriz de valores que governa a ordem pública. A nível estratégico, por vezes, os indivíduos estão conscientes da dificuldade de concretização destes valores no dia-a-dia, ou porque a estes se lhes sobrepõem outros valores/interesses privados, ou porque a escolha entre valores abstractos e benefícios reais se torna por vezes numa não escolha.

maligno, nem a natureza humana era retratada com pessimismo. Para Platão e Aristóteles, a natureza humana é capaz de grandes feitos e grandes barbaridades; o governo dos homens tanto pode resultar no exercício perverso e irresponsável da autoridade delegada, como na resolução de problemas concretos da sociedade. A medida de um homem, ensinara Platão, é o que ele faz com o poder. Aristóteles iria mais além, argumentando que o homem só encontra a sua plenitude na vida da pólis: o homem é, por natureza, um animal político.

Embora estes pensadores clássicos se tenham debruçado exaustivamente sobre a existência de formas perversas de governo e governantes tirânicos e corruptos, a sua reflexão ia no sentido de procurar identificar a escolha adequada de homens e de arranjos institucionais que poderia impedir a deriva para a tirania e a corrupção. Como refere Leo Strauss, nos clássicos gregos, o poder e a virtude (ou a ausência desta) não eram avaliados por justaposição, porque a virtude era entendida como uma forma de exercer poder. Logo, assumir *a priori* que o poder é por natureza corrupto significaria que a virtude seria também ela passível de ser má ou corrupta (STRAUSS, 1953, pp. 132-133).

Com a expansão do cristianismo na Europa, a relação entre poder e corrupção ganhou uma nova interpretação, que tornar-se-ia dominante e resistente a diferentes transformações na organização política das sociedades no mundo ocidental.

De acordo com ROGOW e LASSWELL (1963), a tese de que o poder corrompe surgiu no pensamento político ocidental, como parte de uma concepção cristã da natureza humana. O cristianismo alimentou a ideia de que o ser humano é falho e ambicioso e, por conseguinte, propenso ao pecado e à desobediência das leis. Cultivou-se, assim, a percepção de que os governantes em particular e as pessoas comuns em geral valorizam, acima de tudo, o poder e a riqueza e farão tudo o que estiver ao seu alcance para maximizar o seu poder e alcançar os seus interesses. N'*A Cidade de Deus*³, Agostinho de Hipona assume que a concupiscência do poder acompanha inevitavelmente a vida política na cidade terrena. O teólogo recorreu à lenda de Rómulo e Remo para conceber e expor a sua visão pessimista da natureza humana. Para este pensador e mentor do cristianismo, na procura do poder e no seu exercício, o ser humano é capaz de tudo, da corrupção até ao assassínio e fratricídio. Oito séculos mais tarde, Tomás de Aquino concluía, respeitando os mesmos pressupostos, que o poder dos homens só é virtuoso quando subjugado à palavra de Deus e aos ensinamentos da Igreja. No pensamento deste escolástico, a lei dos homens só é honesta quando em consonância com a lei eterna e natural. Só a lei natural e a lei divina têm como finalidade tornar o homem absolutamente bom; a lei dos homens produz apenas uma bondade relativa.

No final da Idade Média, o preconceito do cristianismo quanto à natureza humana tornou-se numa doutrina amplamente aceite no pensamento político ocidental. Mais tarde, durante o período de supremacia papal e da emergência do absolutismo, as discussões filosóficas entre a natureza humana e a ordem política mudaram de tom. Os pensadores do Estado soberano, entre os quais Maquiavel, Bodin e Hobbes, continuam a partilhar a mesma concepção pessimista da natureza humana: o homem é um ser vil, agressivo, egoísta e ambicioso, procurando satisfazer os seus interesses e paixões a qualquer custo. Ao contrário dos pensadores do cristianismo, a natureza humana e a sua relação com a qualidade da pólis não é interpretada sob um viés metafísico: uma Cidade de Deus, marcada por homens virtuosos dedicados às verdades eternas, versus uma Cidade dos Homens, marcada por pessoas corruptas, dedicadas aos prazeres efémeros. A ambição e o desejo pelo poder são entendidos como elementos fundamentais à

---

³ HIPONA, Agostinho de, *De Civitate Dei contra Paganos*, 426 d. C.

motivação política e à necessidade de um Estado soberano. Para estes renascentistas, o estado de natureza, isto é, a vida humana fora da pólis é uma situação de conflito permanente «de todos contra todos», como alvitrara Hobbes. A razão de ser do Estado soberano é a debilidade moral e a insuficiência ética dos indivíduos, desprovidos de autocontenção e incapazes de se proteger em relação à ambição e prepotência de terceiros. Por outras palavras, o Estado e o poder não são uma emanação divina, mas uma resposta terrena e racional à essência perversa da natureza humana. O poder é tido como necessário e imprescindível para a ordem social. Não deixa de ser paradoxal que o mesmo homem mau, ambicioso, ingrato, volúvel e ávido, autor de actos desumanos e comportamentos eticamente reprováveis seja igualmente capaz de prover uma organização política, assente em regras e instituições, que garantem a sua sobrevivência, emancipação, convívio e realização em sociedade.

A ideia de que pode haver um bom príncipe – entenda-se, um bom governo, não obstante a perversidade da natureza humana – ou, por outras palavras, a tese de o poder corromper e, portanto, dever ser constrangido está na base da teoria de separação de poderes – que surgiria mais tarde nos finais do século XVIII, com as duas revoluções emancipatórias, a americana e a francesa – e sob a qual assenta o modelo de democracia representativa liberal-constitucional. Na perspectiva de ROGOW e LASSWELL (1963, pp. 5-18), este princípio, que foi sendo desenvolvido ao longo do tempo sob a influência de vários autores, como Calvino[4], James Harrington[5], Locke[6], Montesquieu[7], e das Cartas Coloniais de Rhode Island, Connecticut e da baía de Massachusetts, de finais do século XVII, foi particularmente influente na organização política dos Estados

---

[4] CALVIN, John, *Institutes of the Christian Religion*, [s.l.], [s.n.], 1536.
[5] HARRINGTON, James, *The Commonwealth of Oceana*, [s.l.], [s.n.], 1656.
[6] LOCKE, John, *Two Treatises of Government*, [s.l.], [s.n.], 1689.
[7] MONTESQUIEU, Baron de, *De l'esprit des lois*, [s.l.], [s.n.], 1748.

Unidos da América (EUA), sobretudo nos desenvolvimentos institucionais que se deram com a massificação política na transição do século XIX para o século XX.

Como denotam Rogow e Lasswell, o impacto deste axioma vai além da simples percepção da política e das consequências que daí possam advir para a cidadania; a tese «o poder corrompe» tem consequências palpáveis na organização da vida política nas sociedades modernas. Este postulado está na base de toda uma doutrina constitucional de separação de poderes, cujos resultados práticos não se traduziram sempre em ganhos de integridade e responsabilização, bem pelo contrário. Os autores alegam que nos EUA a doutrina de separação de poderes gerou conflitos de competências entre órgãos de poder e uma fraca institucionalização do sistema de partidos, com perdas na formulação de políticas públicas e na responsabilização dos decisores (ROGOW e LASSWELL, 1963, pp. 18-19).

A tese de Lorde Acton de que «o poder tende a corromper e o poder absoluto corrompe absolutamente» instituiu-se na teoria de separação de poderes e expandiu-se globalmente, através das sucessivas vagas de democratização. Hoje, existe um consenso alargado em torno deste axioma, quer no plano doméstico, quer no plano internacional. Como refere o historiador Rui Tavares[8], a expressão tem hoje grande aceitação na opinião pública e nas classes políticas da maioria das democracias avançadas, mas tem feito mais mal do que bem: primeiro, porque coloca tudo no mesmo plano e, portanto, exprime uma percepção redutora da organização política e do seu propósito, assente num pessimismo dogmático da natureza

---

[8] TAVARES, Rui, Venezuela: o poder corrompe ou o poder revela? O que faltará então é fazer a pergunta: e se o poder revelar a corrupção que já existia antes?, *Público* [Opinião], 31/7/2017. Disponível em: https://www.publico.pt/2017/07/31/mundo/noticia/venezuela-o-poder-corrompe-ou-o-poder--revela-1780829 [consultado em 18 de Agosto de 2017].

humana; segundo, se a percepção dominante é a de que o poder acaba sempre por corromper todos os que dele se aproximam, mesmo os bem-intencionados, isto não só conduzirá a um empobrecimento das fontes de recrutamento e renovação das elites políticas, como levará também a uma oligarquização e perpetuação de um conjunto reduzido de actores no poder (e não necessariamente os mais capazes ou íntegros), reforçando a imagem negativa da política.

Não obstante a ideia de que «o poder corrompe» ser desajustada para descrever a complexidade da realidade política actual, a relação poder-corrupção é central à compreensão do fenómeno e das medidas e arranjos institucionais postos em prática para suprimir o risco de o poder resultar em corrupção. Independentemente de a corrupção ser entendida em sentido estrito, como o abuso de autoridade delegada para benefício próprio ou de terceiros, ou a degradação de padrões de ética política em sentido lato, estamos perante um fenómeno que tem origem, se desenvolve e matiza num contexto de exercício de poder. Importa, por isso, compreender como se estrutura e manifesta a corrupção enquanto poder.

2. Sobre a corrupção enquanto poder

Independentemente dos actores que possam estar envolvidos, das transacções que possam ocorrer, dos montantes que possam ser oferecidos ou solicitados e das decisões que possam ser transaccionadas, a corrupção é um fenómeno de poder.

O poder, isto é, a capacidade de influenciar o comportamento de outros, tem evoluído ao longo dos tempos e manifesta-se de forma diferente de acordo com o nível de complexidade de organização das sociedades. É claro que o poder de um cidadão comum não é semelhante ao poder investido por um ministro; porém, a relação que o primeiro estabelece com a administração não deixa de ser uma relação de poder só porque os seus recursos são menos ostensíveis.

A literatura descreve de forma bastante exaustiva diferentes manifestações de corrupção que resultam do modo como o poder se estrutura e é exercido em sociedade (DE SOUSA, 2011).

Há formas de corrupção que resultam do poder de tomar decisões sobre a atribuição/distribuição de recursos, bens, benefícios e serviços públicos. Este tipo de corrupção está intrinsecamente relacionado com a contratação pública.

Há corrupção que resulta do poder de impor regulamentos e licenças para o desenvolvimento de variadíssimas actividades económicas. Neste tipo de corrupção, sobressaem mormente as ocorrências no domínio do urbanismo (nas fases de planeamento e licenciamento), em que a intervenção reguladora do poder político tem um impacto dramático no valor de mercado dos bens imobiliários transaccionáveis. A corrupção deriva, por vezes, de uma regulação inapropriada do mercado, com normas extremamente complexas e repletas de alçapões.

Há uma corrupção que resulta do poder de supervisão ou disciplinar. Neste tipo de corrupção sobressaem, por exemplo, as actividades de fiscalização na administração fiscal ou no sector do urbanismo. O conluio entre fiscalizadores e fiscalizados lesa os recursos e autoridade do Estado.

Há uma corrupção que resulta do poder legislativo originário ou delegado, quando os deputados ou membros do governo desenvolvem ou encomendam projectos e propostas de lei no sentido de beneficiar ou proteger interesses muito específicos dos quais estão reféns, sendo compensados pela sua diligência e serviço por meio da oferta ou promessa de vantagens indevidas directas (comissões de representação, benesses, cargos nos corpos sociais, acções ao portador, etc.) e indirectas (promessa de emprego após termo de funções, emprego para familiares, financiamentos de campanha angariados para o partido, etc.).

Há também uma corrupção que resulta do poder de promoção de causas, em que os corruptores procuram suprimir obstáculos ou afastar desafios aos seus interesses, através do controlo da agenda política e sentido do debate público sobre um determinado negócio do Estado do qual são parte interessada. É, portanto, redutor o entendimento que muitas das vezes se faz da corrupção como um crime que só tem efectividade quando se trata da compra de poder decisório/executivo. Uma das mais antigas definições da corrupção, enquanto abuso de funções, no mundo ocidental, foi instituída pelo parlamento britânico em 1695 e diz respeito ao poder de promoção imperativa (isto é, comprada), por parte dos deputados, de causas que recaiam nas competências do parlamento ou que possam ser objecto de apreciação parlamentar[9].

As instâncias que acabámos de descrever associam a corrupção à finalidade do poder e não à sua natureza, portanto, não nos permitem compreender o fenómeno como uma manifestação de poder *per se*. Se a corrupção, como refere SCOTT (1972, p. 2), pode ser entendida como um sistema político informal, então o seu exercício traduz uma relação de poder, isto é, a corrupção permite impor a vontade própria do agente ou de terceiros por ele representados sobre os interesses e legítimas pretensões dos outorgantes do poder e transferir os custos de prossecução desses interesses para o público em geral. Neste sentido, a tipologia de poder proposta por GALBRAITH (2007) permite-nos ir mais além, procurando compreender a corrupção enquanto poder.

---

[9] «The offer of any money, or other advantage, to a Member of Parliament, for the promoting of any matter whatsoever, depending, or to be transacted, in Parliament, is a high crime and misdemeanor[...]» (*Commons Journal* 1693--97, p. 311).

Na sua obra *A Anatomia do Poder* (2007), GALBRAITH identifica três tipos de poder, com instrumentos de exercício próprios:

- o *poder condigno*, em que A consegue a submissão de B mediante coacção, ameaça ou imposição de castigo físico;
- o *poder compensatório*, em que A consegue a submissão de B mediante oferta ou promessa de uma gratificação ou recompensa que justifique o abandono dos objectivos de B;
- o *poder condicionado*, em que A consegue a submissão de B através de uma mudança de valores e convicções. A persuasão, a educação e o compromisso social faz que a submissão pareça normal, apropriada, correcta e expectável.

Estes três tipos de poder podem ser exercidos de forma legítima ou ilegítima. Quando o poder é exercido de forma abusiva para benefício próprio ou de terceiros, estamos perante uma instância de corrupção. Deste modo, aos três instrumentos de exercício do poder propostos por Galbraith correspondem três tipos de corrupção que pervertem a sua legitimidade.

Ao poder condigno não consentido corresponde uma *corrupção predadora*, que é característica de contextos de mau desempenho institucional, fraco *éthos* público, e baixa confiança interpessoal e institucional, em que A impõe os termos da troca a B e transfere os custos da transacção directamente para B, que terá de pagar para aceder a um bem de natureza decisória a que tem ou não direito, mas que seguramente lhe é necessário e, de forma difusa, em termos reputacionais e financeiros, aos cidadãos em geral. Esta transacção ilícita desnivelada resulta no exercício de um poder factual condigno, na medida em que a necessidade faz que o cidadão ou empresário fique à mercê da arbitrariedade do decisor e não esteja em condições de regatear os termos da troca.

Já à perversão do poder compensatório – isto é, o pagamento de uma recompensa pela submissão aos objectivos económicos ou pessoais de outrém – corresponde uma *corrupção de mercado*, em que A negoceia os termos da troca com B, com o intuito de obter, para si ou para terceiros, um bem de natureza decisória, na maioria das vezes recorrendo a um intermediário (*broker*). O mediador ou *broker* tem como função recolher informação de ambas as partes da transacção e reduzir, deste modo, os custos inerentes à abordagem directa. O mediador procura, através da gestão de informação privilegiada sobre o comprador e o vendedor, fazer corresponder preferências e objectivos. Uma vez que a corrupção ocorre num contexto de incerteza e imprevisibilidade de resultados, com custos morais e legais associados, as normas de reciprocidade entre as partes contratantes são essenciais à sua efectivação. Também deste ponto de vista, a mediação pode ajudar a estabalecer uma relação de confiança estratégica entre o actor activo e passivo da transacção (DELLA PORTA e VANNUCCI, 1999).

Em ambos os casos, trata-se de um comportamento desviante que implica o abuso das prerrogativas associadas a um determinado cargo de autoridade delegada para benefício de interesses privados, sendo os custos financeiros e reputacionais da transacção transferidos para os cidadãos em geral. Tanto o corrupto como o corruptor estão conscientes da natureza ilícita da troca, embora na corrupção predadora o cidadão//empresário seja «compelido» por necessidade e na corrupção de mercado haja um entendimento de ganho mútuo.

Em contrapartida, o poder condicionado, como refere GALBRAITH, está assente na troca de convicções. Isto é, a submissão de B à vontade de A resulta de «um compromisso social com o que parece natural, apropriado ou certo» (2007, p. 22). A centralidade deste poder para o funcionamento da economia e da política nas sociedades contemporâneas faz que a sua perversão também seja a mais dissimulada e gravosa. Ao poder condicionado não consentido corresponde uma corrupção que se desenvolve sob uma aura de legalidade, ao longo do tempo, mediante a colusão de interesses públicos e privados, atentatória dos princípios de transparência, responsabilidade, equidade e integridade, sobre os quais se erguem a democracia e o Estado de direito.

Nem sempre estas práticas resultam num benefício imediato e directo para o corrupto ou quem corrompe e raramente são susceptíveis de condenação nos tribunais. Trata-se de uma *corrupção legal* (KAUFMANN e VICENTE, 2011) ou *institucional* (THOMPSON, 2013; LESSIG, 2013; LIGHT, 2013; NEWHOUSE, 2014), ou, brevemente, de uma corrupção menos centrada na troca ilícita ou em comportamentos venais individuais e mais ligada à manipulação de regras e instituições e à instrumentalização dos valores que lhes dão corpo.

Como refere GALBRAITH, «o auto-enriquecimento pode ser escondido por detrás de um grande serviço comunitário, uma intenção política sórdida, por detrás de uma apaixonada afirmação de devoção ao bem público» (2007, p. 28). A corrupção legal é travestida de compromisso social, de imperativo de desenvolvimento, o que ajuda à sua aceitação pública e à subjugação do interesse público à vontade do decisor e dos interesses privados que representa. A submissão exprime uma convicção da parte do cidadão pela escolha política traçada, sem ter em conta os custos reputacionais ou de sustentabilidade financeira e equidade intergeracional que daí possam advir.

No passado, a corrupção era vista como o produto de uma pressão ou incitamento financeiro ilícito por parte dos actores de mercado e indivíduos sobre os agentes públicos, com o intuito de distorcer ou manipular, a seu favor, os procedimentos burocráticos e processos de decisão. Hoje, a corrupção que choca a opinião pública e que prejudica a imagem e reputação de honestidade e eficiência das instituições públicas resulta sobretudo de uma série de estratégias de poder, por parte de determinados agentes económicos – com a protecção ou conivência política necessária –, que visam a captura dos mecanismos institucionais de decisão, com o objectivo último de criar regimes fiscais e de regulamentação favoráveis e de assegurar rendas públicas estáveis, através da manipulação das políticas públicas e da regulação do mercado para benefício próprio, passando os custos e riscos morais desses negócios ou decisões para o contribuinte.

A corrupção dos nossos dias está associada a um declínio da ética nas sociedades democráticas (JOHNSTON, 1996), tirando legitimidade ao poder político, enfraquecendo a responsabilidade e confiança públicas, e permitindo que certos membros da sociedade tenham um acesso privilegiado e, por vezes, obscuro aos bens públicos e decisões.

A corrupção legal ou institucional torna disfuncional a eficácia e legitimidade popular dos governos, a dois níveis:

– por um lado, retira a confiança necessária ao normal funcionamento das instituições representativas, alimentando a percepção de que os governos estão reféns de grupos económicos influentes;
– por outro, reduz a capacidade de resposta do sistema político às necessidades existentes, porque cria rendas injustificáveis e aumenta o custo das obras e serviços públicos, o que acresce à despesa pública e, por conseguinte, implica uma maior carga fiscal sobre os cidadãos e as empresas.

O principal problema da corrupção institucional não é apenas o facto de esta ser geradora de má despesa pública, sem mérito, sem planeamento, sem um efeito multiplicador na economia e sem respeitar os princípios de sustentabilidade e equidade intergeracional; mas o facto de a maioria dessas decisões decorrer de uma forma legal, não susceptível de incriminação por dolo ou má gestão. Se a justiça é pouco eficaz no combate a este tipo de corrupção, os mecanismos de responsabilização política também não se fazem sentir, ou porque os cidadãos beneficiam directamente dessas decisões ou porque simplesmente desconhecem quando, como, por quem e porquê essas decisões foram tomadas. A assimetria de informação entre o decisor e o eleitor limita a prestação de contas e a responsabilização pelo voto. Quando o impacto destas decisões se faz sentir na carteira dos contribuintes, já os responsáveis políticos por estas decisões estarão fora do exercício de funções e, provavelmente, gozando dos benefícios ou cargos angariados no sector privado que outrora tutelaram ou com os quais mantiveram relações de negócio.

Estes diferentes tipos de corrupção não suscitam o mesmo nível de condenação em sociedade. Até do ponto de vista penal, existem diferenciações de grau que são tidas em conta na avaliação de factos e eventual punição dos infractores (DE SOUSA, 2002). Tanto a *corrupção predadora* como a *corrupção de mercado* são explícitas e orientadas para a satisfação das vontades, interesses e necessidades dos envolvidos. As partes estão conscientes do seu envolvimento e estão predispostas a celebrar um pacto ilícito se os ganhos marginais superarem os custos marginais que lhe estão associados. Já a *corrupção legal* é implícita, com uma culpabilização difusa associada ao funcionamento do sistema político: não há ilegalidade que possa ser sancionada, apenas uma subversão do sentido de veracidade e legalidade do Estado, nas suas várias capacidades de intervenção (decisória, legislativa e regulatória), para benefício de interesses privados. Tal como o poder condicionado, a *corrupção legal* não é notável por ser regulada pela lei, mas por ser protegida pela lei nas democracias avançadas (GALBRAITH, 2007, p. 113).

3. Mais democracia implica menos corrupção?

A democracia é tida como um antídoto à corrupção do poder. Em teoria, a existência de instituições políticas democráticas reduz a incidência da corrupção devido a uma série de factores interligados:

- as democracias produzem melhores resultados numa série de políticas públicas vitais para o bem-estar dos cidadãos, tais como a educação, saúde, previdência social, reduzindo assim a necessidade de estes procurarem ter acesso a esses bens de natureza decisória através de expedientes ilícitos ou impróprios (OLSON, 1993);
- as democracias dispõem de múltiplos mecanismos institucionais que constrangem o poder e actuam no sentido de reduzir o abuso e a arbitrariedade por parte dos detentores de cargos públicos e electivos e, por conseguinte, os riscos de incidência e propagação desenfreada e predatória da corrupção (SCHEDLER, DIAMOND e PLATTNER, 1999);
- as democracias exibem níveis mais elevados de controlo da actuação do executivo e dos negócios do Estado por parte de uma comunicação social plural, criando assim um contexto de vigilância e pressão colectiva que ajuda a expor casos de venalidade e a consolidar padrões éticos na vida pública (MÜLLER, 2014);
- as democracias apresentam níveis mais elevados de capital social, o que significa que as suas sociedades estão mais alertas e são mais conhecedoras do modo como o poder deve ser exercido e, por conseguinte, menos tolerantes à corrupção (PUTNAM, LEONARDI e NANETTI, 1993; FUKUYAMA, 1999).

Na prática, democracias que apresentam sistematicamente baixos níveis de desenvolvimento económico, níveis expressivos de desigualdade e um fraco desempenho institucional tendem a estar associadas a níveis mais elevados de corrupção (percepcionada) e vice-versa (ADES e DI TELLA, 1997; GUPTA, DAVOODI e ALONSO-TERME, 2002; YOU e KHAGRAM, 2004). Quando as instituições não provêem os bens e serviços necessários para o bem-estar dos cidadãos e o quadro de valores sobre o qual se edificam é fluido, estes encontram formas alternativas de superar os vários obstáculos burocráticos que se lhes levantam à efectivação dos seus direitos e satisfação das suas necessidades, mediante expedientes informais ou até ilegais. Neste contexto, o político que «rouba mas faz» torna-se aceitável aos olhos da opinião pública. À probabilidade de uma justiça pouco eficaz na detecção e sanção destas ocorrências, associa-se uma fraca responsabilização eleitoral (CHANG e KERR, 2009; DE SOUSA e MORICONI, 2013).

Embora determinadas formas de corrupção só tenham significado num sistema concorrencial de poder e numa separação formal da esfera pública e privada – como o financiamento ilícito de campanhas ou a prática de «portas giratórias»[10] –, a democracia oferece uma série de mecanismos, equilíbrios institucionais e garantias constitucionais que permitem assegurar, a longo prazo, uma melhor qualidade da governança. Embora a literatura seja pouco conclusiva quanto ao papel que a democracia possa ter na redução da incidência e extensão da corrupção, as análises multivariadas de dados parecem sugerir que os níveis de maior consolidação democrática tendem a estar associados a níveis mais baixos de corrupção (percepcionada) (SANDHOLTZ e KOETZLE, 2000; BLAKE e MARTIN, 2002).

---

[10] Prática de circulação de elites entre o sector público e privado geradoras de riscos de captura política, legislativa e regulatória por parte de determinados interesses privados, em detrimento do interesse público e da livre concorrência do mercado. Por exemplo, a saída de um político para um cargo de direcção numa empresa de um sector que tutelou ou sobre o qual legislou.

À guisa de conclusão, a democracia não é apenas um conjunto de actores, processos e instituições, mas também um arquétipo de valores que convém preservar e enaltecer para bem da relação de confiança dos cidadãos nas instâncias de poder. Compreender o fenómeno da corrupção, para melhor prover políticas públicas que possam dirimir as suas causas e mecanismos, é um imperativo ético que se impõe a qualquer governo democrático.

Referências e leituras recomendadas

ADES, Alberto e DI TELLA, Rafael, National Champions and Corruption: Some Unpleasant Interventionist Arithmetic, *The Economic Journal* 107, 1997: pp. 1023-1042.

BECQUART-LECLERCQ, Jeanne, Paradoxes de la corruption politique, *Pouvoirs* 31, 1984: pp. 19-36.

BLAKE, Charles H. e MARTIN, Christopher G., «Combating Corruption: Reexamining the Role of Democracy», apresentado no encontro anual da Midwest Political Science Association, Chicago, 25-28 de Abril de 2002.

CHANG, Eric e KERR, Nicholas, «Do Voters Have Different Attitudes toward Corruption? The Sources and Implications of Popular Perceptions and Tolerance of Political Corruption», apresentado no encontro anual da American Political Science Association, Toronto, 3-6 de Setembro de 2009. Disponível em: https://www.files.ethz.ch/isn/110435/AfropaperNo116.pdf.

DELLA PORTA, Donatella e VANNUCCI, Alberto, *Corrupt Exchanges: Actors, Resources, and Mechanisms of Political Corruption*, Nova Iorque, Aldine de Gruyter, 1999.

DE SOUSA, Luís, Hard responses to corruption: Penal standards and the repression of corruption in Britain, France and Portugal, *Crime, Law and Social Change* 38, 2002: pp. 267-294.

DE SOUSA, Luís, *Corrupção*, Lisboa, Fundação Francisco Manuel dos Santos, 2011.

DE SOUSA, Luís e MORICONI, Marcelo, Why voters do not throw the rascals out? – A conceptual framework for analysing electoral punishment of corruption, *Crime, Law and Social Change* 60, 2013: pp. 471-502.

DE SOUSA, Luís e TRIÃES, João, *Corrupção e os Portugueses: Atitudes, Práticas e Valores*, Lisboa, RCP Edições, 2008.

FUKUYAMA, Francis, «Social Capital and Civil Society», preparado para apresentação na Conference on Second Generation Reforms do FMI, 1999. Disponível em: http://www.imf.org/external/pubs/ft/seminar/1999/reforms/fukuyama.htm [consultado em 13 de Setembro de 2017].

GALBRAITH, John Kenneth, *A Anatomia do Poder*, Lisboa, Edições 70, 2007 [1983].

GUPTA, Sanjeev; DAVOODI, Hamid R. e ALONSO-TERME, Rosa, Does Corruption Affect Income Inequality and Poverty?, *Economics of Governance* 3, 2002: pp. 23-45.

JOHNSTON, Michael, The Search for Definitions: The Vitality of Politics and the Issue of Corruption, *International Social Science Journal* 48, 1996: pp. 321-335.

KAUFMANN, D. e VICENTE, P. C., Legal Corruption, *Economics and Politics* 23, 2011: pp. 195-219.

LESSIG, L., Foreword: «Institutional Corruption» Defined, *The Journal of Law, Medicine & Ethics* 41, 2013: pp. 553-555.

LIGHT, D. W., Strengthening the Theory of Institutional Corruptions: Broadening, Clarifying, and Measuring, *Edmond J. Safra Research Lab Working Papers* 2, 2013: pp. 1-24.

MÜLLER, Lisa, *Comparing Mass Media in Established Democracies: Patterns of Media Performance*, Londres, Palgrave MacMillan, 2014.

NEWHOUSE, M. E., Institutional Corruption: A Fiduciary Theory, *Cornell Journal of Law and Public Policy* 23, 2014: pp. 553-594.

Rogow, Arnold A. e Lasswell, Harold D., *Power, Corruption and Rectitude*, Englewood Cliffs: Nova Jérsia, Prentice Hall, 1963.

Olson, Mancur, Dictatorship, Democracy, and Development, *The American Political Science Review* 87, 1993: pp. 567-576.

Putnam, Robert; Leonardi, Robert e Nanetti, Raffaella, *Making Democracy Work: Civic Traditions in Modern Italy*, Princeton: Nova Jérsia, Princeton University Press, 1993.

Sandholtz, Wayne e Koetzle, William, Accounting for Corruption: Economic Structure, Democracy, and Trade, *International Studies Quarterly* 44, 2000: pp. 31-50.

Schedler, Andreas; Diamond, Larry e Plattner, Marc (org.), *The Self-Restraining State: Power and Accountability in New Democracies*, Boulder: Colorado, Lynne Rienner Publishers, 1999.

Scott, James C., *Comparative Political Corruption*, Nova Jérsia, Prentice Hall, 1972.

Strauss, Leo, *Natural Right and History*, Chicago, University of Chicago Press, 1953.

Thompson, D. F., Two Concepts of Corruption, *Edmond J. Safra Research Lab Working Papers* 16, 2013: pp. 1-24.

You, Jong-Sung e Khagram, Sanjeev, Inequality and Corruption, *John F. Kennedy School of Government Faculty Research Working Papers*, Cambridge: Massachusetts, Harvard University, 2004.

Ética dos partidos políticos e sistemas partidários

Carlos Jalali

Departamento de Ciências Sociais, Políticas e do Território
e GOVCOPP da Universidade de Aveiro

A ética dos partidos e sistemas partidários é uma área directamente pouco estudada. Uma pesquisa pela combinação dos termos «ética» e «partidos políticos» em bases de dados de publicações científicas redunda num número muito reduzido de resultados. A Scopus identifica apenas quatro publicações sobre partidos políticos (tanto no plural como no singular: *political party/parties*) e ética nas suas palavras-chave; e a Web of Science acrescenta apenas duas referências adicionais com estas palavras-chave. Mais perto da nossa realidade, a base de dados SciELO identifica cinco referências com a combinação de «partidos» e «ética». No caso dos sistemas partidários e ética, os resultados são ainda mais diminutos: dois artigos na Scopus, outro na Web of Science e nenhum na SciELO.

Este número reduzido transparece a parca reflexão sobre o tema específico da ética dos partidos e sistemas partidários. O contraste com outras áreas ou organizações e instituições não poderia ser maior, com milhares de documentos sobre ética e universidades, ética e negócios, ética e hospitais, entre muitos outros; e contrasta também com a atenção dada na ciência política à ética em arenas específicas (por exemplo, nas relações internacionais, actividade parlamentar, entre outras). Contudo, e como procuraremos demonstrar neste capítulo, esta escassa atenção à ética dos partidos e sistemas partidários subestima a importância do tema e a sua relevância para o funcionamento das democracias contemporâneas.

O capítulo estrutura-se em cinco secções. Começamos por apresentar a relação entre democracia e ética sob o prisma da relação principal-agente. De seguida, na segunda secção, exploramos o papel dos partidos e sistemas partidários nesta relação. Nas secções seguintes, examinamos três áreas em que a dimensão ética dos partidos e sistemas partidários é particularmente relevante – o financiamento partidário; a selecção de decisores políticos; e a cartelização dos partidos e sistemas partidários –, antes de concluirmos com uma reflexão sobre a dimensão ética dos partidos.

1. Democracia, Delegação e Ética

Os regimes democráticos contemporâneos são tipicamente democracias representativas. Nestas, ocorre um processo de *delegação*: os cidadãos delegam a tarefa de governar nos seus representantes eleitos, que detêm a autoridade e responsabilidade do processo decisório.

Esta delegação na democracia representativa reflecte uma relação de principal-agente. Em termos abstractos, este tipo de relação pressupõe a selecção, por parte do principal, de um agente, que deve agir em prol do principal. Recuperando a definição original de Jensen e Meckling (1976, p. 308), a relação de principal-agente é assim «um contrato sob o qual uma ou mais pessoas (o[s] principal[is]) empregam uma outra pessoa (agente) para executar em seu nome um serviço que implique a delegação de algum poder de decisão ao agente». No contexto democrático, os cidadãos são o principal, delegando poder decisório e autoridade sobre as políticas públicas aos seus agentes, os eleitos.

Contudo, como a literatura tem amplamente explorado, a relação principal-agente gera uma tensão entre estes dois actores, suscitando o «dilema de agência». Este dilema deriva da assimetria de informação entre o principal e o agente, com o primeiro a não deter informação completa e perfeita das acções e natureza do segundo. O agente tem assim incentivos para assumir comportamentos que não maximizam os interesses do principal.

Podemos ilustrar este dilema de agência recorrendo a um exemplo clássico de uma relação principal-agente, apresentado por PRZEWORSKI (1999, p. 20). Imagine que o proprietário de um carro leva o seu veículo a um mecânico devido a ruídos estranhos que este está a emitir. O mecânico conserta o carro e cobra ao proprietário um determinado valor, com base nas peças e tempo despendidos na reparação. O dilema de agência emerge do facto de o proprietário do carro não ter grande forma de avaliar a validade desta factura, devido à assimetria de informação nesta relação. Enquanto proprietário normal de um carro, não tem as competências técnicas para avaliar o trabalho do mecânico; e tampouco o observou para poder aferir o tempo efectivamente gasto para a reparação. Como conclui Przeworski, o proprietário do carro contrata o mecânico esperando que as acções deste último tenham em conta os melhores interesses do primeiro. Contudo, o que influencia o comportamento do mecânico «não é a relação contratual formal, mas antes o facto de este ter interesses próprios e, assim, poder não agir no melhor interesse» do proprietário (PRZEWORSKI, 1999, p. 20).

Em concreto, existem dois subtipos de problema na relação principal-agente: o risco moral e a selecção adversa. O primeiro deriva de o principal não deter informação completa e perfeita sobre as acções do agente, podendo este agir de formas que maximizam o seu próprio interesse e não o do principal (por exemplo, o mecânico que cobra cinco horas de trabalho, quando na realidade apenas trabalhou duas)[1]. O segundo deriva de o principal não deter informação completa e perfeita sobre a natureza do agente. Ao seleccionar um mecânico, o proprietário do carro não consegue avaliar o grau de competência do mecânico. Escolher um mecânico menos competente é prejudicial aos interesses do principal. Porém, também não será do interesse de um mecânico incompetente publicitar esse facto ao dono do carro antes de iniciar a relação de reparação[2].

Como resolver este dilema de agência? O grosso da investigação científica nas mais diferentes áreas (gestão, economia, ciência política, medicina, entre muitas outras) tem focado as dimensões institucionais: o desenho de regras, formais e informais, que visam alinhar os interesses dos agentes com os principais, tanto *ex ante* como *ex post* à acção do agente. Contudo, as soluções institucionais não resolvem por completo os problemas de principal-agente. Como o novo institucionalismo tem identificado, as instituições não determinam resultados. Servem antes como constrangimentos e incentivos sobre o comportamento dos actores, tendo estes latitude de agência dentro destes constrangimentos contextuais (DIERMEIER e KREHBIEL, 2003). Além disso, estas soluções institucionais geram custos de transacção adicionais, reduzindo os ganhos colectivos da relação principal-agente.

---

[1] Para a etimologia do termo, ver BAKER (1996).

[2] Ver também a análise de AKERLOF (1970), usando como exemplo o mercado de carros em segunda mão.

O comportamento ético[3] é uma solução mais barata e eficiente para resolver os problemas de agência (QUINN e JONES, 1995). Como referem estes autores, «se todos praticarmos contenção moral em relação [...] aos dilemas de agência, gerar-se-ão ganhos de bem-estar para a sociedade» («if we all practice moral restraint regarding [...] agency problems, welfare gains to society will follow»), evitando quer o custo do dilema de agência (risco moral e selecção adversa), quer os custos de transacção que os mecanismos que procuram minimizar esse dilema acarretam (QUINN e JONES, 1995, p. 25).

2. Partidos, Sistemas Partidários e Delegação

Como vimos acima, a democracia representativa constitui uma relação de principal-agente. Através do voto, os cidadãos delegam poder decisório em representantes eleitos. A realização de eleições regulares permite aos cidadãos (principal) recompensar ou punir os seus agentes (representantes), votando ou não nestes.

Tanto os partidos como os sistemas partidários detêm um papel importante nesta relação. No caso dos partidos, eles são agentes colectivos dos eleitores, com a escolha política largamente mediada através dos partidos nas democracias consolidadas. Nalguns casos, essa mediação é definida formalmente.

---

[3] O conceito de «ética» é amplo, com uma diversidade considerável em termos definicionais, que, por sua vez, reflectem diferentes concepções normativas. A título de exemplo, a *Stanford Encyclopedia of Philosophy* apresenta várias dezenas de entradas sobre diferentes conceptualizações da ética. Neste capítulo, utilizamos o conceito de comportamento ético em termos de uma conduta moralmente adequada e responsável. Esta definição enquadra-se naquilo que QUINN e JONES (1995, p. 23) caracterizam como «ética não instrumental» («noninstrumental ethics»), com os valores da moralidade a serem intrinsecamente valorizados.

Um exemplo disso é Portugal, com a Constituição a atribuir o monopólio da representação parlamentar aos partidos, no seu artigo 151.º: «As candidaturas [à Assembleia da República] são apresentadas, nos termos da lei, pelos partidos políticos, isoladamente ou em coligação.» Noutros casos, esse papel dos partidos decorre de práticas institucionalizadas, como no Reino Unido. Aí, as candidaturas aos mandatos parlamentares são formalmente individuais. Contudo, a generalidade dos candidatos – e a virtual totalidade dos eleitos – surge vinculada a partidos políticos.

Globalmente, então, os partidos são o veículo organizacional da delegação, servindo como uma «ponte» que liga os cidadãos à governação. Tal ajuda a compreender a expressão citada amiúde que «sem partidos não é possível ter democracia» – ou, pelo menos, democracia representativa.

Em termos mais específicos, podemos identificar três papéis dos partidos na relação democrática de principal-agente. Em primeiro lugar, estabelecem os pacotes de políticas públicas – programas políticos – entre os quais os cidadãos podem escolher nas eleições. Segundo, são os partidos que definem os candidatos a cargos políticos, eleitos (directa ou indirectamente) a partir das escolhas dos eleitores. E, por fim, é através dos partidos que os eleitores podem recompensar ou sancionar estes agentes individuais.

Os sistemas partidários diferem dos partidos, sendo constituídos pelas interacções interpartidárias (SARTORI, 1976, pp. 43-44). Estas podem assumir duas formas. Por um lado, a competição entre partidos; por outro, a sua cooperação. Como frisa WARE (1996, p. 7), os partidos interagem não só em termos de competição, mas também cooperando entre si – seja formalmente, seja de modo informal ou implícito.

No contexto da relação principal-agente, os sistemas partidários estruturam as escolhas dos eleitores no processo de delegação. Em particular, estabelecem quais os partidos, de entre os muitos que concorrem em eleições, que são *relevantes*, no sentido de influenciarem os processos decisórios (SARTORI, 1976, pp. 122-123). De igual modo, reflectem as interacções entre estes partidos: como competem e/ou cooperam uns com os outros.

Os sistemas partidários desempenham assim uma função análoga à dos partidos na escolha de agentes. Como vimos acima, estes últimos definem o conjunto de agentes individuais (candidatos) entre os quais os eleitores podem escolher. Os sistemas partidários desempenham essa função em relação aos partidos, em larga medida circunscrevendo o conjunto destes que os eleitores consideram escolhas plausíveis no momento de voto. A título de exemplo: em Janeiro de 2018, existem 22 partidos políticos registados no Tribunal Constitucional português. Contudo, a natureza do sistema partidário leva a que apenas cinco destes sejam geralmente considerados relevantes. O facto de existirem esses partidos que historicamente influenciam os processos decisórios, bem como as suas estratégias em termos de competição e cooperação, condiciona, em larga medida, as escolhas dos eleitores em eleições legislativas.

3. Partidos, Sistemas Partidários e Ética

As implicações éticas da análise anterior são substanciais. Como vimos, de uma forma geral as relações de principal--agente potencialmente geram problemas. O mesmo acontece no contexto específico da democracia representativa, com os interesses dos agentes – sejam estes colectivos, como os partidos, ou individuais, como os representantes – a poderem diferir dos interesses dos seus principais, os cidadãos.

A natureza das democracias representativas tem em conta estas implicações éticas, com a sua estrutura institucional a visar mitigar o dilema de agência. Recuperando o célebre aforismo de James MADISON (1788) no Federalista n.º 51, «Se fossem os anjos a governar os homens, não seriam necessários controlos externos nem internos sobre o governo». Em maior ou menor grau, todas as democracias introduzem mecanismos de controlo e prestação de contas (*accountability*[4]) não só verticais (de representantes perante eleitores) como também horizontais, entre órgãos políticos (por exemplo, a *accountability* e controlo dos executivos pelos parlamentos, ou ante presidentes em sistemas semipresidenciais, ou o papel de tribunais constitucionais, etc.). Estes mecanismos visam gerar controlos sobre os eleitos, de modo a reduzir as possibilidades que têm para se desviar dos interesses dos cidadãos. Como demonstram PERSSON, ROLAND e TABELLINI (1997), a separação de poderes, bem como os «freios e contrapesos» (*checks and balances*) que esta gera, pode reforçar os interesses dos cidadãos na relação de principal-agente, ao gerar mais *accountability* dos agentes e aumentar a informação disponível para os principais (por exemplo, reduzindo a capacidade dos agentes de encetarem «acções escondidas», que o principal não pode observar).

A própria existência dos partidos também ajuda a resolver parte do dilema de agência suscitado pela democracia representativa. Como referido na secção anterior, é através dos partidos que os eleitores podem recompensar ou sancionar os representantes individuais. Com efeito, estes nem sempre são responsabilizáveis pelos eleitores: um político pode simplesmente deixar de ser candidato numa eleição seguinte, tornando o voto, enquanto mecanismo de recompensa ou punição em democracia, aparentemente ineficiente.

---

[4] A palavra *accountability* reflecte várias dimensões complementares, como p. ex. prestação de contas; controlo; responsabilidade; responsabilização; e transparência. Dada a sua natureza polissémica, usamos – à semelhança da generalidade dos estudos – o termo no original. Para mais sobre a tradução deste termo, ver PINHO e SACRAMENTO (2009).

Todavia, estes representantes surgem vinculados a partidos políticos. Nesse quadro, o eleitor pode não ter a capacidade de punir ou recompensar o político individual que se retirou; mas pode fazê-lo em relação ao partido a que este pertence (MÜLLER, STRØM e BERGMAN, 2003, p. 19). Ao possibilitar a recompensa e punição dos representantes individuais mesmo quando estes já não são candidatos, a existência dos partidos mitiga o dilema de agência. Tal acontece porque os partidos permitem interacções repetidas entre principais e agentes. Numa interacção de principal-agente que ocorre uma única vez, o agente tem motivações muito reduzidas para se desviar do seu próprio interesse. Quando a relação é reiterada, o agente tem mais incentivos para se aproximar dos interesses do principal.

O exemplo do mecânico apresentado acima permite ilustrar os efeitos desta relação repetida. Imagine que o mecânico a que se leva o carro sabe que esta é a única vez que aquele dono do carro será cliente dele (por exemplo, porque o mecânico se irá reformar no dia seguinte). *Ceteris paribus*, esse mecânico terá substancialmente menos incentivos para se aproximar dos interesses do proprietário do carro do que um outro mecânico, que está a iniciar a sua oficina e espera poder tê-lo como cliente durante vários anos. No caso deste segundo mecânico, o principal pode recompensar um bom trabalho, regressando à oficina (e publicitando o seu bom serviço a outros); ou punir um mau trabalho, deixando de recorrer a este (e até persuadindo outros a fazerem o mesmo). No caso do primeiro, não tem a capacidade de o punir ou recompensar, dado que a relação não se poderá repetir. Da mesma forma, a própria existência de partidos é benéfica no processo de delegação, permitindo a *accountability* dos representantes individuais mesmo quando estes já não são candidatos.

Contudo, estas características institucionais não são, por si só, suficientes para assegurar o alinhamento entre os interesses dos cidadãos e os seus representantes. Retomando a ideia de Quinn e Jones acima citada, este alinhamento também depende dos comportamentos éticos dos partidos, quer internamente, quer na sua relação com as demais forças partidárias. Consideramos de seguida três dimensões em que estes comportamentos éticos são particularmente relevantes: no financiamento dos partidos; na selecção e controlo dos eleitos; e na cartelização dos partidos e sistemas partidários. Em todas estas, podemos notar uma dimensão comum: uma crescente pressão ética sobre os partidos e sistemas partidários que deriva das transformações de que têm sido alvo.

3.1. Financiamento partidário

Como vimos, os partidos têm um papel central no processo de representação, enquanto agentes colectivos dos cidadãos nos processos decisórios, servindo como ponte entre sociedade e governação. Esta centralidade dos partidos não pode ser dissociada de um tipo específico de partido, implicitamente visto como normativamente ideal – os partidos de massas. Estes são os partidos de representação por excelência, visando fundamentalmente organizar e representar os interesses de um determinado grupo social (trabalhadores, crentes, etc.). Apresentam um forte enraizamento social, com um peso importante dos militantes, e uma elevada estabilidade ideológica, centrada nos interesses do seu grupo social de apoio.

No entanto, a literatura tem amplamente demonstrado uma transformação dos partidos, desde pelo menos a década de 1960, assumindo estes um cariz mais eleitoralista. Os motivos e factores subjacentes a esta transformação são amplos: das mudanças sociais, que têm tornado as sociedades mais diversificadas e, como tal, reduzido a capacidade eleitoral dos partidos de massas; às transformações tecnológicas, primeiro com a massificação da televisão e mais recentemente da Internet, que têm alterado a forma como os partidos e políticos se podem relacionar com os eleitores; às próprias motivações dos políticos, cuja profissionalização leva a que dependam da obtenção de cargos. Independentemente da combinação de factores, o que encontramos é que, globalmente, os partidos – sobretudo os maiores partidos – passam a ter como principal objectivo a maximização dos votos (ou, pelo menos, a obtenção dos necessários para governar), com uma redução do peso da ideologia e dos militantes no funcionamento interno, à medida que os partidos procuram expandir o seu apoio eleitoral além do seu grupo social «tradicional».

Uma das arenas em que esta mudança é perceptível é a do financiamento partidário. Até à década de 1970, este tema merecia pouca atenção. Tal é reflectido no baixo número de publicações científicas: apenas quatro sobre financiamento partidário na Web of Science nos anos de 1950 e 1960. A partir da década de 1970, o interesse aumenta, com entre 11 e 16 publicações em cada uma das décadas de 1970, 1980 e 1990, para depois crescer de forma exponencial: 37 publicações na década de 2000, número esse já mais que duplicado nos primeiros oito anos da década de 2010.

Esta maior atenção reflecte a crescente importância do tema. No modelo de partido de massas, o financiamento tinha pouca saliência. Os partidos financiavam-se internamente a partir dos seus militantes, seja pelas suas quotas, seja recorrendo à sua mão-de-obra. Por outro lado, a política era um exercício comparativamente pouco dispendioso. As campanhas eram essencialmente centradas na mobilização dos grupos sociais que apoiavam os partidos, com uma predisposição elevada para votar nestes; e as tecnologias de campanha eram essencialmente o porta-a-porta e materiais impressos.

Com a mudança para partidos mais eleitoralistas, deparamo-nos com uma redução da receita interna e um aumento da despesa. Do lado da receita, o menor peso dos militantes leva a uma perda das suas quotizações bem como da sua mão-de-obra. No lado da despesa, os partidos são obrigados a recorrer a tecnologias substancialmente mais caras, como a televisão. Além disso, as campanhas visam apelar a um eleitorado mais amplo e volúvel, levando os partidos a recorrerem a instrumentos de *marketing* dispendiosos: consultores de comunicação profissionais, sondagens, grupos de foco, entre outros.

Este contexto gera uma pressão ética maior sobre os partidos políticos. Por um lado, os partidos visam competir de forma efectiva pelo poder decisório, sendo este um objectivo central para qualquer organização partidária (DAHL, 1971). Para tal, precisam de financiamento. Por outro lado, este financiamento não está disponível pelas formas tradicionais (quotas, militantes), e as alternativas geradas, como as subvenções públicas, podem ser percepcionadas pelos partidos como sendo insuficientes. Os partidos enfrentam assim um potencial dilema: financiar-se aos níveis que consideram necessários, mesmo que isso implique ultrapassar linhas legais (por exemplo, através da exigência de luvas ou outras formas de suborno na formulação de políticas públicas) e/ou éticas[5]; ou evitar ultrapassar essas linhas, correndo o risco de se tornar potencialmente menos competitivos.

O facto de muitos dos escândalos de corrupção política recentes envolverem, em maior ou menor grau, esquemas de financiamento ilícito a partidos políticos ilustra bem este dilema. Veja-se, por exemplo, os escândalos envolvendo o financiamento ilegal da CDU alemã, com Helmut Kohl (1999--2000); do Partido Popular espanhol, no novo milénio, com os casos Gürtel e Bárcenas; o caso Lava Jato, no Brasil, no mesmo

---

[5] Em relação a este último ponto, veja-se, por exemplo, o efeito do financiamento político legal nos EUA, com a investigação a identificar uma influência do financiamento de campanhas eleitorais por parte de grupos de interesse sobre a forma como os legisladores votam em relação a diferentes temáticas (STRATMANN, 1991 e 2002).

período; ou a investigação *Mani Pulite* em Itália, na década de 1990, para mencionar alguns casos que tiveram desenvolvimentos judiciais e chegaram a tribunal. Em todos estes, um objectivo importante – se não mesmo central – dos ilícitos cometidos era assegurar financiamento partidário.

Qual a solução para este dilema? Como é evidente, uma parte importante reside na dimensão institucional, seja através do enquadramento dos financiamentos partidários e sua fiscalização, seja através da introdução e reforço de mecanismos de financiamento público. Estes podem inclusive envolver maior escolha dos cidadãos, por meio da introdução do mecanismo de *vouchers* para o financiamento partidário, como sugerido por SCHMITTER e TRECHSEL (2004). Neste modelo, o financiamento partidário seria separado do voto. Cada eleitor teria um determinado montante de financiamento público, que poderia alocar ao(s) partido(s) que desejar. Além de gerar maior escolha aos eleitores, este mecanismo também reforça os incentivos para transparência e responsabilização por parte dos partidos na forma como usam o financiamento público, uma vez que os eleitores poderão ser mais exigentes em relação ao comportamento dos partidos antes de os financiarem.

Porém, tais mecanismos por si só não são suficientes. Nenhum mecanismo de fiscalização é perfeito. De igual modo, por maiores que sejam as subvenções públicas, partidos que visem fundamentalmente a maximização dos votos terão incentivos para procurar apoios financeiros adicionais, se isso lhes trouxer vantagens competitivas. Antes, a solução passa também pela «contenção moral» («moral restraint») que QUINN e JONES (1995, p. 25) referem. Esta implicação ética existe naturalmente nos partidos individuais. Mas também tem implicações para o sistema partidário, acarretando uma «contenção moral» mútua para ser eficaz.

3.2. Selecção e controlo dos decisores políticos

Como referimos acima, os partidos políticos são agentes colectivos dos cidadãos. Ao mesmo tempo, os partidos são também um veículo organizacional da delegação. Com efeito, é através dos partidos que é feita, em larga medida, a selecção dos decisores políticos.

Este papel dos partidos ocorre a dois níveis. Primeiro, e mais óbvio, nos cargos eleitos directamente. Quando votamos em eleições legislativas em Portugal, a identidade dos potenciais deputados é definida pelas opções que os partidos tomaram na composição e ordenação das listas. O mesmo acontece, em larga medida, noutras eleições. Mesmo nas eleições presidenciais ou autárquicas, em que as candidaturas são pessoais ou podem passar por listas não partidárias de grupos de cidadãos, respectivamente, a verdade é que os mandatos são dominados por candidatos partidários e/ou apoiados por partidos. Assim, os partidos políticos desempenham um papel central na escolha dos representantes eleitos. O cidadão, enquanto principal, escolhe sobretudo os seus agentes individuais a partir do leque de opções que lhe é dado pelos partidos; e em sistemas eleitorais com listas fechadas, como é o caso de Portugal, o eleitor apenas pode escolher entre pacotes de potenciais representantes definidos partidariamente, sem nenhuma capacidade de influenciar a sua ordem de eleição.

O segundo nível em que os partidos intervêm na selecção de decisores prende-se com os cargos que não são eleitos directamente. Com efeito, há um leque muito amplo de posições não eleitas que passam por escolhas partidárias, dos mandatos ministeriais a posições nomeadas em diferentes organizações e estruturas directa ou indirectamente ligadas ao Estado: administração pública directa e indirecta, sector empresarial do Estado, etc.

Quer num nível quer no outro, os partidos têm um papel de filtragem (*gatekeeping*) crucial no processo de definição dos detentores individuais destes cargos. Consideremos dois indivíduos que desejam ser eleitos deputados. O primeiro é incluído numa lista partidária para eleições legislativas, o segundo não. O indivíduo que faz parte das listas não tem a sua eleição assegurada – ser ou não eleito para o Parlamento dependerá das opções de voto dos cidadãos. Mas o segundo candidato *certamente* não será eleito deputado. Ao não ser colocado na lista de um partido, não pode sequer ser considerado pelos eleitores nas eleições. Retomando o modelo de principal-agente, tal também significa que o *principal* dos deputados individuais não é unicamente (e porventura nem sequer primariamente) o eleitorado, mas sim os líderes partidários a diferentes níveis que influenciam a selecção de candidatos.

Ao deter este poder de filtragem, os partidos estão numa posição privilegiada em termos de mitigação da selecção adversa, podendo reduzir a escolha de agentes individuais menos competentes. Ao mesmo tempo, a informação que os partidos têm sobre o comportamento dos seus eleitos é superior àquela a que os cidadãos têm acesso. Como tal, os partidos podem também atenuar o risco moral dos agentes individuais. Em concreto, os partidos podem utilizar o facto de os cargos políticos terem durações temporalmente limitadas para excluir do leque de potenciais decisores em mandatos seguintes aqueles agentes individuais que incorreram em risco moral; e, da mesma forma, fazer uma filtragem *ex post* de casos de selecção adversa que não foram detectados inicialmente.

A questão que emerge é até que ponto os partidos têm em consideração as questões éticas no uso deste poder de filtragem. Esta é, obviamente, uma dimensão de difícil avaliação: as lógicas partidárias na selecção de candidatos e decisores não são públicas, e ainda mais opacas se podem tornar quando envolvem situações de risco moral ou selecção adversa.

As condenações por corrupção de políticos individuais certamente sugerem falhas nesta filtragem. Contudo, examinando de fora é difícil aferir se estas se devem à incapacidade dos partidos de monitorizarem plenamente os decisores políticos, ou a uma subvalorização da dimensão ética dentro das organizações partidárias, com estas a «fecharem os olhos» a certas práticas. A realidade estará provavelmente algures entre estes dois pólos. No entanto, e independentemente do balanço entre estes dois factores, é legítimo referir que, neste domínio, tal como em relação ao financiamento, a mudança para partidos mais eleitoralistas gera maiores tensões éticas nas organizações partidárias. Ao visar a maximização de votos, os partidos poderão sobrevalorizar determinadas características dos agentes individuais — por exemplo, boa imagem televisiva — acima de outras que lhes permitiriam seleccionar melhores agentes individuais. De igual modo, poderão também ignorar situações de risco moral, se tal for eleitoralmente vantajoso.

Os estudos existentes são consistentes com esta leitura. Como DE SOUSA (2004) enfatiza, a dimensão ética na disciplina partidária está essencialmente subjugada ao equilíbrio interno dos partidos políticos, servindo essencialmente como arma de controlo interno. Assim, o autor salienta que os mecanismos de disciplina partidária se centram mais nas dimensões de lealdade interna — punindo desvios da ideologia partidária dominante ou da posição oficial sobre temas específicos — do que na disciplina ética, centrada no cumprimento por parte dos seus membros e eleitos das regras formais e implícitas da democracia.

Volvidos quase 15 anos, o cenário não parece ter-se alterado muito no contexto português. A mudança porventura mais visível é o substancial aumento das punições a militantes envolvidos em listas adversárias ao partido, suscitado pela introdução das candidaturas de grupos de cidadãos eleitores (as chamadas «candidaturas independentes») a nível autárquico, a partir das autárquicas de 2005. Assim, as três eleições autárquicas desde a introdução das listas independentes foram seguidas pela expulsão de centenas de militantes, sobretudo nos dois principais partidos, PS e PSD, por envolvimento em candidaturas independentes. Aliás, esta parece ser a principal causa de expulsão de militantes desde 2005. Porém, esta tendência não altera a lógica, identificada por Luís de Sousa, de uma disciplina partidária centrada quase exclusivamente em questões de lealdade interna. Embora a lealdade interna seja uma dimensão ética válida, é improvável que seja virtualmente a única questão ética a surgir dentro das organizações partidárias.

Num contexto diferente, podemos destacar o trabalho de ALLEN e BIRCH (2015), que comparam as percepções de integridade e comportamento ético dos políticos com as dos cidadãos no Reino Unido. As diferenças entre estes são substanciais. Os primeiros tendem a fazer uma avaliação que os autores classificam como «minimalismo moral», tolerando um conjunto de práticas que os eleitores classificam como eticamente inaceitáveis e justificando-as pelo seu sentido teleológico: vencer eleições, ganhar influência nos processos decisórios, etc. De igual modo, os políticos tendem a definir a integridade e ética pelo sentido estritamente legal – mais uma vez, ao contrário dos cidadãos.

Estes resultados também relevam o papel dos partidos. A imagem que sobressai é de uma cultura organizacional interna dos partidos que possibilita – se não mesmo encoraja – o «minimalismo moral», permitindo que os seus candidatos e eleitos tenham comportamentos considerados eticamente reprováveis pelos cidadãos para conseguir resultados benéficos para o partido.

3.3. Cartelização de partidos e sistemas partidários

Uma das transformações recentes nos partidos e sistemas partidários prende-se com a sua cartelização (KATZ e MAIR, 1995). De acordo com esta tese, os partidos atenuam os efeitos

do desenraizamento social e as resultantes perdas de mão-de-
-obra e financiamento através dos recursos do Estado (por
exemplo, subvenções estatais, acesso aos *media*), assegurando
assim a sua subsistência organizacional. Tal como num cartel,
o acesso a estes recursos é limitado aos que fazem parte do
cartel, restringindo a sustentabilidade e competitividade dos
partidos fora deste, e reforçando-as nos que o integram.
Ao mesmo tempo, a tese da cartelização aponta para um eva-
porar da competição política entre os partidos. Como referem
KATZ e MAIR (2009, p. 755):

> Com o desenvolvimento dos partidos-cartel, os objectivos
> da política tornam-se auto-referenciais, profissionais e tecno-
> cráticos, e o que sobra em termos de competição substantiva
> entre os partidos é concentrado na gestão eficiente e efectiva
> do Estado. A competição entre os partidos-cartel centra-se
> menos nas diferenças de opções políticas e mais – de uma
> maneira consistente com a noção de «democracia de audiên-
> cia» de Bernard Manin – na oferta de espectáculo, imagem e
> teatro.

A competição entre os principais partidos afasta-se assim
de aspectos ideológicos, e a política torna-se num espectáculo
mediático, em que o debate substantivo sobre políticas públicas
dá lugar a polémicas episódicas, amplamente mediatizadas por
meios de comunicação interessados em audiências.

Esta cartelização ilustra mais uma vez os dilemas que os partidos políticos enfrentam, quer individualmente, quer na sua
relação uns com os outros. A opção eticamente desejável, na
perspectiva do cidadão enquanto principal, é a de um debate
político centrado em dimensões substantivas, que abarca
inclusivamente as opções associadas à cartelização (acesso
dos partidos aos recursos do Estado, subvenções). Contudo,
tal acarreta riscos para as organizações partidárias, bem como

para os políticos, potencialmente enfraquecendo as primeiras e pondo em risco as posições dos segundos (KATZ e MAIR, 2009, p. 758).

4. Os partidos enquanto organizações éticas: reflexões finais

Num estudo sobre a natureza das empresas, KETOLA (2006) identifica algumas características da psicopatia na sua cultura organizacional, como por exemplo o desinteresse pelos outros, a desonestidade e relação flexível com a verdade para vantagem própria, e o incumprimento de normas sociais quando tal é do seu interesse. De igual modo, há um campo de investigação bastante amplo sobre a inserção de indivíduos com traços psicopatas em contextos empresariais («corporate psychopaths»), com a investigação de BODDY, LADYSHEWSKY e GALVIN (2010) a encontrar uma maior frequência destes traços psicológicos nas posições mais elevadas das organizações.

Não existem trabalhos comparáveis no contexto dos partidos políticos. Como este capítulo demonstrou, a questão da ética específica dos partidos e sistemas partidários é ainda uma área pouco explorada. Todavia, e como também se argumentou, a sua importância para o funcionamento da democracia é considerável. As instituições políticas são necessárias para atenuar os efeitos de não serem «anjos a governar os homens», mas não são suficientes. A dimensão ética – quer dentro dos partidos, quer na relação entre estes – desempenha um papel importante no funcionamento da democracia.

Como também se argumentou, as pressões éticas nos partidos foram amplificadas pelas transformações que estes têm sofrido nos últimos 50 anos. A questão que fica é se os partidos têm sido capazes de assumir comportamentos éticos apesar desta maior pressão, se a sua cultura organizacional promove comportamentos éticos, se os mecanismos de filtragem estão adequadamente calibrados para promover comportamentos virtuosos por parte dos decisores políticos individuais, e se são capazes de cooperar entre si no sentido de gerar opções mais alinhadas com os interesses dos cidadãos.

A ausência de estudos não permite responder cabalmente a esta questão. Contudo, a investigação existente sugere um potencial desfasamento entre as perspectivas de cidadãos e classe política. Comportamentos como a gestão do ciclo noticioso, a manipulação e escolha selectiva dos factos que sustentam a posição partidária, ou promessas eleitorais exageradas e não cumpridas podem ser vistos pelos partidos e políticos como estratégias legítimas para conseguirem os seus objectivos eleitorais. Mas, como o estudo de ALLEN e BIRCH (2015) no caso britânico ilustra, são reprovados pelos cidadãos – o *principal* na relação democrática de delegação.

Os padrões eleitorais recentes também são consistentes com esta leitura, com perdas eleitorais para partidos outrora dominantes e sistemas partidários sob crescente pressão em muitas democracias contemporâneas. Em vários casos, estas alterações devem-se ao crescimento de partidos populistas, cujo apelo se centra em larga medida em dimensões éticas da relação principal-agente: o posicionamento contra uma elite que apelidam de corrupta e venal, incapaz de representar adequadamente o povo honesto e trabalhador.

Para os partidos democráticos, o desafio actual é o da afirmação ética. Neste contexto, os estudos na esfera empresarial são relevantes. KETOLA (2006) destaca que as características «psicopáticas» não definem a totalidade da «personalidade» das empresas, antes coexistindo com comportamentos virtuosos, e explora os mecanismos que permitem despertar a «bela adormecida» da ética organizacional.

Os partidos e sistemas partidários também desempenham papéis virtuosos no processo de delegação: veja-se a responsabilização que permitem em relação aos decisores políticos individuais, explorada neste capítulo. De igual modo, desde Platão que a política – no sentido do processo de decisão colectiva – é vista como tendo como objectivo último a virtude (Morrow, 1998). Aos partidos políticos contemporâneos cabe o papel de reforçar esta dimensão ética, seja internamente seja na sua inter-relação. Este esforço pode não ser recompensado eleitoralmente no curto prazo, como a votação em candidatos que «roubam mas fazem» em vários países (incluindo o nosso) sugere. Mas é necessário para gerar um melhor funcionamento da democracia a médio e longo prazo, e, no limite, para assegurar o futuro desta.

Referências e leituras recomendadas

Akerlof, G. A., The Market for «Lemons»: Quality Uncertainty and the Market Mechanism, *The Quarterly Journal of Economics* 84, 1970: pp. 488-500.

Allen, N. e Birch, S., *Ethics and Integrity in British Politics*, Cambridge, Cambridge University Press, 2015.

Baker, T., On the Genealogy of Moral Hazard, *Texas Law Review* 75, 1996: pp. 237-292.

Boddy, C. R., Organisational psychopaths: a ten year update, *Management Decision* 53, 2015: pp. 2407-2432.

Boddy, C. R.; Ladyshewsky, R. e Galvin, P., Leaders without Ethics in Global Business: Corporate Psychopaths, *Journal of Public Affairs* 10, 2010: pp. 121-138.

Dahl, R., *Polyarchy: Participation and Opposition*, New Haven, Yale University Press, 1971.

De Sousa, L., «Ethics Inside Party Organisations», comunicação ao II Encontro da Associação Portuguesa de Ciência Política, Lisboa, Janeiro de 2004.

Diermeier, D. e Krehbiel, K., Institutionalism as a Methodology, *Journal of Theoretical Politics* 15, 2003: pp. 123-144.

Jalali, C., *Partidos e Democracia em Portugal, 1974-2005* (2.ª edição), Lisboa, Imprensa de Ciências Sociais, 2015.

Jalali, C., *Partidos e Sistemas Partidários*, Lisboa, Fundação Francisco Manuel dos Santos, 2017.

Jensen, M. C. e Meckling, W. H., Theory of the Firm: Managerial Behavior, Agency Costs and Ownership Structure, *Journal of Financial Economics* 3, 1976: pp. 305-360.

Katz, R. S. e Crotty, W. (org.), *Handbook of Party Politics*, Londres, Sage, 2006.

Katz, R. S. e Mair, P., Changing Models of Party Organization: The Emergence of the Cartel Party, *Party Politics* 1, 1995: pp. 5-28.

Katz, R. S. e Mair, P., The Cartel Party Thesis: A Restatement, *Perspectives on Politics* 7, 2009: pp. 753-766.

Ketola, T., From CR-Psychopaths to Responsible Corporations: Waking up the Inner Sleeping Beauty of Companies, *Corporate Social Responsibility and Environmental Management* 13, 2006: pp. 98-107.

Lisi, M., *Os Partidos Políticos em Portugal: Continuidade e Transformação*, Coimbra, Almedina, 2011.

Mair, P., *Party System Change: Approaches and Interpretations*, Oxford, Clarendon Press, 1997.

Morrow, J., *A History of Political Thought: A Thematic Introduction*, Londres, Macmillan Press, 1998.

Mudde, C. e Kaltwasser, C. R., *Populismo: Uma Brevíssima Introdução*, Lisboa, Gradiva, 2017.

Müller, W. C.; Strøm, K. e Bergman, T., Parliamentary Democracy: Promise and Problems, *in* Strøm, K.; Müller, W. C. e Bergman, T. (org.), *Delegation and Accountability in Parliamentary Democracies*, Oxford, Oxford University Press, 2003, pp. 3-33.

PERSSON, T.; ROLAND, G., e TABELLINI, G., Separation of Powers and Political Accountability, *The Quarterly Journal of Economics* 112, 1997: pp. 1163-1202.

PINHO, J. A. G. e SACRAMENTO, A. R. S., *Accountability*: já podemos traduzi-la para o português?, Revista de Administração Pública 43, 2009: pp. 1343-1368.

PINTO, A. C.; DE SOUSA, L. e MAGALHÃES, P. (org.), *A Qualidade da Democracia em Portugal: A Visão dos Cidadãos*, Lisboa, Imprensa de Ciências Sociais, 2013.

PRZEWORSKI, A., On the Design of the State: A Principal-Agent Perspective, *in* BRESSER-PEREIRA, L. C. e SPINK, P. (org.), *Reforming the State: Managerial Public Administration in Latin America*, Boulder, Lynne Rienner Publishers, 1999, pp. 15-40.

QUINN, D. P. e JONES, T. M., An Agent Morality View of Business Policy, *The Academy of Management Review* 20, 1995: pp. 22-42.

SARTORI, G., *Parties and Party Systems: A Framework for Analysis*, Cambridge, Cambridge University Press, 1976.

SCHMITTER, P. C. e TRECHSEL, A. H., «Green Paper on the Future of Democracy in Europe for the Council of Europe», Council of Europe, 2004.

STRATMANN, T., What Do Campaign Contributions Buy? Deciphering Causal Effects of Money and Votes, *Southern Economic Journal* 57, 1991: pp. 606-620.

STRATMANN, T., Can Special Interests Buy Congressional Votes? Evidence from Financial Services Legislation, *The Journal of Law and Economics* 45, 2002: pp. 345-373.

WARE, A., *Political Parties and Party Systems*, Oxford, Oxford University Press, 1996.

Sindicalismo

Raquel Rego

Instituto de Ciências Sociais da Universidade de Lisboa

Os sindicatos desempenham hoje um papel fundamental nas sociedades democráticas, não só de representação como de especialização (*expertise*). Como diz CROUCH (2017), a força sindical reside nos seus membros e na sua incorporação em instituições governativas. Convocados pelos poderes políticos para serem consultados, negociarem e mesmo gerirem bens públicos, os sindicatos são também «instituições morais» (ESTANQUE e COSTA, 2011), isto é, instituições intrinsecamente orientadas por valores como a justiça social, que promovem ao defender a distribuição da riqueza de forma igualitária e através da participação democrática no local de trabalho.

A literatura específica sobre o papel ético dos sindicatos é antiga e escassa. As referências existentes versam predominantemente as atitudes dos dirigentes (ALLEN, 1956) ou a formação ética dos sindicalistas (EATON, 2006). Neste texto, propomo-nos abordar a relação da ética com os sindicatos, a qual pode ser considerada de dois modos essenciais: do ponto de vista da organização sindical num dado contexto e, portanto, numa perspectiva de «ética aplicada»; do ponto de vista dos trabalhadores que a organização sindical representa e, por conseguinte, de uma «ética profissional» (PATRÃO NEVES, 2016).

Este capítulo está, assim, estruturado em quatro partes: (i) começamos por dar conta da especificidade da acção colectiva sindical; (ii) depois abordamos a relação dos sindicatos com os partidos políticos em resultado da partilha de valores; (iii) analisamos em seguida a crise de legitimidade que assalta os sindicatos na actualidade; (iv) e, por fim, centramo-nos nos sindicatos como promotores da ética profissional.

1. Acção colectiva e justiça social

Os trabalhadores, ao contrário dos empregadores, necessitam de se associar para terem «voz». Como explicam OFFE e WIESENTHAL (1980), os patrões podem exercer a sua influência, não só através das associações, mas por meio da própria empresa ou de modo informal. A forma associativa, ainda que pareça colocar os patrões em posição equivalente aos sindicatos, sob uma mesma lógica de acção colectiva, de facto não faz desaparecer a relação social assimétrica. O que os sindicatos podem alcançar está sempre condicionado pela sua posição estrutural relativa.

Os sindicatos tornaram-se, assim, instituições fundamentais das nossas democracias. Eles visam a justiça social, promovendo melhores condições de trabalho e remuneração, combatendo a desigualdade social e económica. Não são, porém, a única forma de representação dos trabalhadores. As comissões de trabalhadores, os partidos políticos e as cooperativas de produção também desempenham essa função. Os sindicatos são, no entanto, sem dúvida, a forma mais proeminente, quer por permitirem que a «voz» dos trabalhadores se faça ouvir com maior intensidade, quer por disporem de uma capacidade de pressão ímpar (EBBINGHAUS e VISSER, 2000).

A greve é a forma de pressão mais importante de que os sindicatos dispõem. Como refere DRIBBUSCH (2007), sem o direito à greve, o direito à negociação colectiva seria um mendigar colectivo. Causando perdas mais ou menos extensas às empresas e transtornos aos consumidores, aos clientes e à população de um modo geral, a greve origina prejuízos financeiros e outros. Por isso, um aviso de greve pode ser muito eficiente, levando à cedência do lado patronal. Em países como a Alemanha, por exemplo, as greves só ocorrem em situação de extrema necessidade.

Se, na origem, a greve surgiu como um acto de protesto quase espontâneo e muitas vezes envolvendo violência, com o tempo a greve normalizou-se e tornou-se num direito que implica deveres. Uma greve tem de obedecer a determinados procedimentos: (i) um período prévio de aviso à entidade empregadora e administração; (ii) o recurso à arbitragem está previsto em muitos países ocidentais e pode levar à sua suspensão; (iii) os serviços mínimos são garantidos quando estão em causa serviços públicos. Em alguns países, existem ainda restrições à greve durante o período negocial, como sucede nos países da Europa do Norte, onde há geralmente uma cláusula de «paz social» nas convenções colectivas de trabalho assinadas com os empregadores, ou restrições à greve geral, também chamada greve política.

Acima de tudo, a greve tem de ser declarada por um sindicato, o que não impede que persistam greves ilegais, as chamadas «greves selvagens», ou em inglês *wildcat strikes*, ou seja, uma paralisação do trabalho por parte dos trabalhadores como forma de protesto, mas à revelia da direcção do sindicato. Embora raras, dois casos recentes ocorreram na Suécia e em Portugal. Em Julho de 2017, mais de meia centena de trabalhadores da recolha do lixo suecos pararam de trabalhar violando inclusivamente a cláusula de paz social (THE LOCAL, 2017), e dezenas de enfermeiros portugueses especialistas em saúde materna e obstétrica impediram o normal funcionamento de alguns serviços hospitalares ao suspender o seu trabalho (Diário de Notícias, 2017).

A greve é a «arma estratégica» dos sindicatos, como lhe chamam Ebbinghaus e Visser (2000). Há de facto poucas excepções ao exercício deste direito pelos sindicatos. As forças de segurança, designadamente polícias, têm direito de constituir associações sindicais, mas geralmente sem direito à greve. Outros casos são menos consensuais. Por exemplo, o recente aviso de Junho de 2017 de greve dos juízes e magistrados portugueses trouxe mais uma vez a lume o debate sobre a legitimidade de magistrados e juízes terem associações sindicais e poderem exercer o direito à greve quando são um dos poderes em democracia (Miranda, 2017; Rego, 2017). De facto, o poder judicial, à semelhança dos poderes legislativo e executivo, é um poder soberano que prima pela independência do acto profissional. Durante muito tempo, não se reconhecia por isso aos seus profissionais a possibilidade de assumir uma acção reivindicativa. No entanto, o Estado é, em rigor, o empregador de juízes e outros magistrados, pelo que se permitiu que constituíssem sindicatos para defender os seus interesses em matéria de condições de trabalho.

Note-se que, no Reino Unido, o governo de Margaret Thatcher foi responsável por um rude golpe aos sindicatos ao impor a obrigação de uma votação para se decidir uma greve, interferindo na sua autonomia como associação privada e com órgãos representativos eleitos democraticamente. Essa votação, sem paralelo em outras associações, deve ser feita a expensas do sindicato e tem de ter uma adesão mínima de 30% dos trabalhadores sindicalizados para ser válida. Nova legislação em 2016 subiu este limiar para 50%, diminuindo de forma ainda mais acentuada o número de greves naquele país, onde a negociação colectiva é descentralizada. O número de greves no Reino Unido é, assim, hoje igualável a valores de há mais de

100 anos (DARLINGTON e DOBSON, 2015). Apesar de o Partido Trabalhista, criado a partir do movimento sindical, ter sido governo entre 1997 e 2005, a situação agravou-se.

2. Sindicatos e partidos políticos

Os sindicatos são a forma pela qual a classe trabalhadora se introduziu ná esfera política e promoveu a democracia de massas, como observam EBBINGHAUS e VISSER (2000). Eles são necessariamente actores políticos, pois regular o mercado de trabalho é uma questão de gestão de recursos (HYMAN e GUMBRELL-MCCORMICK, 2010). A importância da acção política dos sindicatos pesa, no entanto, de modo variável em função do tempo e do espaço e pode assumir ou não uma dimensão partidária.

Como diz HYMAN (2001), os sindicatos situam-se numa «geometria variável» com tripla polarização: mercado, classe, sociedade. Com efeito, eles tentam regular a relação entre patrão e trabalhador, assumindo-se como uma força de mercado. Mas são também organizações que representam os interesses dos trabalhadores, ou seja, são agentes de classe. E são ainda representantes de interesses mais amplos da sociedade.

Ora, a tripla tensão que estrutura a identidade dos sindicatos foi em boa parte configurada pela relação que, em alguns países, os sindicatos estabeleceram na sua origem com os partidos políticos. O Partido Trabalhista britânico constitui o caso paradigmático por ter sido fundado pela Sociedade Fabiana, a qual era constituída por sindicalistas e intelectuais que visavam reforçar o poder da classe trabalhadora. Para compreendermos a relação entre sindicatos e partidos políticos, importa ter em conta o contexto em que esta se desenvolve e, sobretudo, o facto de, na altura em que os sindicatos aparecem, no século XIX, não existir sufrágio universal. Por conseguinte, os sindicatos eram essenciais para as campanhas políticas. Além disso, também os partidos assumiam uma maior capacidade de mobilização ideológica dos cidadãos (LISI, 2013).

Desde então os sindicatos institucionalizaram-se e ocupam hoje um lugar ímpar nas sociedades democráticas, a que outras associações aspiram, como associações profissionais, de migrantes, etc. Se existem interesses mútuos na relação entre sindicatos e partidos políticos (LISI, 2013), esta concretiza-se frequentemente em indivíduos com múltiplas pertenças associativas, num perfil activista (AA.VV., 2001).

A história comum dos primeiros sindicatos com partidos políticos levou alguns autores a considerarem, sobretudo em meados do século XX, que um envolvimento político forte seria sinal de «imaturidade» (HYMAN e GUMBRELL-MCCORMICK, 2010), o que parece ter passado para alguma opinião pública. Outros autores defendem que os sindicatos não deixam de ser hoje politizados, mas transferiram a pressão reivindicativa da rua para a mesa de negociação e concertação (HYMAN e GUMBRELL-MCCORMICK, 2010).

A politização dos sindicatos pode assumir-se como uma acção partidarizada ou não. Neste sentido, a relação entre sindicatos e partidos políticos pode traduzir-se em diferentes padrões. Ela oscilará entre a «correia de transmissão» do partido para o sindicato, própria do modelo leninista, e a total autonomia reivindicada por sindicatos que, mesmo sendo politizados, recusam alianças, passando pelo modelo britânico, já referido, em que claramente o sindicato deu origem ao Partido Trabalhista, numa relação de interdependência que leva alguns autores a chamar-lhe «gémeos siameses» (EBBINGHAUS e VISSER, 2000; HYMAN e GUMBRELL-MCCORMICK, 2010). Em todo o caso, as relações com os partidos de esquerda parecem óbvias, tendo em conta a orientação comum por valores como a igualdade e a solidariedade ou a identificação com os interesses da classe operária (ESTANQUE e COSTA, 2011).

Em Portugal, por exemplo, a influência do 25 de Abril de 1974 ainda se faz sentir no movimento sindical, através de uma forte presença do Partido Comunista na principal organização sindical do país, a Confederação Geral dos Trabalhadores Portugueses-Intersindical Nacional (CGTP-IN) (LISI, 2013; STOLEROFF, 2015). O modelo leninista aplica-se a esta relação mesmo se constitucionalmente (ponto 4 do artigo 55.º) os sindicatos devem ser independentes de partidos e associações políticas (entre outros). Como dizem HYMAN e GUMBRELL--MCCORMICK (2010), a relação entre sindicatos e partidos políticos depende do percurso de cada um (*path-dependent*).

Importa ainda notar que um relacionamento entre sindicatos e partidos não significa que a relação seja sempre monogâmica, isto é, que se trate de uma relação entre um sindicato e um partido, pois o direito de tendência está previsto em muitos estatutos sindicais, o que quer dizer que, no seio de um sindicato, podem existir vários grupos com uma orientação partidária assumida. Veja-se, a este propósito, o artigo 14.º dos estatutos da CGTP-IN:

> 1. A Confederação Geral dos Trabalhadores Portugueses--Intersindical Nacional pela sua própria natureza unitária reconhece a existência no seu seio de diversas correntes de opinião político-ideológicas cuja organização é, no entanto, exterior ao movimento sindical e da exclusiva responsabilidade dessas mesmas correntes de opinião. 2. As correntes de opinião exprimem-se através do exercício do direito de participação dos associados a todos os níveis e em todos os órgãos. 3. As correntes de opinião podem exercer a sua intervenção e participação sem que esse direito em circunstância alguma possa prevalecer sobre o direito de participação de cada associado individualmente considerado. 4. As formas de participação e expressão das diversas correntes de opinião, nos órgãos competentes da Confederação Geral dos

Trabalhadores Portugueses-Intersindical Nacional, subordinam-se às normas regulamentares definidas e aprovadas pelos órgãos competentes.

Além disso, existe efectivamente constituída a Corrente Sindical Socialista (CSS) da CGTP-IN desde o início dos anos de 2000. Podemos assim dizer que, ainda que com um peso difícil de estimar, o Partido Socialista (PS) é, de forma clara, também uma força político-partidária influente na maior confederação sindical portuguesa. Além do patrocínio que o PS concede à CSS, a Tendência Sindical Socialista da União Geral dos Trabalhadores (UGT), maioritária nesta confederação em que também estão representados os Trabalhadores Social Democratas, está representada nos órgãos sociais do PS, conforme indicam os estatutos deste.

Na actualidade, a tendência é para um afastamento entre sindicatos e partidos, inclusive traduzido no fim da sobreposição formal entre ambos (LISI, 2013), de que o caso inglês é testemunha flagrante. Há de resto quem sustente que os sindicatos se devem orientar para um «pluralismo ideológico» (LAMBERT, 2013), sendo que várias razões podem ser apontadas para esta mudança. A expansão da ideologia do mercado livre e as pressões internacionais têm sido consideradas algumas das razões para esse afastamento, quer na Europa quer fora dela (por exemplo, na Austrália), mesmo se o foco na justiça social voltou a estar no centro das atenções com a crise de 2008. Mas existem também razões internas que imputam esse afastamento à evolução do próprio sindicalismo, como a sua profissionalização e transformação dos sindicatos em prestadores de serviços. Hoje, de facto, os sindicatos debatem-se com uma crise de legitimidade.

3. Representatividade e legitimidade

Os sindicatos conquistaram o direito a negociar acordos com empregadores e governo por via da representação dos seus membros. É a representatividade que lhes confere legitimidade para a sua participação nas sociedades democráticas. Neste sentido, o Observatório Europeu da Vida Profissional da Fundação Europeia para a Melhoria das Condições de Vida e de Trabalho, sediada em Dublin, recolhe, desde 2006, dados para a Comissão Europeia sobre os sindicatos e associações patronais mais representativos em cada Estado-membro por sector (EUROFOUND, 2016). Esta tarefa enquadra-se na possibilidade de serem preparadas directivas europeias, com base nos acordos entre os chamados parceiros sociais, ao abrigo do Tratado sobre o Funcionamento da União Europeia (TFUE) (TFUE, 2012). O TFUE estabelece que a Comissão Europeia deve consultar as associações sindicais e patronais antes de apresentar propostas no âmbito da política social e que podem ser celebrados acordos bilaterais entre, por um lado, os representantes dos trabalhadores, a Confederação Europeia de Sindicatos e, por outro lado, os representantes dos empregadores, a BusinessEurope, o Centro Europeu de Empresas de Serviços de Interesse Geral (CEEP) e a Associação Europeia de Artesanato, Pequenas e Médias Empresas (UEAPME). Estes acordos podem ser autónomos ou implementados por decisão do Conselho conforme os artigos 154.º e 155.º do TFUE. O primeiro acordo celebrado foi sobre licença parental, aplicado pela Directiva 96/34/CE do Conselho da União Europeia de 3 de Junho de 1996. Outros temas foram entretanto objecto de acordo: teletrabalho, assédio e violência no local de trabalho, contratos a termo, entre outros. Se o último acordo data já de 2010 e o diálogo social na União Europeia parece por isso estar em crise, outros acordos europeus bilaterais são celebrados frequentemente a nível sectorial pelas organizações europeias sectoriais. O diálogo social é, portanto, um dos pilares do modelo social europeu (SCHARPF, 2002), mas, na prática, a representatividade dos seus actores continua a ser um enigma da política social da União Europeia (EUROFOUND, 2016).

A literatura e prática governativa tendem a restringir a representatividade à análise do número de membros e a observar a representatividade sobretudo nos sindicatos, não dando a mesma atenção à representatividade das associações patronais. Além disso, em muitos países, os dados sobre o número de membros são pouco fiáveis ou sistemáticos.

A representatividade geralmente é fornecida através de uma medida denominada «densidade». A densidade é uma taxa que determina o número de membros em relação ao número potencial de membros, ou seja, em relação ao total de trabalhadores. No entanto, existem pelo menos quatro modelos de representatividade nos 28 Estados-membros, segundo o levantamento recente feito pela Fundação de Dublin (EUROFOUND, 2016). Em alguns países, existem requisitos legais para a aferição da representatividade, como o registo do número de votantes para os órgãos sociais do sindicato, ou de delegados sindicais eleitos em órgãos de segurança e saúde no trabalho, mas, em outros países, a representatividade provém de um reconhecimento mútuo informal dos actores. Há ainda países onde existem combinações destas duas modalidades.

Portugal, por exemplo, foi considerado um modelo misto (EUROFOUND, 2016). Com efeito, a administração não requer em nenhum momento a publicação do número de membros ou do número de votantes para as eleições internas, pelo que se pode apenas fazer uma estimativa com base em levantamentos pontuais a partir da informação declarada pelas próprias organizações (apenas os nomes dos titulares dos órgãos sociais são publicados obrigatoriamente pelo Ministério do Trabalho). Ao mesmo tempo, em algumas situações, só se admitem sindicatos filiados numa das duas confederações sindicais nacionais, o que podemos dizer constituirá um requisito objectivo de representatividade. De resto, presumimos que a taxa de sindicalização em Portugal ronde os 17% (ESTANQUE e COSTA, 2011), mas não existem efectivamente dados fiáveis. A ausência de critérios de representatividade objectivos e predeterminados, como é recomendado pela Organização Internacional do Trabalho (WAUTERS [et al.], 2014), no fundo, a falta de transparência no sistema de representatividade, aumenta a possibilidade de conflitos e desigualdades (SOUSA, 2011). Nos países do sul da Europa, por exemplo, marcados pela fragmentação do movimento sindical e de empregadores, organizações fracas podem ser ouvidas e negociar (GOMES, 2009), criando distorções no sistema. Isto pode suscitar problemas, em particular quando se trata de prorrogar contratos ou assinar com «sindicatos amarelos». Ao mesmo tempo, são raras as contestações e os sindicatos parecem preferir manter o *statu quo*.

Recentemente, em Portugal, um sindicato do ramo da educação foi excluído do processo de regularização de precários do Estado, apesar de ser especializado no ensino superior (SILVA, 2017). Assumiu-se que as organizações sindicais afectas às duas principais confederações sindicais nacionais são as mais representativas e só essas poderiam participar – o que, em todo o caso, não se verificava. A exclusão de organizações não filiadas pode afastar da mesa de negociação organizações representativas e pode, ao mesmo tempo, incluir algumas cuja actividade no sector não seja relevante.

Veja-se ainda o problema dos instrumentos colectivos de trabalho negociados em que nos podemos deparar com convenções paralelas, isto é, com mais de uma convenção para o mesmo sector ou empresa. Com efeito, no actual contexto normativo, é possível e frequente que uma convenção seja assinada pela entidade empregadora e um sindicato filiado na CGTP e outra convenção seja assinada pela entidade empregadora e um sindicato filiado na UGT. Embora geralmente os seus conteúdos sejam idênticos, a possibilidade de existirem duas convenções pode suscitar problemas operacionais no momento da sua implementação, criando até desigualdade entre trabalhadores com as mesmas funções.

O risco de distorção na adopção de soluções pouco representativas e de interesse para a maioria dos trabalhadores aumenta quando a negociação colectiva pode ser estendida. Por meio da negociação colectiva, os sindicatos contribuem para combater as desigualdades sociais, quer estabelecendo mínimos, quer uniformizando parâmetros. Ora, em muitos países, estes acordos sectoriais bilaterais são estendidos a empresas e trabalhadores não filiados nas organizações signatárias, como sucede em Portugal através do recurso às Portarias de Extensão (PE) emitidas pelo Ministério do Trabalho a pedido de uma das partes. As PE evitam assim o *dumping* social, isto é, práticas concorrenciais abaixo do que foi convencionado ou do preço de custo. Mas há também quem sustente que as PE são mecanismos administrativos que impõem rigidez, designadamente salarial, visto que obrigam todas as empresas a determinadas práticas, quando nem todas têm as mesmas condições. Neste sentido, os críticos das PE consideram que elas incentivam o não cumprimento das convenções colectivas pelas empresas não filiadas e o *free-riding*, ou seja, o parasitismo. O fenómeno do *free-riding* revela-se em relação quer às organizações sindicais, quer às patronais, consistindo no beneficiar da acção destas associações quando convém, mas alegando-se não ser filiado quando não há interesse (Hijzen e Martins, 2016).

De qualquer modo, a negociação colectiva é a maior conquista dos sindicatos nas sociedades democráticas que assim se tornam instituições reguladoras do mercado de trabalho. É, pois, sobretudo através da negociação colectiva (essencialmente, contratos e acordos colectivos de trabalho e acordos de empresa) que o diálogo social é promovido. Em muitos países europeus, ele também ocorre por meio da concertação social, isto é, consubstancia-se na assinatura de pactos sociais, subscritos por confederações sindicais, de empregadores e o governo. Estes acordos tripartidos têm geralmente um carácter predominantemente simbólico, como sucede em Portugal, o que não impede que algumas organizações aspirem a obter um assento em sede de concertação social. Porém, também aí os critérios de representatividade não são transparentes e a admissão parece resultar de uma cooptação.

4. Trabalhadores e profissionais

Os sindicatos têm perdido membros há décadas, quer por via do aumento do desemprego, quer da precarização dos vínculos de trabalho, entre outras razões, pelo que podemos dizer que a tão falada crise do sindicalismo corresponde a uma crise de legitimidade. Além disso, os sindicatos não só têm perdido membros, mas o perfil destes também tem mudado.

Os sindicatos começaram por surgir para representar o operariado; hoje, porém, os serviços ultrapassam a indústria, e os sindicatos não podem deixar de reflectir a nova configuração da força de trabalho. É deste modo que as «profissões», isto é, ocupações qualificadas e de elevado estatuto social, como médicos e engenheiros, assim como as profissões em sentido lato, de polícias a professores, criam sindicatos e estes se aproximam muitas vezes de associações profissionais.

A distinção entre trabalhador e profissional é, com efeito, apenas analítica. Na prática, podem surgir ambiguidades, e o impacto das condições laborais no acto profissional (e não na relação de trabalho) é difícil de avaliar.

Uma das evidências da natureza mista dos sindicatos é a existência de códigos de ética da iniciativa das próprias organizações sindicais. Os códigos de ética inscrevem estas organizações na ideologia do profissionalismo prevalecente e revelam os valores consensualizados num determinado período. Não raras vezes, restringem-se a uma declaração de princípios, mas, deste modo, os sindicatos transmitem, quer aos seus (potenciais) membros quer à sociedade, um compromisso com a boa conduta profissional dos trabalhadores que representam, o alinhamento por uma determinada ética no trabalho.

Os códigos de ética são um instrumento de «comunidades morais», como diz FRANKEL (1989), e podem ser de vários tipos. Este autor classifica-os como «aspiracionais», «educacionais» e «regulatórios». Ainda que não haja um levantamento exaustivo, alguma evidência empírica mostra que nos sindicatos prevalecem os códigos de ética do primeiro e segundo tipos, isto é, orientações gerais ou mais ou menos precisas, mas sem muito detalhe, nem sanções previstas. É, de resto, de esperar que os sindicatos, enquanto associações de direito privado e adesão voluntária, não incluam sanções pelo não cumprimento do código, pois seriam motivo simples de abandono da associação sindical pelos membros mesmo antes de serem sancionados. Ainda assim, alguns sindicatos prevêem sanções, como sucede com a Associação Sindical dos Juízes Portugueses (ASJP). No artigo 8.º dos seus Estatutos, enunciam-se processos disciplinares aos seus membros perante a violação de deveres estatutários (muitas vezes o pagamento de quotas), como também de deveres legais, sendo a pena máxima a expulsão para actos gravemente contrários às exigências da função de juiz, que lesem gravemente os interesses da ASJP (REGO, 2017).

Uma segunda evidência da natureza também profissional de muitos sindicatos é a emissão de carteiras profissionais. Em Portugal, as carteiras profissionais foram durante décadas emitidas pelos sindicatos, nomeadamente pelos sindicatos do Estado Novo, aproximando-os de associações profissionais em regime de auto-regulação, como sucedia com o Sindicato dos Jornalistas. Só nos anos de 1980, através do Decreto-Lei n.º 358/84, de 13 de Novembro, é revogada a legislação que remonta a 1939, atribuindo doravante a competência da emissão das carteiras profissionais à administração e, no caso dos jornalistas, constituindo-se uma entidade reguladora independente (REGO, 2004). Esta legislação foi, entretanto, revogada pelo Decreto-Lei n.º 92/2011, de 27 de Julho, que veio instituir o sistema de regulação de acesso a profissões, simplificando esse acesso nomeadamente por via da eliminação de requisitos, como as carteiras profissionais para várias ocupações. Este Decreto-Lei foi revisto pelo Decreto-Lei n.º 37/2015, de 10 de Março, que institui o regime de acesso e exercício de profissões e de actividades profissionais, mas sem alteração no que respeita às carteiras profissionais.

Em Portugal, o fim da competência sindical para emitir carteiras profissionais foi decidido em nome do princípio da liberdade sindical. Entendeu-se que os sindicatos não eram obrigados a despender os seus recursos prestando serviço aos trabalhadores que não eram seus membros e, ao mesmo tempo, considerou-se que os trabalhadores não deveriam ser sujeitos ao constrangimento de uma possível campanha para filiação sindical para obter a sua carteira profissional (REGO, 2004). Esta regra não é, todavia, geral e na prática há ainda hoje sindicatos a emitir carteiras profissionais, como sucede no ramo da electricidade.

Importa, contudo, notar que em outros contextos societais, como sucede com os países do chamado «sistema *Ghent*», os sindicatos são gestores dos subsídios de desemprego por exemplo, o que está associado não só a altas taxas de sindicalização, como a uma percepção do papel dos sindicatos por parte da opinião pública mais favorável. Com efeito, nestes países (Bélgica, Dinamarca, Suécia, Finlândia), o subsídio de desemprego não é obrigatório nem atribuído administrativamente, mas por via de uma contribuição especial para os sindicatos.

Nestes países, ao contrário do que sucedeu em outras regiões europeias, o número de membros dos sindicatos não diminuiu, pelo menos de forma significativa, até ao final do século XX (SCRUGGS, 2002).

5. Notas conclusivas

Nas últimas décadas, os sindicatos entraram em crise, como se disse, com a diminuição do número de membros, num quadro de aumento das formas atípicas de contrato de trabalho e de aumento da taxa de desemprego. Além disso, as medidas neoliberais de diversos governos têm afectado o seu poder na negociação colectiva.

Mas os sindicatos não deixam de cumprir um papel fundamental nas sociedades democráticas, um papel antes de mais de mediação. Os trabalhadores, em posição estrutural desfavorável face aos empregadores, têm de se organizar em sindicatos para poder ter «voz», procurando equilibrar a relação de forças. Os sindicatos são assim reguladores do mercado de trabalho, promotores da paz social (pois sem eles os protestos não seriam controlados), fonte especializada de informação das práticas do mundo do trabalho e também implementadores de políticas públicas nos locais de trabalho. E ao lutar por uma sociedade mais justa e igualitária, os sindicatos são por definição organizações morais.

Para continuarem a poder assumir os papéis que conquistaram nas sociedades democráticas, os sindicatos confrontam-se hoje com alguns desafios cruciais. Entre eles, salientamos dois. Primeiro, o recrutamento de grupos pouco representados no seu seio que lhes permitam uma base social alargada, como os jovens, as mulheres, os imigrantes e os trabalhadores precários de um modo geral. Segundo, as alianças e o apoio de outros actores sociais, que garantam o reconhecimento da sua importância e a possibilidade de adotarem de novo uma acção mais pró-activa. Como dizem IBSEN e TAPIA (2017), se os sindicatos pretendem recuperar o seu poder, não basta o seu empenho, têm de obter também esse apoio a nível institucional, ou seja, do ponto de vista das outras instituições políticas.

Referências e leituras recomendadas

AA.VV., Devenir militant, *Revue française de science politique*, 51.º ano, n.ᵒˢ 1-2, 2001.

ALLEN, V. L., The Ethics of Trade Union Leaders, *The British Journal of Sociology* 7, 1956: pp. 314-336.

CROUCH, Colin, Membership Density and Trade Union Power, *Transfer: European Review of Labour and Research* 23, 2017: pp. 47-61.

DARLINGTON, Ralph e DOBSON, John, «The Conservative Government's Proposed Strike Ballot Thresholds: The Challenge to the Trade Unions», Research Working Paper, Salford Business School, Agosto de 2015. Disponível em: http://blogs.salford.ac.uk/business-school/wp-content/uploads/sites/7/2015/08/ SalfordReport.pdf.

DIÁRIO DE NOTÍCIAS, «Enfermeiros em protesto podem ser responsabilizados civil e disciplinarmente», 20/07/2017. Disponível em: http://www.dn.pt/portugal/ interior/enfermeiros-em-protesto--podem-ser-responsabilizados-disciplinarmente-8651706.html [consultado em 21 de Julho de 2017].

DRIBBUSCH, Heiner, Industrial action in a low-strike country – Strikes in Germany 1968-2005, *in* VAN DER VELDEN, S. [*et al.*] (ed.), *Strikes Around the World 1968-2005*, Amesterdão, Aksant, 2007, pp. 267-297.

EATON, Maggie, Building the Strength of the Labor Movement by Enhancing Institutional and Individual Integrity: Teaching Union Ethics as a First Step, *Labor Studies Journal* 30, 2006: pp. 87-94.

EBBINGHAUS, Bernhard e VISSER, Jelle, *The Societies of Europe: Trade Unions in Western Europe since 1945*, Londres e Nova Iorque, Palgrave MacMillan, 2000.

ESTANQUE, Elísio e COSTA, Hermes Augusto (org.), *O Sindicalismo Português e a Nova Questão Social – Crise ou Renovação?*, Coimbra, Almedina, 2011.

EUROFOUND, *The Concept of Representativeness at National, International and European Level*, Luxemburgo, Publications Office of the European Union, 2016.

FRANKEL, Mark, Professional codes: Why, how, and with what impact?, *Journal of Business Ethics* 8, 1989: pp. 109-115.

GOMES, Júlio, O código de trabalho 2009 e o desincentivo à filiação sindical, *Prontuário do Direito do Trabalho* 83, 2009: pp. 93-119. ISSN 0873-4895.

HIJZEN, A. e MARTINS, P. S., No Extension without Representation? Evidence from a Natural Experiment in Collective Bargaining, *IMF Working Papers* 143, 2016: pp. 1-39.

HYMAN, Richard, *Understanding European Trade Unionism: Between Market, Class and Society*, Londres, Thousand Oaks e Nova Deli, Sage, 2001.

HYMAN, Richard e GUMBRELL-MCCORMICK, Rebecca, Trade unions, politics and parties: is a new configuration possible?, *Transfer: European Review of Labour and Research* 16, 2010: pp. 315-382.

IBSEN, C. L. e TAPIA, M., Trade union revitalisation: Where are we now? Where to next?, *Journal of Industrial Relations* 59, 2017: pp. 1-22.

LAMBERT, Rob, Agent of the market, or instrument of justice? Redefining trade union identity in the era of market driven politics, *Labor History* 54, 2013: pp. 88-103.

LISI, Marco, Rediscovering Civil Society? Renewal and Continuity in the Portuguese Radical Left, *South European Society and Politics* 18, 2013: pp. 1-19. doi: 10.1080/13608746.2012.757450.

MIRANDA, Jorge, Os juízes não têm direito à greve, *Público*, 9 de Junho de 2017. Disponível em: https://www.publico.pt/2017/06/09/sociedade/noticia/os-juizes-nao-tem-direito-a-greve-1775012.

OFFE, Claus, WIESENTHAL, Helmut, Two Logics of Collective Action: Theoretical Notes on Social Class and Organizational Form, *Political Power and Social Theory* 1, 1980: pp. 67-115. ISBN: 0-89232-115-6.

Patrão Neves, Maria do Céu (coord.), *Ética: Dos Fundamentos às Práticas*, Lisboa, Edições 70, 2016.

Rego, Raquel, Enquadramento jurídico e participação social, in Freire, João (org.), *Associações Profissionais em Portugal*, Oeiras, Celta, 2004, pp. 187-224.

Rego, Raquel, O associativismo sindical dos operadores de justiça, in Rodrigues, M. L. [*et al.*], *40 Anos de Políticas de Justiça em Portugal*, Coimbra, Almedina, 2017, pp. 417-443.

Scharpf, Fritz W., The European Social Model: Coping with the challenges of diversity, *Journal of Common Market Studies* 40, 2002: pp. 645-670.

Scruggs, Lyle, The Ghent System and Union Membership in Europe 1970-1996, *Political Research Quarterly* 55, 2002: pp. 275-297.

Silva, Samuel, Sindicato do ensino superior fora da avaliação de precários, *Público*, 24 de Maio de 2017. Disponível em: https://www.publico.pt/2017/05/24/ciencia/ noticia/sindicato-do-ensino--superior-fora-da-avaliacao-de-precarios-1773218.

Sousa, Henrique, «Sindicalização: A vida por detrás das estatísticas (alguns problemas metodológicos)», Working Paper Projecto Sociedade Civil e Democracia, 2011. Disponível em: http://www.fcsh.unl.pt/scd/extra/pdf/wp_hs_2011.pdf.

Stoleroff, Alan, The Portuguese labour movement and industrial democracy: from workplace revolution to a precarious quest for economic justice, *Transfer: European Review of Labour and Research* 22, 2015: pp. 101-119.

TFUE, Tratado sobre o Funcionamento da União Europeia, *Jornal Oficial da União Europeia*, 26/10/2012, pp. C326/47-C326/390. Disponível em: http://eur-lex.europa.eu/legal-content/PT/TXT/PDF/?uri=CELEX:12012E/TXT&from=EN.

The Local, «Stockholm waste collectors quit as strike hits one--week mark», 12 de Julho de 2017. Disponível em: https://www.thelocal.se/20170712/stockholm-waste-collectors-resign-as-strike-hits-one-week-mark.

WAUTERS, B. [*et al.*], Perfect match or missing link? An analysis of the representatives of trade union representatives in Belgium, *Industrial Relations Journal* 45, 2014: pp. 424-442.

Cidadania e participação política

Manuel Villaverde Cabral
Instituto de Ciências Sociais da Universidade de Lisboa

1. Cidadania e Sociedade Civil

«Sociedade civil» e «cidadania» remetem, de algum modo, uma para a outra, sendo difícil dizer qual precede ou qual pressupõe a outra. Em todo o caso, pode dizer-se que a sociedade civil – isto é, a organização de redes e grupos autónomos de defesa de valores e interesses distintos ou concorrentes entre si e, sobretudo, distintos das esferas de interesse do Estado e das igrejas – constitui a materialização efectiva do exercício da cidadania. Contudo, se a noção de sociedade civil só faz sentido com a formação do Estado moderno no século XVII, ela pode emergir antes mesmo do reconhecimento dos direitos políticos e da sua institucionalização sob os regimes liberais, ao longo de um processo lento e não linear, cheio de avanços e recuos da franquia eleitoral individual, percurso este que, em Portugal, apenas se universalizou de forma genuína com o 25 de Abril de 1974, fazendo então coincidir cidadania e sociedade civil num mesmo espaço estatal nacional.

A noção de cidadania parece, no entanto, ser anterior à de sociedade civil e remeter para a emergência dos direitos pessoais e corporativos que os habitantes de algumas cidades medievais, os chamados «burgueses», incluindo em países como Portugal, foram adquirindo através de determinados tipos de foral, como na Lisboa de final do século XIV. O ponto é que a cidadania nasce territorializada, circunscrita primeiro às cidades e às suas áreas de influência, tipicamente na Itália renascentista. Tanto assim é que ainda hoje é possível observar um efeito metropolitano positivo sobre o exercício activo da participação cívica e da mobilização política[1], como se, para usar uma expressão recuperada por Max Weber, o ar da cidade trouxesse, efectivamente, um espírito de liberdade[2]. Só depois a cidadania se foi estendendo, mitigadamente, aos chamados Estados-nações, sob a forma daquilo a que, correntemente, damos o nome de nacionalidade, mas que os anglo-saxónicos designam precisamente por *citizenship* (cidadania), mantendo assim a ligação entre cidadania e território.

A nacionalidade, nos poucos territórios onde de início se vai manifestando, e Portugal é um deles, começa na realidade por ser o direito de protecção interna e externa de pessoas e bens, correlativo da entrega da soberania ao Estado, segundo o esquema hobbesiano de troca de soberania por segurança. Neste sentido, a nacionalidade garantida pelos Estados absolutistas, originariamente no séc. XVII e prolongando-se pelo XVIII e em boa parte do XIX, reabsorveu a sociedade civil embrionária das cidades medievais e renascentistas. Já a nacionalidade enquanto cidadania – isto é, conjunto de direitos civis, políticos, sociais e culturais – é algo de muito mais tardio, identificado apenas

---

[1] CABRAL, M. V., Efeito metropolitano e cultura política: novas modalidades de exercício da cidadania na metrópole de Lisboa, in CABRAL, M. V.; DA SILVA, F. C. e SARAIVA, T. (org.), *Cidade & Cidadania: governança urbana e participação cidadã*, Lisboa, Imprensa de Ciências Sociais, 2008, pp. 213-241.

[2] WEBER, Max, *The City*, Nova Iorque, The Free Press, 1958 [1921].

a seguir à Segunda Guerra Mundial por Thomas Humphrey Marshall, num ensaio luminoso de 1950 sobre cidadania e classes sociais, que tem constituído desde então a bíblia da inclusão social[3]. Marshall estava, na realidade, a fazer a primeira teoria do «contrato social» preconizado pelo economista John Maynard Keynes, o qual configurava para as décadas seguintes o modelo do *Welfare State* (Estado-providência) enquanto contrapartida material ou, se preferirmos, como substanciação dos direitos conferidos à cidadania cívica e política pela democracia. Esse modelo foi adoptado *mutatis mutandis* pelas democracias europeias, com muitas diferenças já também teorizadas[4].

Estes novos direitos sociais, aos quais a sociedade portuguesa ascenderia, à sua maneira, com o 25 de Abril e de então para cá, correspondem, keynesianamente, à necessidade de sustentar a procura solvável das famílias nas três situações em que, identificadamente, os membros da população activa – os trabalhadores – não estão em condições de trabalhar e, portanto, de angariar recursos próprios: o desemprego, a velhice e a doença. Com a evolução do impropriamente chamado «Estado-providência» – já que o Estado nada providencia, nós é que providenciamos os nossos impostos ao Estado –, a inclusão económica e a coesão social foram sendo assumidas pelos seus dois pilares estatais: a Segurança Social e o Sistema Público de Saúde. Eis o ponto em que o desenvolvimento histórico da noção de cidadania nos faz chegar ao domínio da inclusão e da exclusão sociais, que abordarei mais à frente.

Entretanto, sem pretender fazer a narrativa exaustiva de um longo e complexo processo, convém recordar que o conceito propriamente dito de «sociedade civil» emerge, como já se havia dito, no século XVIII, na Escócia, com o filósofo Adam

---

[3] MARSHALL, T. H., *Citizenship and Social Class*, Londres, Pluto Press, 1992.
[4] ESPING-ANDERSEN, G., *The Three Worlds of Welfare Capitalism*, Cambridge, Polity Press, 1990.

Ferguson, que, em 1767, vai escrever o primeiro ensaio sobre a história da sociedade civil enquanto manifestação dos novos interesses mercantis e industriais, mas também de secessão religiosa e intelectual, por diferenciação relativamente à ordem estatal aristocrática e fundiária, então vigente. Ao amadurecer, o conceito evoluiu no sentido de uma esfera cívica diferenciada, embora nunca radicalmente autónoma do Estado, do mercado e das igrejas, assim como da própria esfera familiar e privada.

Na Alemanha, contudo, o conceito é sintomaticamente designado por *Bürgerliche Gesellschaft*, ou seja, a «sociedade burguesa», em suma, as «forças vivas» do burgo, conferindo assim à noção de sociedade civil o significado de uma esfera de interesses económicos privados, autónomos e, no limite, em competição com o Estado-nação em nascimento, se não mesmo opostos às instituições públicas. Para alguém como Hegel, que aspirava à formação de um Estado alemão, a vigilância reguladora estatal sobre a sociedade burguesa era absolutamente necessária para corrigir, por assim dizer, a sua livre actuação.

Mais tarde, inspirado pela sua visão da democracia norte-americana, Alexis de Tocqueville foi praticamente o último grande defensor da ideia de sociedade civil enquanto contrapeso, simultaneamente, ao individualismo liberal e ao centralismo estatal. Contudo, numa espécie de síntese actualizada desta controvérsia política, o filósofo americano John Rawls acabaria por designá-la como «sociedade organizada», *organized society*, na sua grande teoria sobre a equidade social no século XX. Na mesma linha que Hegel, também Rawls considera que é função do Estado, precisamente, defender o interesse público contra eventuais vantagens adquiridas pelos interesses mais bem organizados e mais influentes[5].

Essa dimensão realista da chamada sociedade civil, implícita na teoria de Rawls, voltará a surgir com força na última década

---

[5] RAWLS, John, *A Theory of Justice*, Cambridge: Massachusetts, Harvard University Press, 1972.

do século XX, quando os temas articulados da sociedade civil e do exercício da cidadania reemergem, após um longo período de silêncio, com o início da globalização e o retorno ao liberalismo económico na década de 70 do século passado. A partir do momento em que estas tendências se conjugam, na década de 1990, com a implosão do chamado «socialismo real», prevalecente na antiga União Soviética e nos seus países satélites, abre-se o espaço à emergência do que Jeffrey Alexander chamou as «sociedades civis reais»[6]. Simultaneamente, generalizam-se os apelos à «libertação da sociedade civil», como já acontecera em Portugal no início da década de 80 com o apelo do então primeiro-ministro Pinto Balsemão, que evocou pela primeira vez esse conceito no imaginário político nacional, com a significação adversa ao Estado centralista e burocrático, que tal «libertação» desafiava.

Foi, pois, neste contexto que estes conceitos ganharam actualidade e impacto na renovação da teoria democrática, nomeadamente com a investigação do cientista político norte-americano Robert Putnam sobre a descentralização político-administrativa em Itália. Com efeito, a forma diferenciada como esse processo ocorreu nas diferentes regiões italianas permitiu a Putnam dar-se conta de que o potencial democratizante da devolução de direitos e deveres às regiões italianas era tanto mais bem utilizado por estas quanto mais profundas eram as raízes históricas do exercício do associativismo profissional e empresarial, em suma, quanto mais precoces e fortes eram as sociedades civis regionais[7].

A prolongada pesquisa de Putnam gerou uma controvérsia do tipo «ovo e galinha» relativa à precedência ou não do «capital social» em relação à «sociedade civil», que dura até hoje.

---

[6] ALEXANDER, J. (org.), *Real Civil Societies: Dilemmas of Institutionalization*, Londres, International Sociological Association, 1998.

[7] PUTNAM, R., *Making Democracy Work: Civic Traditions in Modern Italy*, Princeton: Nova Jérsia, Princeton University Press, 1993.

Contudo, Putnam mais não fazia então do que redescobrir a teoria do capital social de James Coleman, a qual era na realidade uma teoria económica aplicada a microcomportamentos de relacionamento grupal que gerariam vantagens económicas colectivas[8]. Porém, ao aplicá-la à escala societal, Putnam abriu o campo a uma reconciliação extremamente fértil, embora complexa, entre as noções de cidadania e sociedade civil[9].

2. Da exclusão e inclusão sociais ao «Terceiro Sector» e ao voluntariado

A sofisticação e a diferenciação crescentes do modelo do capital social permitiram, inclusivamente, articulá-lo com a problemática da exclusão e inclusão sociais, assim como com o novo paradigma temático da ciência política acerca da auditoria da democracia e da sua qualidade. Paradoxalmente ou não, a emergência deste novo paradigma ficou a dever-se, de forma determinante, à queda do Muro de Berlim e à implosão do sistema soviético. Com efeito, na medida em que a democracia eleitoral passou a estar, por assim dizer, sozinha no mercado da representação política legítima, ficou sujeita a maior escrutínio e exigência por parte dos representados e, correlativamente, dos cientistas e analistas políticos[10].

O retorno da sociedade civil e o seu desdobramento em capitais sociais de diversa natureza – uns mais inclusivos, outros mais excludentes – geraram, entretanto, um *revival* do associativismo e sobretudo do chamado Terceiro Sector, com um

---
[8] COLEMAN, J. S., *Foundations of Social Theory*, [s.l.], Harvard University Press, 1990.
[9] CABRAL, M. V. (org.), *Sucesso e Insucesso: Escola, Economia e Sociedade*, Lisboa, Fundação Calouste Gulbenkian, 2008.
[10] CABRAL, M. V., O exercício da cidadania política em Portugal, in CABRAL, M. V.; VALA, Jorge e FREIRE, João (org.), *Trabalho e Cidadania*, Lisboa, Imprensa de Ciências Sociais, 2000, pp. 123-162.

enorme surto de organizações não governamentais – essas ONG tipicamente situadas entre o Estado e o mercado, numa fronteira entre o público e o privado que nem sempre está traçada com a devida clareza[11]. Esta falta de demarcação clara entre Estado, mercado e sociedade deu inclusivamente origem ao que, no mundo anglo-saxónico, se dá o nome de QUANGO, isto é, *quasi-autonomous non-governmental organisations*, nas quais a mão do Estado e a do próprio mercado estão muito próximas. Esta é uma ilustração recente daquilo que sempre foi visto, por alguns observadores, como «the dark side of social capital», ou seja, o «lado obscuro do capital social»[12].

Inversamente, nada ilustra melhor o problema da rigorosa independência a manter pelas organizações da sociedade civil em relação aos poderes públicos, às organizações político--partidárias, às igrejas e até aos próprios movimentos sociais do que a actividade desenvolvida pelas fundações e outras instituições filantrópicas e mecenáticas. João Freire tem feito um trabalho muito importante em que resume a evolução – à escala internacional, mas também em Portugal – do associativismo clássico, participativo e cooperativo, para um associativismo de prestação de serviços e de delegação de poderes[13], como aliás o próprio Putnam assinala no seu livro posterior *Bowling Alone*[14].

---

[11] SALAMON, L. M. [*et al.*], *Global Civil Society: Dimensions of the Nonprofit Sector*, Baltimore: Maryland, The Johns Hopkins Center for Civil Society Studies, 1999-2004.

[12] WACQUANT, L., Negative Social Capital: State Breakdown and Social Destitution in America's Urban Core, *Netherlands Journal of Housing and the Built Environment* 13, 1998: pp. 25-40; SILKOSET, R., «Destructive Social Capital». Disponível em: http://www.suffolk.edu/files/Sawyer_MOPAN/silkoset_desctructive_social_capital.pdf.

[13] FREIRE, João, Evoluções sociais no campo do associativismo, *in* CABRAL, M. V. (org.), *Sucesso e Insucesso: Escola, Economia e Sociedade*, Lisboa, Fundação Calouste Gulbenkian, 2008.

[14] PUTNAM, R., *Bowling Alone: The Collapse and Revival of American Community*, Nova Iorque, Simon & Schuster, 2003.

Existe, por outro lado, um estudo muito completo sobre o «Terceiro Sector» português, no qual operam as organizações da sociedade civil sem fins lucrativos, integrado num projecto internacional da Johns Hopkins University[15]. Segundo este levantamento, o «Terceiro Sector» representaria cerca de 4% do produto interno bruto (PIB) nacional e «envolveria as energias de quase um quarto de milhão de trabalhadores ETI[16]», dos quais 50 000 em regime de voluntariado, ou seja, como forma de participação no âmbito da cidadania social. No entanto, esta dimensão é «consideravelmente inferior à média da maioria dos países da Europa ocidental». Perto de metade dos recursos humanos dedica-se ao fornecimento de serviços sociais e uma proporção considerável aos serviços de saúde e de educação. Aqui, têm particular relevo as instituições particulares de solidariedade social (IPSS), cuja inclusão nesse «Terceiro Sector» é internacionalmente aceite mas permanece controversa, dado o comando hierárquico a que estão sujeitas, em geral de instituições consideradas, por seu turno, exteriores e mesmo estranhas à sociedade civil, como as igrejas, para não mencionar o seu financiamento directo e indirecto pelo Estado ou pelas autarquias.

3. «Saída, voz e lealdade»[17]

Veremos, para concluir, aquilo que se pode esperar do funcionamento da democracia e do exercício da voz da cidadania. No primeiro inquérito sociológico que tive oportunidade de realizar, em 1992, encontrou-se uma correlação negativa e

---

[15] FRANCO, Raquel (dir.), *O Sector Não Lucrativo Português numa Perspectiva Comparada*, Porto, Universidade Católica Portuguesa, 2005.
[16] Equivalentes a Tempo Inteiro.
[17] HIRSCHMAN, A., *Exit, Voice, and Loyalty*, [s.l.], Harvard University Press, 1970.

estatisticamente significativa entre o exercício activo da cidadania por parte da população portuguesa e a percepção que esta tinha da equidade social reinante na nossa sociedade, estimada através da percepção subjectiva daquilo que designei por equidade do sistema de oportunidades e recompensas socioeconómicas[18].

Na altura, os inquiridos consideravam que o sistema de oportunidades era relativamente aberto; em contrapartida, o sistema de recompensas era considerado muito iníquo. Não se sabe como os Portugueses responderiam hoje. Desde então, mais do que na mediação socioeconómica da cidadania, tenho-me concentrado nas mediações socioculturais subjacentes ao exercício activo da cidadania e à satisfação com a democracia.

Num estudo internacional de 2004 (ver Quadro 1), pretendeu averiguar-se de que maneira se posicionavam a classe média-alta e a classe trabalhadora perante os atributos e atitudes que tipificam a participação política e a adesão à democracia. Comparei, assim, o conjunto das duas camadas superiores da sociedade europeia – empresários, proprietários, profissionais liberais, técnicos superiores, etc. –, que designei por *elites*, com o *operariado*, que não é aliás, como é sabido, a classe mais pobre nem a menos organizada da nossa sociedade[19].

---

[18] CABRAL, M. V., *Cidadania Política e Equidade Social em Portugal*, Oeiras, Celta, 1997.
[19] CABRAL, M. V., Class effects and societal effects: Elite and working class attitudes towards political citizenship from a European comparative perspective, *Portuguese Journal of Social Science* 5, 2006: pp. 159-178.

Quadro 1: Elites e operariado ante a política, segundo o país e UE (médias)

	Portugal			Espanha			República Checa			Suécia			União Europeia (18 países)		
	EL	OP	M_N	EL	OP	M_N	EL	OP	M_N	EL	OP	M_N	EL	OP	M_{UE18}
Confiança interpessoal	4,40	4,39	4,45	5,21	4,71	4,84	4,89	4,05	4,42	6,57	5,76	6,25	5,29	4,52	4,86
Confiança nas instituições	5,00	4,61	4,82	5,05	4,61	4,84	4,80	4,21	4,42	6,21	5,36	5,90	5,46	4,83	5,18
Confiança na classe política	3,16	2,51	2,82	3,84	3,09	3,37	3,60	2,99	3,22	5,15	4,19	4,72	3,96	3,17	3,60
Interesse pela política	2,58	1,89	2,12	2,27	1,76	1,88	2,47	2,03	2,20	2,86	2,45	2,60	2,76	2,19	2,38
Compreensão do fenómeno político	3,26	2,47	2,71	3,17	2,48	2,64	3,03	2,53	2,74	3,41	2,84	3,04	3,17	2,66	2,83
Iniciativa e resposta (*responsiveness*)	1,52	1,37	1,40	1,59	1,43	1,53	1,63	1,87	1,64	1,47	1,52	1,53	1,48	1,60	1,53
Proximidade dos partidos	2,81	2,71	2,74	2,85	2,70	2,75	2,85	2,75	2,78	2,95	2,86	2,89	2,85	2,79	2,84
Satisfação com a democracia	4,52	4,49	4,56	5,86	5,62	5,70	5,26	4,62	4,85	6,39	5,91	6,12	5,50	4,89	5,20
Escala esquerda-direita	5,18	4,89	5,08	4,45	4,13	4,41	6,01	4,90	5,45	5,28	4,41	4,88	4,92	4,78	4,93
Associativismo	0,17	0,07	0,09	0,23	0,09	0,13	–	–	–	0,49	0,33	0,39	0,32	0,14	0,21
Automobilização	0,81	0,30	0,41	1,64	0,72	0,99	1,22	0,62	0,90	2,20	1,34	1,81	1,55	0,67	1,02

Escalas 0-9 EL = Elites; OP = Operariado; M_N = Média Nacional; M_{UE18} = Média na União Europeia-18

Em linha, temos alguns dos mais importantes factores habitualmente associados ao exercício activo da cidadania e à satisfação com o regime representativo; em coluna, temos – para Portugal e três outros países para comparação, bem como o conjunto da União Europeia (18 países) – os valores apresentados pelas elites, pelo operariado e pela média da população. A conclusão a tirar, a nível de cada país ou a nível europeu, é a de que, com raríssimas excepções à escala nacional e europeia, seja qual for o indicador em causa, as elites não só recorrem muito mais às oportunidades de participação política do que o operariado, como se identificam muito mais com os partidos, a classe política e as instituições dos respectivos países; consequentemente, a sua satisfação com a democracia é muito maior do que a da classe operária. Por outras palavras, estes resultados configuram uma virtual confiscação dos sistemas partidários e da própria democracia pelas elites da União Europeia em detrimento das classes subalternas.

A única excepção relevante é o índice designado por *responsiveness* («reactividade»), que mede a capacidade de iniciativa dos indivíduos e a resposta do sistema à acção colectiva ou individual dos cidadãos. Por aqui nos aproximamos dessa «voz» teorizada por Albert Hirschman. São dois indicadores simples: a probabilidade de os inquiridos se envolverem num protesto contra alguma legislação da qual discordassem e qual seria, segundo eles, a resposta positiva ou negativa do sistema perante as iniciativas tomadas pelas pessoas. A probabilidade de tomarem alguma iniciativa não é grande, mas o que faz baixar o índice é o efeito de *feedback* negativo que tem, para a mobilização dos cidadãos, a expectativa de as suas iniciativas «não servirem para nada».

Ora, se em Portugal e Espanha, as elites tendem a tomar mais iniciativas de protesto do que o operariado, não é esse o caso nos outros países nem no conjunto da União Europeia. Comprova-se, assim, que prevalece na Península Ibérica uma relação negativa entre uma elite que procura dissuadir o protesto e, por outro lado, uma classe operária que, perante as estratégias dissuasórias das elites, renuncia por antecipação a fazer ouvir a sua voz, criando assim um círculo vicioso. Inversamente, a verificação de que a iniciativa «serve para alguma coisa» pode gerar um círculo virtuoso. O oposto da «voz» é a «saída», bem exemplificada na história de Portugal pela emigração («votar com os pés»)!

Finalmente, se é certo que na generalidade dos países da União Europeia as elites, devido à abundância dos seus capitais humano e social, exercitam muito mais plenamente os direitos constitucionais do que o resto da população, estes resultados mostram que, em Portugal, as próprias elites tendem a exercer esses direitos menos do que o operariado de países como a Suécia, por exemplo, e por vezes menos do que a média europeia. Portanto, além do efeito de classe, existe um efeito societal, segundo o qual a sociedade portuguesa sofre, no seu conjunto, de um défice tal no que diz respeito ao exercício da cidadania, que as próprias elites revelam, frequentemente, possuir menos capital social do que o conjunto da população europeia.

Em Portugal, efectivamente, os índices de associativismo e de automobilização das elites estão abaixo dos da classe operária sueca. Comparativamente, Portugal sofre, pois, de um défice societal de mobilização, podendo dizer-se que a capacidade de automobilização é definidora de uma elite, porventura uma elite alternativa, como se verá seguidamente.

Quadro 2: **Associativismo e Automobilização – Portugal (2004)**

(Regressão Linear Múltipla)	Associativismo	Automobilização
Interesse pela política...............................	–	–
Mobilização cognitiva...............................	–	0,141***
Iniciativa e resposta política......................	0,144***	0,112***
Exposição aos *media* noticiosos................	0,155***	0,132***
Confiança interpessoal...............................	–	–
Classe social...	0,078*	0,110***
Classe social subjectiva..............................	–	–
Escolaridade...	–	–
Rendimento..	0,135**	0,082*
Sexo..	-0,065*	0,055*
Idade...	0,111**	-0,083*
Prática religiosa..	0,182***	–
Socialização primária..................................	–	–
Socialização secundária..............................	0,220***	0,217***
Efeito-metropolitano..................................	–	0,081**
Posição política (esquerda *vs.* direita)......	-0,103***	–
Variância explicada *(Adjusted R²)*	*21,4%*	*48,5%*
N *(Minimum)*	*1152*	*1152*

Nota: Os valores são coeficientes de regressão estandardizados (betas) estatisticamente significativos: * $p < 0,05$; ** $p < 0,01$; *** $p < 0,001$. As células vazias correspondem a coeficientes de regressão estandardizados estatisticamente não significativos ($p > 0,01$).

É isso que se depreende deste outro quadro produzido no contexto de uma nova pesquisa sobre as modalidades de exercício da cidadania[20]. Perante estes resultados, é lícito perguntar se

---

[20] CABRAL, M. V. e CARREIRA DA SILVA, F., Ciudad y ciudadanía en Portugal: El «efecto-metrópolis» sobre el ejercicio de la ciudadanía política, in CLARK, T. N. e NAVARRO, C. J. (org.), *La Nueva Cultura Política: Tendencias globales y casos iberoamericanos*, Madrid e Buenos Aires, Miño y Dávila, 2007, pp. 311-333.

não estaremos diante de uma mudança cultural, um «*shift*» correlativo daquela outra mudança, identificada há duas décadas por Ronald Inglehart, dos valores e atitudes materialistas em direcção àquilo a que ele chamou então «pós-materialismo»[21]. Agora, porém, tratar-se-ia de um «*shift*» (inflexão) não tanto a nível dos conteúdos, como, sobretudo, a nível das formas de exercer a cidadania e de desafiar as elites instaladas, seja no poder seja nas próprias instâncias de contrapoder[22].

Identificámos, assim, duas modalidades distintas de exercício cidadão: por um lado, o associativismo clássico, ou seja, a pertença a associações cívicas, culturais, desportivas, partidos, sindicatos, ordens profissionais, etc., em suma, o associativismo associado ao típico capital social identificado por Putnam, em qualquer das suas vertentes, aberta (*bridging*) ou fechada (*bonding*); por outro lado, formas novas daquilo a que chamo a automobilização. Neste caso, tipicamente, um cidadão é membro de um partido e figura portanto na coluna do associativismo; porém, quando esse partido convoca uma acção, o cidadão é livre de responder ou não à convocatória, isto é, tem de fazer um esforço suplementar no sentido de estar presente, fazendo assim ouvir a sua voz. É este último passo pessoal que designo por automobilização.

Há indicadores sociodemográficos de sinal estatístico contrário. Dois são particularmente interessantes, pois apontam para a mudança sociocultural. Trata-se do género e da idade. As mulheres estão menos presentes no associativismo e mais

---

[21] INGLEHART, R., *Culture Shift in Advanced Industrial Society*, Princeton: Nova Jérsia, Princeton University Press, 1990.
[22] CABRAL, M. V., «Civic and political participation: a new culture shift? – evidence from 12 countries», Presentation at the 21st IPSA World Congress, Santiago do Chile, 2009; ver também WELZEL, C.; INGLEHART, R. e DEUTSCH, F., Social Capital, Voluntary Associations and Collective Action: Which Aspects of Social Capital Have the Greatest «Civic» Payoff?, *Journal of Civil Society* 1, 2005: pp. 121-146.

ligadas a novas formas de automobilização, porventura mais soltas e até erráticas, com menos compromissos no tempo, mas maior empenhamento no momento; os homens, em contrapartida, estão mais associados ao capital social convencional e têm menor destaque na automobilização. Passa-se algo semelhante quanto à idade: o associativismo convencional é uma forma de exercício cidadão de pessoas mais velhas, enquanto os jovens se salientam entre quem se orienta preferencialmente para as modalidades de automobilização. O sentido da mudança em favor destas últimas modalidades é indicado, precisamente, pela juventude – e também pelo género – dos seus aderentes.

Vale a pena acrescentar que não há necessariamente contradição entre as duas modalidades. Elas não se excluem mutuamente, mas, antes pelo contrário, reforçam-se uma à outra. Verifica-se, contudo, que, se há sobreposição entre elas, como acontece em 40% a 50% dos casos, a automobilização é mais geradora de associativismo do que este último é gerador de mobilização. Por outras palavras, é mais provável que o envolvimento numa rede aberta de protesto leve à criação de uma associação ou à adesão a uma organização previamente constituída do que a pertença a uma destas associações – hierarquizadas e com objectivos já estabelecidos – leve à participação activa. Acresce, por último, que a modalidade da automobilização é de longe aquela que melhor adere (48,5% de «variância explicada») ao modelo do exercício activo da cidadania política (em Portugal como em alguns outros países, a «variância explicada» pelo associativismo é menos de metade: 21,4%).

O carácter inovador desta mudança cultural decorre, precisamente, de essas lideranças serem jovens e femininas, não só em Portugal como na maior parte dos países europeus e no Canadá. Estas novas elites são, pois, menos dependentes das modalidades convencionais do capital social clássico e mais ligadas – por isso falamos, a propósito delas, de «*linking social capital*», capital social de ligação[23] – a formas de expressão de uma sociedade civil em rede, menos corporativa e menos mercantil do que tem sido no passado nas democracias ocidentais. Em suma, para retomar os termos de Hirschman, jovens elites emergentes que recusaram abandonar (*exit*) a liça e que, ao exercício mais ou menos passivo da lealdade às instituições e interesses estabelecidos (*loyalty*), preferem fazer ouvir a sua voz (*voice*).

4. Concluindo

Desde que a teoria da cultura cívica começou a ser testada empiricamente que a «estrutura de inferência» adoptada por Almond e Verba[24] foi contestada, não só devido ao papel negligenciável conferido aos atributos sociodemográficos da população, como sobretudo à exclusiva preocupação dos autores com a *estabilidade* da democracia. Isso levou-os a desprezar a questão da *qualidade* dos regimes concretos e a atribuir a *responsabilidade* pelo mau funcionamento das instituições a culturas cívicas de massa alegadamente inadequadas à democracia, em vez de admitir a existência de efeitos de retroacção negativa (de *feedback* ou alimentação-para-trás) do comportamento das elites sobre os cidadãos[25]. Em sociedades como a portuguesa, essa retroacção contribui certamente para a falta generalizada de confiança social e de mobilização política[26].

---

[23] P. ex.: https://wagner.nyu.edu/files/faculty/publications/Br_J_Soc_Work-2010-Hawkins-1777-93.pdf.

[24] ALMOND, G. e VERBA, S., *The Civic Culture: Political Attitudes and Democracy in Five Nations*, [s.l.], Sage, 1963; LIJPHART, A., The structure of inference, *in* ALMOND, G. e VERBA, S. (org.), *The Civic Culture Revisited*, Boston, [s.n.], 1980.

[25] PATEMAN, Carole, The civic culture: a philosophic critique, *in* ALMOND, G. e VERBA, S. (org.), *The Civic Culture Revisited*, Boston, [s.n.], 1980.

[26] CABRAL, M. V., O exercício da cidadania política em perspectiva histórica (Portugal e Brasil), *Revista Brasileira de Ciências Sociais* 51, 2003: pp. 31-60.

Algo parecido sucede com a teoria do capital social, cujas reconhecidas dificuldades de operacionalização se devem em parte às suas próprias indefinições conceptuais. Não só o bom funcionamento das instituições democráticas é considerado dependente do *stock* de capital social, como tão depressa se diz ser o desenvolvimento das redes de acção colectiva que gera a confiança interpessoal e institucional, ou como se escreve que, sem confiança prévia, não é possível estabelecer os laços de cooperação que constituem o capital social[27], conforme o próprio Putnam admitirá em *Bowling Alone*. Não é pois de surpreender que Kenneth Newton tenha concluído que as relações entre confiança e redes sociais são «um problema da galinha e do ovo»[28].

Assim, o exercício pleno da cidadania política (participação associada e automobilização), bem como da própria participação social (voluntariado), encontra-se no termo de uma cadeia de efeitos compostos que se inicia com os atributos sociodemográficos dos cidadãos e ao longo da qual é possível identificar um conjunto de mediações relevantes, tais como: (1) a confiança social e política; (2) a compreensão do fenómeno político e o sentimento de eficácia pessoal; (3) o interesse pela vida política, a *mobilização cognitiva* e a exposição aos *media* informativos; (4) e, finalmente, a adequação entre a oferta partidária e a procura de bens políticos[29], ou seja, o sentimento dos cidadãos de serem bem representados enquanto teste ao bom funcionamento das instituições democráticas. Em Portugal, hoje em

---

[27] FUKUYAMA, F., *Trust: The Social Virtues and the Creation of Prosperity*, Londres, Penguin Books, 1995.
28 NEWTON, K., Social capital and democracy in modern Europe, *in* VAN DETH, J. W. [*et al.*] (org.), *Social Capital and European Democracy*, Londres, Routledge, 1999.
[29] ELSTER, Jon, The market and the forum: three varieties of political theory, *in* ELSTER, J. e HYLLAND, A. (org.), *Foundations of Social Choice Theory*, [*s.l.*], [*s.n.*], 1985.

dia, o primeiro desses testes é a elevada abstenção eleitoral que pode chegar a 50% ou mais conforme as eleições!

Referências e leituras recomendadas

ALEXANDER, Jeffrey (org.), *Real Civil Societies: Dilemmas of Institutionalization*, Londres, International Sociological Association, 1998.

CABRAL, M. V., *Cidadania Política e Equidade Social em Portugal*, Celta, Oeiras, 1997.

CABRAL, M. V., *Dimensões da Cidadania: A mobilização política em Portugal numa perspectiva comparada*, Porto, Afrontamento, 2014.

ELSTER, Jon, The market and the forum: three varieties of political theory, *in* ELSTER, J. e HYLLAND, A. (org.), *Foundations of Social Choice Theory*, [s.l.], [s.n.], 1985.

ESPING-ANDERSEN, G., *The Three Worlds of Welfare Capitalism*, Cambridge, Polity Press, 1990.

HIRSCHMAN, Albert, *Exit, Voice, and Loyalty*, [s.l.], Harvard University Press, 1970.

INGLEHART, Ronald, *Culture Shift in Advanced Industrial Society*, Princeton: Nova Jérsia, Princeton University Press, 1990.

MARSHALL, T. H., *Citizenship and Social Class*, Londres, Pluto Press, 1992.

PUTNAM, Robert, *Making Democracy Work: Civic Traditions in Modern Italy*, Princeton: Nova Jérsia, Princeton University Press, 1993.

PUTNAM, Robert, *Bowling Alone: America's Declining Social Capital*, Nova Iorque, Springer, 2000.

RAWLS, John, *A Theory of Justice*, Cambridge: Massachusetts, Harvard University Press, 1972.

Representação de interesses e lóbis

Susana Coroado
Instituto de Ciências Sociais da Universidade de Lisboa

1. A representação de interesses em democracia

Em democracia, a participação dos cidadãos na condução da política não se esgota nos vários actos eleitorais. O referendo, a petição pública, a manifestação, o financiamento político e o lóbi[1] são outras formas de acção cívica ao alcance dos diversos actores extrapolíticos, como os indivíduos, mas igualmente as empresas ou as associações oriundas da sociedade civil. De entre estas formas de participação política, o lóbi é talvez a que mais facilmente está ao alcance dos diferentes grupos que constituem a sociedade e igualmente a que está mais envolta em desconhecimento, polémicas e riscos éticos.

O lóbi mais não é do que a tentativa, por meio da comunicação directa ou indirecta com detentores de cargos públicos ou políticos, de influenciar decisões públicas de carácter político,

---

[1] Os termos «representação de interesses» ou *advocacy* também são comummente utilizados para designar *lobbying*.

legislativo, administrativo ou regulatório. Pode ser exercido directamente pelo grupo de interesse que visa defender uma posição ou através da intermediação de um lobista profissional que gere os contactos e a comunicação entre o grupo de interesse seu cliente e os detentores de cargos políticos e/ou decisores públicos envolvidos em determinada deliberação ou debate legislativo. Nos últimos anos, o lóbi, e em particular a questão da sua regulação, tem vindo a ocupar um lugar crescente nas agendas políticas e mediáticas de várias democracias. Tal deve-se, entre outras causas, à globalização de práticas empresariais de cariz anglo-saxónico em que a prática é mais comum, à expansão do lóbi como actividade profissional e, igualmente, à exigência dos cidadãos de mais escrutínio, transparência e prestação de contas relativamente às instituições públicas e aos representantes eleitos.

Não sendo uma actividade ilegal, até por se basear em direitos fundamentais como a liberdade de expressão, de associação e participação política, o lóbi comporta riscos de influência indevida, captura regulatória e concorrência desleal. Como tal, suscita questões de natureza ética relativas ao comportamento dos envolvidos, ou seja, de grupos de interesse ou lóbis como também são comummente denominados, mas igualmente de lobistas e de decisores públicos alvo da pressão daqueles.

2. Lóbi, um conceito a clarificar

A participação de indivíduos, empresas e associações implica tentativas de influência directa dos decisores públicos em deliberações políticas, regulatórias ou administrativas, devido à existência de múltiplos e legítimos grupos de interesse (AUSTIN, 2006, p. 678) e de processos de decisão dinâmicos entre interesses económicos e poder. A actuação destes grupos de interesse pode ser disciplinada e enquadrada na estrutura do Estado, comum nos sistemas corporativistas. Segundo SCHMITTER (1979), num sistema de representação de interesses corporativista, as unidades constituintes encontram-se organizadas num número limitado de categorias, reconhecidas ou autorizadas (se não mesmo estabelecidas) pelo Estado, ao qual é garantido o monopólio da representação. Já na tradição pluralista, o sistema de representação de interesses baseia-se em unidades constituintes organizadas num número ilimitado de categorias, que não são especificamente autorizadas ou controladas pelo Estado, nem detêm o exclusivo da representação da respectiva categoria. No pluralismo, é concedido aos diversos lóbis um papel mais activo e mais oportunidades na participação política, limitando-se o Estado ao papel de árbitro e gestor desses interesses. É neste contexto que surge a prática de lóbi enquanto forma de mediação e gestão de informação entre um agente passivo (com capacidade de decisão) e um agente activo (com um manifesto interesse no processo de decisão), com o intuito de influenciar, directa ou indirectamente, os resultados dos processos de decisão, na defesa de interesses de uma empresa, grupo económico, sector de actividade, associação cívica, comunidade, região ou até mesmo um determinado país. Contudo, diferencia-se das restantes práticas de participação, como o voto, a petição pública ou o financiamento político, por implicar o acesso directo ao decisor público (e, assim, a capacidade de lhe aceder), uma organização e estratégia de acção e, como tal, meios financeiros para o levar a cabo.

Por lóbi entendemos «o esforço de influenciar o processo de políticas públicas» (BAUMGARTNER e LEECH, 1998, p. 34). Esta é uma definição modesta, mas, por isso mesmo, suficientemente abrangente para abarcar as diferentes instituições alvo de tentativa de influência e que desempenham um papel activo na definição e implementação de políticas públicas. Intimamente relacionada com o conceito de lóbi está a definição de lobista, imprescindível para distinguir a representação de interesses colectivos organizados da comunicação de um cidadão a título individual junto do seu representante eleito. Segundo HUNTER, WILSON e BRUNK (1991, p. 490), o lobista é «alguém que tenta afectar a acção legislativa», definição que se revela redutora, uma vez que, ao limitar o raio de acção do lobista ao poder legislativo, ignora os outros poderes – executivo, administrativo e regulatório –, que têm igualmente capacidade de decisão pública, pelo que, consequentemente, podem ser alvo de tentativas de lóbi.

É, pois, expectável que, em democracia, exista lóbi, independentemente de este ser ou não regulado. Os detentores de cargos políticos não podem, por um lado, ficar indiferentes às exigências dos seus constituintes que vão surgindo ao longo dos mandatos; por outro lado, os decisores públicos nem sempre possuem todas as ferramentas necessárias para decidir sobre questões de natureza demasiado técnica e evitam assumir decisões unilaterais em temáticas sensíveis, tendo por isso de recorrer a grupos de interesse mais informados por uma questão de capacitação ou até partilha de responsabilidades. Finalmente, num cenário em que diferentes grupos de interesse têm objectivos opostos, o Estado deve actuar como regulador desses interesses, com vista a um compromisso que salvaguarde, conforme os casos, o interesse público ou pelo menos o «consenso mínimo necessário para o funcionamento de uma sociedade democrática» (DOWNS, 1962).

Nas últimas décadas, a globalização económica de inspiração anglo-saxónica, bem como a influência de organizações internacionais na homogeneização de regras e comportamentos económicos e políticos entre países, tem levado à importação de práticas de cariz pluralista, mesmo em países tipicamente corporativistas ou estatistas, como a Alemanha ou a França. A este fenómeno acrescenta-se a actual complexidade dos temas sobre os quais o poder político tem de dar resposta, o que tem vindo a criar espaço para a participação de outros actores além dos representantes políticos eleitos.

Em termos práticos, o lóbi consiste na interacção entre i) um detentor de cargo político ou público com capacidade de decisão directa ou de influência de outros decisores; ii) um grupo com um determinado interesse económico, social ou cultural e iii) um representante desse grupo de interesse que conduz a intermediação entre este e o decisor. Este representante, o lobista, pode ser *in-house*, ou seja, funcionário da empresa ou da associação em causa, ou um consultor externo contratado a título individual ou através de uma firma especializada em serviços de lóbi, comunicação, relações públicas ou serviços jurídicos, conforme a preferência do cliente ou a natureza da questão pública em debate. Esta é, portanto, uma actividade comum em democracia, independentemente do sistema de representação de interesses que a componha ou da existência ou não de regulação sobre a matéria. Na realidade, a falta de regulação não determina a ausência de práticas de lóbi ou até que este seja só por si ilegal. De resto, tem vindo a aumentar o número de países que, nos últimos anos, tem adoptado regras ou legislação relativa ao lóbi, de forma a dar resposta a uma prática e actividade profissional que tinha vindo a crescer sem um enquadramento adequado.

2.1. *Lóbi* versus *tráfico de influências*

O lóbi é muitas vezes confundido com tráfico de influências, corrupção ou crimes afins. CAMPOS e GIOVANNONI (2006) propõem uma distinção no que concerne a estas práticas: o lóbi é o meio preferido de influenciar decisões nos países ricos, ao passo que a corrupção é preferida nos países pobres. Parece--nos, contudo, uma explicação pouco fundamentada: tanto o lóbi como a corrupção ou o tráfico de influências podem ocorrer em países desenvolvidos como em vias de desenvolvimento. Qualquer regime democrático tem na sua génese um conjunto de práticas convencionais, com algum grau de informalidade, que caracterizam os trabalhos parlamentares e a relação entre representantes e os seus constituintes. Já FIGUEIREDO (2012, pp. 23-24) separa o acto legítimo de influência do de natureza criminal, pela natureza dos interesses que são mobilizados/ /representados: o tráfico de influências, ao contrário do lóbi, visa a defesa de interesses particulares em detrimento da generalidade dos cidadãos. Esta distinção também não se afigura a mais correcta, porque o lobista tanto pode representar os interesses de um grupo económico como os de uma associação de protecção do ambiente. A defesa dos interesses do grupo económico tanto pode representar uma mais-valia económica para a empresa (por exemplo, uma alteração do quadro regulatório ou um benefício fiscal específico para o sector), como pode representar um interesse económico para a empresa com externalidades positivas para a população em geral (por exemplo, o financiamento de um programa de investigação sobre doenças raras ou a comparticipação de um determinado medicamento).

Não obstante a linha que divide o tráfico de influências do lóbi ser muitas vezes ténue, trata-se de duas práticas políticas distintas. Tanto o lóbi como o tráfico de influências estão assentes num processo de mediação e de gestão de informação e intenções entre duas partes, a passiva (decisor) e a activa (interessado), com implicações para o processo de decisão. O mediador (lobista) tem como função recolher informação de ambas as partes da transacção e reduzir deste modo os custos inerentes à abordagem directa. O mediador procura, através da gestão de informação entre o decisor e o interessado, fazer corresponder preferências e objectivos. No entanto, o tráfico de influências, ao contrário do lóbi, é uma prática ilegal, na medida em que alguém vende ou abusa da sua influência, real ou suposta, em qualquer entidade pública, para obter favores, tratamento preferencial ou informação privilegiada, com um potencial ou elevado valor de mercado, geralmente em troca de um pagamento ou vantagem não patrimonial. O lobista, por sua vez, é uma pessoa que cria pontes, que gere informação e que é remunerado por tal serviço, mas não vende aquilo que não pode vender, isto é, o mandato imperativo sobre o decisor. Pode assegurar que o decisor oiça propostas, ideias, interesses, mas não pode garantir ao seu cliente que a decisão lhe será favorável contra qualquer tipo de pagamento ou vantagem. SOURICE (2015, p. 81) oferece, por isso, uma distinção mais ajustada à prática política: o lóbi procura influenciar o decisor, ao passo que a corrupção ou o tráfico de influências visam controlá-lo. Sempre que o livre arbítrio do decisor, a sua independência se encontra ameaçada ou ferida, estamos perante um caso de impropriedade financeira no exercício de funções públicas.

3. Lóbi e Ética

O lóbi, não obstante cumprir uma função pertinente em democracia e ser distinto do tráfico de influências e crimes afins, é uma actividade que envolve riscos, que podem pôr em causa a sua legitimidade, pelo que o comportamento de lobistas e decisores públicos suscita questionamentos éticos. De resto, a forma assimétrica como a influência sobre decisões é exercida, a maior ou menor transparência sobre quem tem acesso aos decisores e qual o contributo que tiveram no processo de decisão, e as formas pouco ortodoxas de influência que têm vindo a ser denunciadas pela comunicação social e organizações da sociedade civil, como, por exemplo, a oferta de comissões, brindes, hospitalidade e donativos de campanha em troca de acesso privilegiado aos corredores do poder, são razões suficientes para uma crescente suspeita sobre este tipo de prática democrática.

Em primeiro lugar, e contrariamente às outras formas de participação política mencionadas, o lóbi implica o contacto directo com o político ou com o funcionário público, o que potencia a proximidade entre ambas as partes e, como tal, a oportunidade para comportamentos pouco éticos, como o oferecimento ou solicitação de vantagem indevida. Este risco é agravado pelo facto de estas comunicações ocorrerem muitas vezes em reuniões privadas ou eventos sociais, ou ainda através de telefonemas, sem publicitação ou registo do contacto, favorecendo assim a opacidade, ainda que de forma eventualmente involuntária.

Em segundo lugar, coloca-se o problema da concorrência entre grupos de interesse, o que se pode verificar em dois planos distintos: pelo acesso ao decisor e pelo sucesso dos objectivos de cada um. Relativamente ao último aspecto, num contexto pluralista em que diferentes grupos de interesse operam sem hierarquia ou estrutura organizada, a concorrência entre eles torna-se manifesta quando os seus objectivos são distintos e, principalmente, quando são opostos. Além disso, o decisor político, com uma agenda preenchida e solicitações de ordem vária, necessita de incentivos para receber uns grupos de interesse em vez de outros. Gera-se então uma concorrência entre grupos pela atenção do político, que se materializa pela oferta dos referidos incentivos. Estes não têm de ser necessariamente de ordem material ou pecuniária, como se poderá pensar logo. Diferentes grupos podem oferecer informação de natureza técnica, dados sobre o impacto económico ou social que uma medida poderá ter sobre um segmento da população, diplomas legais já redigidos que economizam tempo e recursos ao político ou perspectivas de ganhos eleitorais em favor do respectivo partido. Outro incentivo pode ser o grau de conhecimento ou amizade que o decisor tenha previamente com o lobista: quanto maior capacidade tiver para manter uma boa relação com o decisor, mais hipóteses terá de ser recebido por este. Daí que a quantidade e a qualidade da carteira de contactos do lobista sejam a sua maior valia enquanto profissional.

Todavia, vantagens materiais também podem ocorrer, como viagens, presentes, empregos futuros, donativos políticos, entre outros. Neste cenário, lóbis com mais recursos, redes de contacto mais vastas ou melhor capacitação técnica têm uma vantagem relativa comparativamente aos outros. A concorrência entre grupos pode, no entanto, ter impactos negativos na integridade dos processos de decisão, por poder resvalar para comportamentos pouco éticos ou que põem em causa os princípios democráticos. Desta forma, importa que o lóbi seja exercido tendo em atenção o respeito por três eixos fundamentais, que passamos a descrever.

Equidade de acesso

Uma das mais prementes questões no que toca à influência de decisões públicas é o acesso ao poder. Se, por princípio, todo o cidadão tem o direito de participar na vida política e contribuir para os processos decisórios, o acesso privilegiado de alguns indivíduos e interesses ao poder em detrimento de outros põe em causa aquele princípio.

Os problemas de falta de equidade surgem quando alguns lobistas têm acesso mais fácil aos legisladores do que outros. Clientelismos partidários e favoritismos forjados por proximidades familiares, sociais ou profissionais minam a igualdade entre os cidadãos e a equidade de acesso aos processos decisórios. Não se trata aqui de impedir que os decisores públicos mantenham os laços sociais precedentes ou de preconizar que vivam numa redoma sem contactos exteriores. Trata-se, sim, de assegurar que, aquando da tomada de decisões, sejam consultados os vários interessados com visões opostas ou complementares, que não seja fornecida mais informação a uns do que a outros e que as opções políticas ou administrativas sejam tomadas numa base equitativa e não no favorecimento dos que se encontram mais próximos do poder.

Defesa do interesse público

É o princípio do interesse público que deve pautar o comportamento ético dos envolvidos no processo de lóbi, quer sejam os representantes de interesses, quer os decisores públicos. Ainda que o lóbi tenha como objectivo primordial a defesa de interesses privados, estes não devem ter externalidades negativas para a maioria da população.

Num estudo sobre a ética do lóbi, o norte-americano Woodstock Theological Center exemplifica: «Se uma política pública resultar, por exemplo, em discriminação racial, afectar os mais desfavorecidos de modo desproporcional, desproteger crianças, violar direitos fundamentais, gerar desigualdades na distribuição de apoios sociais ou ameaçar o ambiente, sabemos que é errada e que deve ser contrariada» (WOODSTOCK THEOLOGICAL CENTER, 2002, p. 84).

Transparência

A transparência contribui para assegurar a equidade de acesso e o interesse público. Quando os cidadãos têm conhecimento do desenrolar dos processos decisórios, mais facilmente conseguem garantir que as políticas públicas tratam todos de forma equitativa, visando o bem-estar geral. Por isso, devem ser evitados comportamentos ou decisões tomadas de forma opaca ou longe do escrutínio público. A transparência permite também separar o acto legítimo de influência do de natureza criminal e da defesa de interesses particulares em detrimento da generalidade dos cidadãos (FIGUEIREDO, 2012, pp. 23-24).

Um lóbi ético na prática

Como verificámos, o lóbi implica duas categorias de actores – os decisores públicos e aqueles que representam interesses, sejam os lobistas, sejam os grupos em si mesmos –, devendo a integridade ser assegurada por ambas as partes. Nem sempre a lei consegue ser eficaz na regulação e prevenção de todos os riscos e situações perniciosas relacionadas com a actividade de lóbi. Ademais, na avaliação dos seus comportamentos, não importa somente a conformidade com a lei, mas também a forma como são percepcionados pelos cidadãos. A percepção de que um político fez aprovar um diploma legislativo ou uma ordem administrativa com base no seu benefício pessoal em vez do interesse geral diminui a confiança dos cidadãos nas instituições; a crença de que um grupo ou um indivíduo exerce influência, através de meios indevidos, sobre uma questão pública com vista ao favorecimento do seu interesse estrito aumenta o sentimento de injustiça na sociedade. Assim, condutas éticas por parte dos envolvidos em situações de lóbi contribuem para a legitimidade das decisões e para o reforço da confiança dos cidadãos.

Neste contexto, a ética individual não é suficiente. Mesmo tendo em mente os três eixos – equidade de acesso, defesa do interesse público e transparência –, cada detentor de cargo público e lobista tem a sua própria percepção do que é ético ou não, o que pode não ser igual ao que o seu colega pensa ou ao que os cidadãos acreditam corresponder a uma conduta irrepreensível ou, pelo menos, aceitável. A ética pública deve colocar-se acima das consciências individuais e guiar os comportamentos de todos os envolvidos. Como tal, uma cultura de transparência, integridade e respeito por preceitos éticos em instituições públicas e privadas pode e deve ser promovida através de instrumentos de *soft law*, ou seja, de documentos que estabelecem regras mas não têm força de lei como os códigos de conduta.

Códigos de ética aplicáveis a cargos políticos e às administrações públicas são comuns em várias democracias desenvolvidas. Nestes são definidos princípios como o da imparcialidade, isenção, transparência dos actos e procura regular-se conflitos de interesse reais, potenciais ou aparentes, estabelecer regras sobre ofertas ou hospitalidade, entre outros. Em jurisdições em que o lóbi é regulamentado, estes códigos contêm provisões que orientam a relação e os contactos com lobistas, nomeadamente com vista a evitar tratamentos privilegiados, o fornecimento de informação confidencial ou portas giratórias, que permitem que um indivíduo passe do público para o privado com quem teve contactos.

Medidas semelhantes são adoptadas com vista a disciplinar o comportamento dos representantes de interesses. Os lobistas, por exemplo, têm a obrigação de se identificar, de esclarecer que interesses representam, de não exercer pressões indevidas ou fazer ofertas que não se enquadrem nos parâmetros estabelecidos. O registo dos lobistas obriga à adesão a códigos de conduta que, tendo uma linguagem mais ou menos vaga, permitem estabelecer determinadas regras cujo desrespeito pode implicar sanções aos lobistas prevaricadores. Estes códigos de conduta são apenas declarações formais de princípios que definem os padrões de actuação tanto de lobistas como de detentores de cargos públicos ou políticos. Em contextos em que o lóbi profissional se encontra mais desenvolvido, são igualmente comuns instrumentos de auto-regulação, como códigos deontológicos desenhados por associações do sector que visam disciplinar o comportamento e assegurar as boas práticas entre os seus membros.

O estabelecimento de regras e directrizes claras e aplicáveis é fundamental, mas por si só não é suficiente para a promoção da ética no lóbi. O respeito e a conformidade para com essas regras são elementos cruciais e também um sério desafio. Para garantir a conformidade, bem como dissuadir e detectar violações, as instituições devem delinear e aplicar um espectro coerente de estratégias e mecanismos de supervisão e execução apropriados. Estes devem promover a consciencialização das normas e padrões éticos esperados, melhorar a compreensão dos mesmos e desenvolver as competências adequadas para a sua boa aplicação. Além disso, é fundamental que existam fontes de informação pública sobre os esforços e contactos de lóbi efectuados e sistemas de denúncia pública.

Em Portugal, a Constituição consagra a representação de interesses e o direito à participação dos cidadãos nos processos de decisão pública, que são em parte regulados pelas normas da concertação social. Contudo, à semelhança de outros países que não possuem uma tradição pluralista, Portugal tem vindo a ser influenciado por factores externos que compõem o contexto certo para a introdução de práticas de lóbi que ultrapassam os interesses de grupos já previstos na lei. Além de ser membro de organizações que promovem a regulação e as práticas de lóbi, como a União Europeia (UE) e a Organização para a Cooperação e Desenvolvimento Económico (OCDE), Portugal tem vindo a experienciar uma abertura cada vez maior da sua economia e um dinamizar da sua sociedade civil. Como tal, a participação de representantes de grupos de interesse na decisão pública e a sua relação com os detentores de cargos políticos têm vindo a ser mais escrutinadas pela comunicação social e pela opinião pública. Escândalos e condutas pouco adequadas por parte dos diferentes *stakeholders* (partes interessadas) têm feito emergir a discussão sobre as questões éticas na política.

No que se refere aos detentores de cargos públicos, a Carta Ética da Administração Pública visa consagrar os grandes princípios do serviço público, nomeadamente a legalidade, a justiça, a imparcialidade, a lealdade e a integridade. O Código de Conduta aplicável aos membros do governo e respectivos gabinetes, adoptado no final de 2016 no seguimento de uma polémica relativa ao oferecimento de viagens a secretários de

Estado por parte de uma empresa privada, possui objectivos semelhantes. Contudo, nenhum dos documentos oferece uma orientação satisfatória no que se refere ao comportamento que os agentes públicos devem manter nos contactos com representantes de interesses. Já no que tange à Assembleia da República, não existe nenhum tipo de regulação ética institucional, ficando qualquer problema sujeito à consciência individual de cada deputado. Ora, não deixando este de estar sujeito ao cumprimento da moral comum nem dispensado do escrutínio dos *media* e da opinião pública, nem sempre as suas escolhas individuais se coadunam com essa moral comum. O recurso à (agora) Subcomissão Parlamentar de Ética acontece quando o deputado tem dúvidas sobre a melhor conduta a adoptar individualmente, mas tal não tem sido comum na prática parlamentar, como confirmou em 2015 o Grupo de Estados contra a Corrupção (GRECO), criado pelo Conselho da Europa, numa avaliação da integridade dos deputados do parlamento português.

Nesta matéria, a falta de regulação da actividade de lóbi em Portugal leva ainda a outras duas falhas importantes. Os códigos de conduta a que estão sujeitos o governo e a administração pública são omissos em directrizes que orientem os seus membros na relação com representantes de interesses. Estes, por seu turno, também não estão sujeitos nem a auto-regulação nem a nenhum código de conduta decorrente dos seus contactos com entidades públicas ou detentores de cargos políticos.

4. Desafios futuros

O lóbi, ainda que um pouco desconhecido da opinião pública ou envolvido em polémicas, é uma actividade em franca expansão nas democracias economicamente mais desenvolvidas, como o demonstra o crescente número de países que aprovaram ou estão em processo de discussão de regulação da actividade. A este fenómeno, alia-se uma generalizada falta de confiança na classe política, como sugerem vários estudos de opinião, e uma crescente exigência dos cidadãos quanto ao comportamento dos seus representantes. Assim, se relações entre estes e os representantes de grupos de interesse são cada vez mais frequentes, também aumentam os riscos de influência indevida, bem como os escândalos que vêm a público. Como tal, não só novos desafios éticos se colocam aos detentores de cargos políticos e públicos, mas também os antigos problemas se intensificam. De forma a assegurar a integridade dos processos de decisão pública e o comportamento ético daqueles que têm o poder de os conduzir, é necessário que a relação entre detentores de cargos públicos e lóbis respeite os princípios da equidade de acesso, defesa do interesse público e transparência. Códigos éticos que orientem a acção de todos os envolvidos de forma clara, assim como mecanismos de monitorização e implementação de regras, são a chave para um lóbi ético e uma democracia participativa e inclusiva.

Referências e leituras recomendadas

AUSTIN, Eric K., Pluralism, *Encyclopedia of Governance*, SAGE Publications, 2006.

BAUMGARTNER, Frank R. e LEECH, Beth L., *Basic Interests: The Importance of Groups in Politics and in Political Science*, Princeton: Nova Jérsia, Princeton University Press, 1998.

CAMPOS, Nauro F. e GIOVANNONI, Francesco, «Lobbying, Corruption and Political Influence», Discussion Paper n.º 2313, Institute for the Study of Labor (IZA), Setembro de 2006.

CHARI, Raj; HOGAN, John e MURPHY, Gary, *Regulating lobbying: a global comparison*, Manchester, Manchester University Press, 2010.

Coroado, Susana, *O Grande Lóbi*, Lisboa, Objectiva, 2017.

Downs, A., The public interest: Its meaning in a democracy, *Social Research* 29, 1962: pp. 1-36.

Figueiredo, Carlota Rocha, *Tráfico de Influência: Análise Crítica da Incriminação*, Lisboa, Universidade Católica Portuguesa, Março de 2012.

GRECO, *Fourth Evaluation Round: Corruption prevention in respect of members of parliament, judges and prosecutors – Evaluation Report Portugal*, Estrasburgo, Council of Europe, 2015.

Hunter, Kennith G.; Wilson, Laura Ann e Brunk, Gregory G., Societal Complexity and Interest-Group Lobbying in the American States, *The Journal of Politics* 53, 1991: pp. 488-503.

Lampreia, J. Martins, *Lóbi: Ética, Técnica e Aplicação*, Lisboa, Texto Editores, 2005.

Mulcahy, Suzanne, *Lobbying in Europe: Hidden Influence, Privileged Access*, Berlim, Transparency International, 2015.

OECD, *Lobbyists, Governments and Public Trust, Volume 1: Increasing Transparency through Legislation*, Paris, OECD Publishing, 2009.

Powell, G. Bingham, Political Representation in Comparative Politics, *Annual Review of Political Science* 7, 2004: pp. 273-296.

Schmitter, P. C., Still the century of corporatism?, *in* Lehmbruch, G. e Schmitter, P. C. (org.), *Trends toward Corporatist Intermediation*, [*s.l.*], Sage Publications, 1979.

Sourice, Benjamin, Lobbying et corruption, les deux faces de la capture du pouvoir, *Hermès, La Revue* 73, 2015: pp. 81-82.

Venice Commission, *Report on the Role of Extra-Institutional Actors in the Democratic System (Lobbying)*, Estrasburgo, Council of Europe, 2013.

Woodstock Theological Center, *The Ethics of Lobbying: Organized Interests, Political Power, and the Common Good*, [*s.l.*], [*s.n.*], 2002.

Zetter, Lionel, *Lobbying: The Art of Political Persuasion*, Hampshire, Harriman House, 2011.

Sistema político e processos eleitorais: importância das sondagens e dos *media*

Paula do Espírito Santo
Centro de Administração e Políticas Públicas (CAPP),
Instituto Superior de Ciências Sociais e Políticas (ISCSP)
da Universidade de Lisboa

1. Átrio

O contexto da cultura política democrática ensaia e traz ciclicamente à memória colectiva os papéis essenciais das sondagens e dos *media* no funcionamento do sistema político democrático. Após um desenvolvimento e maturação longos, essencialmente desde os anos 30 e 40 do século XX em diante, os *media* e as sondagens enfrentam desafios profundos, sobretudo desde os finais do século XX. Estes desafios prendem-se com conceitos iminentes que denotam as consequências das transformações profundas de uma sociedade pós-industrial, em grande medida radicados numa cultura política pós-materialista. Conceitos e problemas como a desconfiança política e a volatilidade eleitoral tornam-se centrais às preocupações e estudo do devir e sustentabilidade do sistema político democrático e influenciam directamente os processos eleitorais. Sob o pano de fundo da ética e da política, esta contribuição tem como objectivo central identificar os papéis e importância que as sondagens e os *media* poderão ter na construção democrática. Nessa sequência, conceitos e contextos desafiantes como os de (des)confiança política, volatilidade eleitoral, assim como o de democratização e de democraticidade, são ilustrativos dos ingredientes de construção da cultura política contemporânea.

A questão de partida desta reflexão é a seguinte: em que moldes as sondagens e os *media* contribuíram para a reconfiguração do sistema político na cultura política democrática, tendo a ética como contexto e mote dessa cultura? Os resultados esperados centram-se na identificação do papel histórico e do poder democrático das sondagens e na ligação destas com o recrudescimento de um sistema político em que os níveis de confiança política são pouco sustentáveis, em face das expectativas que deveriam constituir o motor do poder e do sistema político democrático. As sondagens, na ligação com os *media*, e a ética que lhes subjaz serão observadas enquanto vectores da mudança democrática e da construção de patamares diferenciados de inclusão cívica.

A caminhada para a consolidação democrática teve nas sondagens e nos *media*, ao longo e a partir do início do século XX, dois dos pilares fundamentais para o desenvolvimento da cidadania crítica e democraticamente interventiva. Neste plano, as sondagens e os *media* permitiram níveis diferenciados de inclusão cívica, ao abrigo da construção da opinião pública informada, crítica e participativa, em termos de avanço científico e técnico, no campo das teorias da persuasão e da construção das campanhas eleitorais, em particular.

Defendemos que as sondagens e os *media* são centrais no plano da transmissão e dinâmica da promoção da oferta político-partidária e do ajustamento dos processos políticos e eleitorais às necessidades e procura, por parte das comunidades políticas do sistema democrático. Com este pano de fundo, esta contribuição procura identificar em que moldes as sondagens e os *media* têm vindo a contribuir para o reforço da ética na política, tendo em conta os níveis crescentes e constantes de decréscimo da confiança no sistema político.

2. Evolução e valor democrático das sondagens

As sondagens constituem-se como um forte indicador democrático da vontade do poder político em conhecer a opinião pública e em se aproximar das tendências de vontade dos eleitores. Cayrol recorda que «a sondagem é o produto da sociedade democrática; foi sempre interdita nos regimes totalitários. Nem a URSS, a de Estaline ou aquela que se lhe seguiu, nem o Chile de Pinochet, nem a Argentina de Videla, nem a China, a da grande revolução cultural ou aquela que se lhe seguiu, nem o Vietname nem Cuba, nem nenhum dos regimes despóticos do Terceiro Mundo ou do Leste Europeu, nem Franco nem Salazar toleraram jamais as sondagens de opinião» (CAYROL, 2000, p. 11). As sondagens foram e são possíveis quando o poder político as convoca e as entende como social e politicamente úteis, nestas investindo através da academia e promovendo-as fazendo uso dos meios de comunicação social. A longa história das sondagens políticas reflecte, por isso, a vontade e o empenhamento das democracias na ciência, na técnica, mas também na capacidade política de permitir e arriscar a divulgação das sondagens políticas através dos *media*, e em saber que nem sempre a opinião pública lhes é favorável.

Os primeiros desenvolvimentos das sondagens, tanto quanto se conhece, verificaram-se nos Estados Unidos da América (EUA), em meados do século XIX, em formato de sondagens pouco rigorosas e pouco técnicas, por isso designadas «sondagens de palha» (*straw polls*) ou sondagens *ad hoc*. Mais tarde, a partir dos anos 30 do século XX, as técnicas das sondagens políticas e dos inquéritos sociológicos alcançariam um novo patamar técnico-científico, apoiadas pelos avanços, sobretudo, da teoria da amostragem, da sociologia, da psicologia social e da estatística, cujos desenvolvimentos permitiram àquelas técnicas alcançarem, cada vez mais, patamares de sofisticação elevados de previsão e precisão científica e técnica.

Nos primórdios ainda do século XIX (em 1824), o jornal *Harrisburg Pennsylvanian* divulgava uma sondagem sobre eleições presidenciais num barco que fazia o curso do Mississípi e constituiria exemplo pioneiro da ligação estreita entre a publicação das sondagens e a leitura de jornais. Aquela sondagem vaticinava a vitória de Andrew Jackson, com 63%, sobre Quincy Adams e Henry Clay (CAYROL, 2000, p. 15; ERIKSON, 2001, p. 7). As sondagens foram utilizadas por aquele jornal, a propósito de disputas eleitorais de modo moderno, para motivar o interesse pela compra do jornal e pela aprazibilidade das notícias. Entretanto, e sobretudo a partir da segunda metade do século XIX, a técnica das sondagens políticas começa a expandir-se além dos EUA, sendo utilizada em diversos países, tais como França (1848), Alemanha (1848) e Bélgica (1868-69) (NOELLE, 1963, p. 22).

Independentemente dos modelos de construção da sondagem, em tempo ancestral aos grandes desenvolvimentos científicos a nível da estatística e das várias ciências referidas, a partir dos inícios do século XX o importante eram os resultados, o interesse sociopolítico e o entusiasmo que as sondagens políticas publicadas desencadeavam. Por outras palavras, nas «sondagens de palha» (*straw polls*) privilegiava-se menos a informação e a precisão dos resultados (os quais eram fortuitos – como o nome *straw* sugere – e não técnicos) e mais a capacidade de empolgamento suscitada pela leitura e seguimento dos resultados das sondagens publicadas. A utilização da técnica das sondagens políticas para previsão eleitoral torna-se num recurso frequente e popular, por parte dos jornais, a partir de inícios do século XX.

Nos EUA, para as eleições presidenciais de 1928 foram conduzidas 84 sondagens, entre as quais seis de alcance nacional (HERBST, 1993, pp. 76-79; ERIKSON, 2001, p. 8). A credibilidade técnica das sondagens na altura ainda era baixa, mas os seus patrocinadores apostavam nas mesmas, sabendo da sua importância no incremento das vendas dos jornais. Ainda nos EUA, a partir de 1935, ocorre uma mudança profunda na aplicação dos modelos técnicos das sondagens, através do fortalecimento da estatística. Em 1936, verificava-se que as opções de selecção do universo e de construção da amostra eram essenciais para a precisão dos resultados. Neste mesmo ano ficaria famosa, para a história das sondagens políticas, a disputa na aplicação de sondagem por parte do American Institute of Public Opinion, empresa fundada por George H. Gallup, perante a sondagem aplicada pela revista de maior circulação nos EUA, a *Literary Digest*. O instituto de Gallup conseguiria, com base numa amostra representativa de 2000 indivíduos, prever a vitória de Franklin D. Roosevelt sobre Landon, nas eleições presidenciais de 1936. Ao invés, a revista *Literary Digest*, com uma amostra de 2,3 milhões de assinantes da própria revista, que responderam ao inquérito por via postal, previu, erradamente, a vitória do representante do partido republicano Alfred Landon. A *Literay Digest* abriria falência um ano depois (ESPÍRITO SANTO, 2018).

As eleições de 1936 foram marcantes no domínio da aprendizagem e desenvolvimento da técnica das sondagens, uma vez que, além do American Institute of Public Opinion, outros institutos e empresas se popularizaram – particularmente a Fortune Survey (fundada por Elmo Roper e Paul Cherington) e a Crossley Poll (fundada por Archibald Crossley) –, exercendo uma forte influência não apenas nos EUA mas também no plano internacional. Nas eleições de 1936, estes três institutos ou empresas de sondagens apuraram resultados acertados quanto ao vencedor Roosevelt. Aspectos técnicos, como a concepção da amostra e a construção do questionário na sua relevância estatística, revolucionaram a construção das sondagens políticas e dos inquéritos sociológicos, após experiências relevantes, como a descrita, que marcariam a história das sondagens.

Em França – país em que a actividade de realização de sondagens foi fortemente influenciada pelos EUA e por George Gallup –, o sociólogo Jean Stoetzel e o jornalista Alfred Max começaram a realizar sondagens em Outubro de 1938 e criaram o Instituto Francês de Opinião Pública (IFOP). A constituição do IFOP aconteceu precisamente um mês depois da assinatura dos Acordos de Munique sobre a Checoslováquia por Hitler, Mussolini, Daladier e Chamberlain. O primeiro estudo publicado em jornal francês foi em Julho de 1939, no *Paris-Soir*, e foi conduzido com o apoio de Gallup – mentor directo das sondagens junto de Stoetzel e Max. Simbolicamente, no dia da Libertação de Paris, em Agosto de 1944, com um país e uma cidade completamente devastados, foi aplicada uma sondagem (CAYROL, 2000, p. 17). A mensagem fundamental a reter seria a de que o povo voltava a ser inquirido e, como tal, a ter o poder e a faculdade de decidir sobre a sua vida política e sobre quem era capaz de o governar.

Em Portugal, tanto quanto se conhece, a primeira sondagem é apenas publicada em 1973, no dia 6 de Janeiro, na primeira página do caderno principal do jornal *Expresso*. Na última fase do regime do Estado Novo, designada Primavera Marcelista, este jornal estreava-se publicando a notícia intitulada: «63 por cento dos portugueses nunca votaram». A coragem da publicação desta notícia era já um elemento importante e traduzia um sinal de afronta ao regime, num momento em que ainda vigorava o sistema de censura em vários domínios da cultura, da informação e na imprensa, em particular: as notícias eram escrutinadas à luz do seu interesse para o Estado, sendo conhecido o «lápis azul» da censura, que traduzia o corte a que se procedia nas notícias com vista a reajustamentos e selecções de conteúdos, consoante o seu teor e possível afronta aos desígnios do Estado, sob a presidência do Conselho de Ministros de Marcelo Caetano.

Os avanços científicos das sondagens foram inúmeros e centraram-se em evoluções técnicas, sobretudo na sofisticação e rapidez da recolha de dados e da concretização da amostragem (por exemplo, a amostragem aleatória via listagem telefónica, a partir dos anos 70 do século XX) ou na realização de sondagens pelas grandes cadeias televisivas norte-americanas, a partir de 1976 (CBS News e o *New York Times*, como pioneiros, seguidos da NBC-*Wall Street Journal*, da ABC-*Washington Post* e da CNN) (ERIKSON, 2001, p. 10). A partir dos anos 90, Portugal viria a aplicar o que também nos EUA já era corrente, ou seja, o procedimento das sondagens à boca das urnas. Esta técnica consiste na aplicação de uma sondagem política, durante o próprio dia da eleição, com resultados apresentados através dos *media*, em particular pela televisão, e imediatamente antes do fecho das urnas em todo o território. Consegue-se, desta forma, atrair audiências durante um curto espaço de tempo em que os resultados totais ainda não estão completamente apurados ou conhecidos.

Em Portugal, as televisões privadas criadas em 1992 (SIC) e em 1993 (TVI) viriam a dar um novo impulso à realização de sondagens, em especial a SIC – televisão presidida pelo mesmo fundador do jornal *Expresso*, Francisco Pinto Balsemão, o qual sempre privilegiou as sondagens como alavanca da informação noticiosa.

Data ainda de 1991 o diploma que viria alterar profundamente o tempo mínimo de proibição da publicação das sondagens nos órgãos de comunicação social. Antes desta data, e por uma sequência de diplomas desde o DL n.º 621-C/74, de 15 de Novembro (ESPÍRITO SANTO, 2008), o tempo de proibição da publicação de sondagens políticas nos meios de comunicação social até ao dia da eleição, no caso de eleições para a Assembleia da República, variava entre os dois meses (desde o termo de apresentação das candidaturas, de acordo com o DL n.º 621-C/74, de 15 de Novembro) e os 80 dias (a partir da data da marcação de eleições pelo Presidente da República). Várias exposições seriam feitas publicamente e junto da Assembleia da República no sentido de se diminuir o tempo de proibição da publicação de sondagens em órgãos de comunicação social até ao acto eleitoral. De acordo com a Lei 31/91, de 20 de Julho, o tempo mínimo de publicação das sondagens políticas passaria a ser de sete dias até ao acto eleitoral. Com a Lei 10/2000, de 21 de Junho, este tempo de proibição passou para dois dias.

Em democracia, os desenvolvimentos técnicos e legais das sondagens têm permitido que as mesmas sejam, cada vez mais, um instrumento essencial não apenas à decisão política, como à própria salubridade e ética dos sistemas políticos democráticos. Além da promoção do interesse comercial e da melhoria das audiências, a aplicação das sondagens, através dos *media*, dá a conhecer à opinião pública a forma como esta se revê no funcionamento do regime político democrático, em geral, e dos seus governantes e representantes em particular. Como tal, a ética democrática sai enriquecida pela promoção do conhecimento e informação do funcionamento do sistema político junto da opinião pública, através das sondagens políticas.

3. A desconfiança política, democrática, gradual e informada

Uma das expectativas essenciais por parte da comunidade civil e dos eleitores é a de que os protagonistas da política partidária desenvolvam uma práxis política suportada em valores éticos e de transparência política, no quadro de um Estado de direito democrático. Contudo, estudos e indicadores comuns têm vindo a demonstrar níveis de insatisfação e frustração recorrentes com o desempenho das elites e do poder político

(PHARR e PUTNAM, 2000). Um dos indicadores que os evidenciam é baseado nos dados sobre os níveis de confiança quanto às instituições democráticas. Estes tendem, genericamente, a ser baixos e a revelar crítica e atitudes contestatárias em relação ao sistema político democrático (NORRIS, 1999; MAGALHÃES, 2003; SANTOS e ROCHA, 2011). Em estudo longitudinal, desenvolvido por PEQUITO TEIXEIRA (2018), entre 2000 e 2016, verifica-se que os níveis de confiança em relação ao parlamento português, em comparação à média parlamentar dos países europeus considerados no estudo, são ligeiramente inferiores (37% *versus* 40%, respectivamente). Ainda em termos comparados, a análise dos valores da confiança dos cidadãos em relação aos parlamentos nacionais (-23%) e em relação a Portugal (-10%) denota uma tendência para o decréscimo, apesar de no nosso país ser menos acentuado (PEQUITO TEIXEIRA, 2018). Estes valores devem ser observados à luz dos tipos de regime político em vigor em cada Estado e das circunstâncias conjunturais e estruturais de cada Estado. No caso português, o regime político, comummente designado como semipresidencialista, identifica um padrão de relação entre os titulares dos órgãos de soberania, no plano político, específico, que foca no Presidente da República responsabilidades de garante máximo do bom funcionamento e equilíbrio das instituições democráticas, mas sem funções de governação. Estas cabem ao governo, sob a direcção do seu primeiro-ministro.

PINTO, DE SOUSA e MAGALHÃES (2013, p. 3) enfatizaram que «mais de dois em cada três eleitores partilham a percepção de não terem qualquer influência nas decisões políticas, de que os políticos se preocupam exclusivamente com interesses pessoais, de que a sua opinião não é tomada em conta nas opções dos governantes e de que não há sintonia entre aquilo que consideram ser prioritário para o país e aquilo a que os governos dão prioridade». Estas tendências evidenciam que em Portugal há uma falta de confiança política por parte dos cidadãos em relação aos governantes, mas também que o país não é enquadrável num patamar pós-materialista, no que se refere à caracterização da sua cultura política dominante. Ou seja, Portugal não se enquadra no conjunto de valores do padrão designado pós-materialista, à luz do modelo e escala apresentados por Inglehart, em 1970. Este modelo foi desenvolvido, de forma seminal, na defesa que o autor faz de uma transformação profunda de valores da cultura política ocidental democrática em *The Silent Revolution* (INGLEHART, 1977 e 1997). A escala materialismo-pós-materialismo tem vindo a ser, permanentemente, testada e validada num plano internacional, desde 1980, e é aplicada actualmente em mais de 100 países, no âmbito do projecto *World Values Survey*. A tendência verificada em Portugal revela que o país não se enquadra no plano de valores que traça a direcção para maiores níveis de consciência, nomeadamente: a relação de influência dos cidadãos em relação ao governo; a maior valorização das ideias no que diz respeito ao lucro; a defesa de uma perspectiva mais ambientalista em relação às cidades – para destacar alguns dos tópicos da escala de valores materialismo-pós-materialismo. A maioria das democracias ocidentais tende a estar próxima de valores pós-materialistas e a acentuar essa caminhada, tida como mais natural no plano do amadurecimento democrático da cultura política ocidental (INGLEHART e WELZEL, 2005; HAERPFER [*et al.*], 2009; WELZEL, 2013).

A ligação entre o conceito de confiança política e o de promessa eleitoral – este último trabalhado por Belchior – converge num sentido de reforço negativo em termos de desconfiança do sistema político democrático. De acordo com Belchior, à luz do projecto «*Agenda Setting* em Portugal numa Perspectiva Comparada: A Legislação, as Promessas Partidárias, a Opinião Pública e os *Media*», centrado no período entre 1995 e 2015, os governos cumpriram, em média, cerca de 60% das promessas escritas nos programas eleitorais, tendência em linha com os demais países europeus. Para BELCHIOR (2015), apesar destes dados, a proporção de indivíduos que considera que os governos tendem a esquecer as promessas feitas em tempo de campanha supera aqueles valores, o que motiva o descrédito democrático e a falta de confiança nos governos.

Um outro elemento que denota uma mudança estrutural nas sociedades democráticas reporta-se aos fenómenos de intensificação da volatilidade eleitoral observados de forma crescente nas democracias ocidentais (PEDERSEN, 1979; GIBBINS, 1989; NÚÑEZ, SIMÓN e PILET, 2016). Espelhados na despolarização partidária, no não alinhamento eleitoral e na recomposição do tecido social, particularmente a diversificação das classes médias (NORRIS, 1997), estes fenómenos radicam-se na mudança de uma sociedade industrial para uma sociedade pós-industrial.

O papel dos *media* como «cães de guarda» (*watch dogs*), fórum cívico e «definidores de agenda» (*agenda setter*) é fundamental ao estabelecimento de condições e mecanismos de controlo da dinâmica democrática do sistema político (NORRIS, 2006) e permite o reforço da consciência crítica e do combate ao défice democrático, que tem vindo a ser identificado por NORRIS (2011). Neste sentido, verifica-se a mudança de uma visão da cultura cívica tripartida em paroquial, sujeita e participante (ALMOND e VERBA, 1963 e 1980) – que enfatizava traços de cultura política democrática assentes no sentimento de participar na discussão pública dos assuntos e na percepção de intervir directamente na condução pública dos mesmos – para a identificação de dois tipos de cultura política desenvolvidos numa óptica de clivagem entre a participação crítica e informada (*assertive*) e a apatia política (*allegiant*). Os processos de maturação democrática têm vindo a consolidar um tecido social e de valores assente numa cultura política do protesto, baseada numa visão de mudança política, económica e social a uma escala global (FIGUEIRAS e ESPÍRITO SANTO, 2016). Esta visão é acentuada por fenómenos de défice e disrupção das estruturas que devem suportar o Estado e das instituições que as apoiam, as quais não acompanham as necessidades não resolvidas de uma parte importante, informada e crítica da população. É no espaço do sistema democrático que, da partilha conhecedora e crítica, podem resultar novos horizontes de maior aprofundamento e permeabilidade éticos, de respeito pelo quadro de direitos e deveres, e de assunção do bem comum, como elemento essencial e motor da actividade política.

4. Nota final acerca da ética e da participação democrática

A promoção de procedimentos e condutas éticos deve ser origem, motor e consequência da política democrática, no âmbito dos horizontes e baias do sistema ainda por consolidar. Num plano ideal, protagonistas e instituições políticas devem constituir exemplo e apresentar a melhor prática da cidadania e da construção pública do projecto comum que é o Estado. Procurámos identificar os papéis dos *media* e das sondagens enquanto motores e promotores da informação, da aproximação entre eleitos e eleitores e como instrumentos políticos no Estado de direito democrático, a nível da promoção da transparência e da confiança na democracia.

A assunção de níveis exigentes de inclusão cívica e de democraticidade está aliada à longa e sinuosa caminhada para a transparência na política, auditada sob a luz da visibilidade pública dos protagonistas que nos representam, assim como das instituições que nos integram. A partilha do espaço e palco da política envolve a conjugação e protecção, num primeiro plano dos interesses públicos, da ética e dos valores essenciais da democracia num Estado de direito, como sejam o direito à informação e à liberdade de imprensa. As sondagens fazem parte dos elementos que contribuem de forma técnica e científica para o melhor autoconhecimento democrático por parte da comunidade civil.

A ciência e a técnica caminham a par e passo com o desenvolvimento democrático. Neste plano, as sondagens políticas constituem-se como instrumento que permite aferir o estado da opinião pública, em múltiplas dimensões de interesse político. O interesse por parte do poder político em relação às sondagens é proporcional ao interesse que os *media* desenvolvem sobre estas, enquanto motor importante da informação e da auscultação pública das opiniões da sociedade civil. A caminhada para níveis superiores de ética e de democraticidade na política constitui-se como uma problemática que se apresenta como desafiante. Este ensejo é crescente à medida que a sociedade se torna mais inclusiva e promove o autoconhecimento democrático pela via da informação, dos *media* e da proximidade entre eleito e eleitor.

A ética como um dos requisitos fundamentais da sociedade contemporânea e baluarte da construção do Estado de direito democrático só pode ser efectivamente desenvolvida e prosseguida quando assente em patamares elevados de inclusão cívica, melhor informação, melhor autoconhecimento. Neste xadrez da construção, dinâmica e conhecimento do espaço público, os *media* e as sondagens políticas constituem-se como reforço da democracia e condição *sine qua non* de desenvolvimento do sistema e de maior transparência democrática desde os seus primórdios, ou seja, desde os princípios do século XX. Nas democracias ocidentais, a partir sobretudo de finais da primeira metade do século XX, o conceito de cidadania foi, gradualmente, tomando contornos mais extensos, de assunção dos direitos e deveres, derrubando barreiras de género, de habilitações, profissionais, de pertença a sectores, de idade, entre outras. O início do século XXI trouxe novos desafios à proximidade entre eleitos e eleitores, entre os quais a capacidade de se incluir e atrair os eleitores para o voto e para a visão de se encarar o acto de sufrágio, essencialmente, como um direito, mais do que um dever cívico, aliando-se um valor simbólico, histórico e cívico que permita maiores níveis de participação eleitoral, pró-actividade na relação com o voto e melhores resultados no combate à abstenção. Defendemos que, se se encarar o voto mais como um direito do que como uma obrigação, se pode dar-lhe efectivamente o valor político e simbólico que este merece. Lamentavelmente, esta visão começa a ser utópica face ao aumento dos níveis de desconfiança cívica nos sistemas políticos democráticos contemporâneos. Contudo, apesar de não podermos estabelecer patamares muito elevados de participação eleitoral em sistemas políticos de voto não obrigatório, a esperança nos políticos e na política também deve fazer parte da democracia. Consideramos que é com maiores níveis de inclusão cívica e de participação democrática que o sistema político poderá atingir horizontes mais elevados de respeito pelos valores da ética e do civismo democrático. As sondagens e os *media* têm um papel relevante neste processo.

Referências e leituras recomendadas

ALMOND, G. e VERBA, S., *The Civic Culture*, Nova Iorque, Little-Brown & Company, 1963.

ALMOND, G. e VERBA, S., *The Civic Culture Revisited*, Nova Iorque, Little-Brown & Company, 1980.

BELCHIOR, A., *Confiança nas Instituições Políticas*, Lisboa, Fundação Francisco Manuel dos Santos, 2015.

BUDGE, I., Electoral volatility: Issue effects and basic change in 23 post-war democracies, *Electoral Studies* 1, 1982: pp. 147-168.

CAYROL, R., *Sondages, modes d'emploi*, Paris, Presses de Sciences Po, 2000.

DALTON, R. J. e WELZEL, C., *The Civic Culture Transformed: From Allegiant to Assertive Citizens*, Nova Iorque, Cambridge University Press, 2014.

ERIKSON, T., *American Public Opinion: Its Origins, Content, and Impact*, EUA, Longman, 2001.

ESPÍRITO SANTO, P., Surgimento e Condicionantes das Sondagens em Portugal, *Observatorio (OBS*) Journal* 7, 2008: pp. 153-179.

ESPÍRITO SANTO, P., *Sociologia Política e Eleitoral: Atitudes e Comportamento Eleitoral*, Lisboa, ISCSP, 2018 (3.ª edição).

Expresso, «63 por cento dos portugueses nunca votaram», Caderno principal do jornal *Expresso*, 6 de Janeiro de 1973.

FIGUEIRAS, R. e ESPÍRITO SANTO, P. (org.), *Beyond Internet: Unplugging the Protest Movement Wave*, EUA, Routledge, 2016.

GIBBINS, J. R. (org.), *Contemporary Political Culture: Politics in a Modern Age*, Grã-Bretanha, SAGE Publications, 1989.

HAERPFER, C. [*et al.*] (org.), *Democratization*, Oxford e Nova Iorque, Oxford University Press, 2009.

HERBST, S., *The meaning of public opinion: citizens' constructions of political reality*, Media, Culture & Society 15, 1993: pp. 437-454.

INGLEHART, R., *The Silent Revolution: Changing Values and Political Styles Among Western Publics*, Princeton, Princeton University Press, 1977.

INGLEHART, R., *Modernization and Postmodernization: Cultural, Economic and Political Change in 43 Societies*, Princeton, Princeton University Press, 1997.

INGLEHART, R. e WELZEL, C., *Modernization, Cultural Change and Democracy: The Human Development Sequence*, Nova Iorque, Cambridge University Press, 2005.

MAGALHÃES, Pedro C., A confiança nos parlamentos nacionais: regras institucionais, representação e responsabilização política, *Análise Social* XXXVIII, 2003: pp. 443-465.

NOELLE, E., *Encuestas en la Sociedad de Masas*, Madrid, Alianza Editorial, 1963.

NORRIS, P., *Electoral Change since 1945*, EUA, Blackwell Publishers, 1997.

NORRIS, P., Institutional explanations for political support, *in* NORRIS, Pippa (org.), *Critical Citizens: Global Support for Democratic Government*, Oxford, Oxford University Press, 1999.

NORRIS, P., «The role of the free press in promoting democratization, good governance, and human development», World Press Freedom Day, United Nations Educational, Scientific and Cultural Organization, 2006.

NORRIS, P., *Democratic Deficit: Critical Citizens Revisited*, Nova Iorque: Cambridge University Press, 2011.

NÚÑEZ, L.; SIMÓN, P. e PILET, J.-B., Electoral volatility and the dynamics of electoral reform, *West European Politics* 40, 2016: pp. 1-24.

PEDERSEN, M., The Dynamics of European Party Systems: Changing Patterns of Electoral Volatility, *European Journal of Political Research* 7, 1979: pp. 1-26.

PEQUITO TEIXEIRA, C., *Qualidade da democracia em Portugal*, Lisboa, Fundação Francisco Manuel dos Santos, 2018.

PHARR, S. J. e PUTNAM, R. D., *Disaffected Democracies: What's Troubling the Trilateral Countries?*, Princeton, Princeton University Press, 2000.

PINTO, A. C.; DE SOUSA, L. e MAGALHÃES, P., *A Qualidade da Democracia em Portugal: A Visão dos Cidadãos*, Lisboa, Imprensa de Ciências Sociais, 2013.

SANTOS, M. L. e ROCHA, E. C. da, Capital social e democracia: a confiança realmente importa?, *Revista de Sociologia e Política* 19, 2011: pp. 43-64.

WELZEL, C., *Freedom Rising: Human Empowerment and the Quest for Emancipation*, Nova Iorque, Cambridge University Press, 2013.

Obediência militar, liberdade e consciência

Helena Carreiras e *Francisco Leandro*
ISCTE-Instituto Universitário de Lisboa
e Universidade da Cidade de Macau (CityU Macau)
– Região Administrativa Especial de Macau, China

O valor da obediência constitui um dos elementos-chave da disciplina, pilar normativo e funcional das organizações militares. Apesar das transformações sociais, organizacionais e da heterogeneidade nos modelos do seu exercício, a existência de um padrão relativamente rígido de disciplina permanece como um elemento central deste tipo de instituições. A obediência representa, neste quadro, uma espécie de síntese da idiossincrasia da profissão militar. STUART MILL (2008a, p. 64), na sua obra *Sobre a Liberdade*, trata a necessidade da obediência como um «dever para com o colectivo», capaz de granjear reconhecimento e honra (no sentido de reconhecimento público). Mas discutir o valor moral da obediência, a sua finalidade e os seus limites em contexto militar implica igualmente discutir a liberdade do seu exercício, a autonomia da consciência individual e, no limite, a questão da desobediência.

A importância do tema em análise reside em dois argumentos substanciais. Em primeiro lugar, a natureza complexa e evolutiva da organização militar e a diversidade da realidade quotidiana impedem o desenvolvimento de um «catálogo» de situações a partir do qual fosse possível qualificar os actos de obediência e desobediência como aceitáveis. Uma análise dos contextos e condições do exercício da profissão militar é assim fundamental para a compreensão do seu alcance e implicações. Em segundo lugar, a autodeterminação individual e a liberdade de consciência são componentes essenciais de qualquer sistema de protecção de valores comuns.

Neste texto procuramos examinar o tema em três andamentos: começamos por definir os termos do debate, situando os conceitos de obediência e desobediência em termos do universo militar; de seguida, traçamos um breve enquadramento sociológico das transformações em curso nas instituições militares, as quais definem as circunstâncias concretas e limites do quadro normativo e prático do exercício efectivo da autoridade, da obediência e da desobediência; finalmente, olhamos de forma mais atenta para a dimensão ético-jurídica do problema.

1. Os termos fundamentais do debate

Tendo por referência a definição de obediência apresentada por JIMÉNEZ (1986, p. 27) como «aquela relação que se caracteriza por uma atitude pessoal consistente com a assunção de voluntariedade de um sujeito, o inferior (hierárquico), para com mandatos imperativos que se denominam genericamente ordens, emitidas por outra pessoa, o superior (hierárquico), executando o primeiro tais mandatos», a obediência legítima está ao serviço da protecção de valores reconhecidos como essenciais, quer por quem obedece, quer ainda por uma determinada comunidade. Esses valores têm de ser continuamente identificáveis pelo superior hierárquico e colocados em execução através dos seus subordinados. Além deste facto, a ideia de obediência pressupõe a assunção da existência de um dever especial de serviço dirigido à prossecução do interesse público, cuja caracterização do mandato imperativo reside precisamente na natureza do vínculo adstrito a essa obrigação. A obediência individual põe de parte os interesses e as expectativas do militar, a bem do resultado enquanto grupo que, independentemente da adversidade, deverá satisfazer uma assunção de protecção de valores sociais. Isto é, para os militares, este mandato imperativo não se trata de um poder meramente hierárquico, mas de uma verdadeira autoridade de comando desenhada para obter a protecção de valores, nas mais extremas circunstâncias e em que o superior dispõe de «todos os meios» para se fazer obedecer.

Todavia, a exigência de uma atitude pessoal intrínseca para com mandatos imperativos coloca-nos perante a discussão da liberdade e da consciência dessa mesma obediência. BERLIN (1998, pp. 255-256) esclarece que «o sentido positivo da palavra liberdade decorre do desejo do indivíduo de ser dono de si próprio [...] [de que] as suas decisões dependam de si próprio e não de qualquer tipo de forças exteriores [...] [de] ser o instrumento dos seus próprios actos de vontade e não dos de outros homens [...]». A liberdade – acrescenta o mesmo autor – requer que o indivíduo tenha «consciência de si próprio como ser pensante, dotado de vontade [...]», que «assume as responsabilidades das suas opções, capaz de explicar as suas ideias e propósitos». A obediência deve representar um exercício permanente de liberdade (no sentido de autodeterminação pessoal), pelo que a discussão da desobediência faz parte do próprio debate sobre a obediência.

A génese da discussão da questão da desobediência teve a sua origem, no contexto do «estado natureza», na oposição entre a necessidade do exercício da autoridade, como um poder público dirigido ao interesse comum, e o correspondente espaço de autonomia e liberdade individual, que o próprio poder público se destina a realizar. Contratualistas como Thomas Hobbes, John Locke, Jean-Jacques Rosseau procuraram soluções para melhorar as respostas relativas ao sistema político como um todo. Devemos aqui lembrar que a Declaração de Independência dos EUA (1776) é, ela própria, um manifesto de desobediência e das razões político-morais em que se baseia. Outros autores como BOBBIO (2000), THOREAU (2011 [1849]), RAWLS (2013 [1971]), GHANDI (1920-1921[1]), LUTHER KING (1955-1968[2]) e ZINN (2002 [1968]) acabaram por trazer a lume a desobediência civil e a objecção de consciência como questões atinentes à responsabilidade moral, contra actos de injustiça flagrantes e inaceitáveis.

Em particular, a desobediência militar apresenta um contorno ético-jurídico mais complexo quando comparada com o mesmo dever de um «mero» funcionário público. Em primeiro lugar, porque a natureza do próprio institucionalismo de serviço da instituição militar requer um tipo de disciplina que se centra na obediência, como atributo inerente ao exercício da profissão, particularmente em circunstâncias de desordem (ausência de ordem jurídico-moral) e de extrema violência. A disciplina militar tem por finalidade última garantir que, mesmo no caos da ausência de ordem, mesmo quando se pede aos subordinados a realização de actos que põem as suas vidas em grande risco físico, estes sintam que a obediência é o elo mais forte que os impele à acção, por dessa acção depender o sucesso do todo. Em segundo lugar, porque esse ambiente extremo requer um nível de eficácia ao serviço da protecção de

---

[1] Esta data refere-se ao designado «non-cooperation movement», cujo objectivo foi resistir à ocupação britânica da Índia através de meios não violentos ou *Ahimsa*.

[2] Durante cerca de 13 anos, entre 1955 (ano em que participou no boicote aos autocarros de Montgomery) e 1968 (ano do seu assassinato), Martin Luther King liderou o movimento afro-americano pelos direitos civis, baseado na desobediência não violenta.

valores que só pode ser conseguido através de uma obediência pronta, imediata, completa, aceite e voluntária. A obediência militar funciona como um atributo distintivo que confere a esta instituição do Estado a capacidade de protecção de valores colectivos fundamentais, em qualquer circunstância. Estes dois aspectos constituem uma parte vital do código genético da profissão militar e da condição militar, associada a uma aceitação voluntária de restrição de liberdade, num plano jurídico e ético--profissional de dever de serviço público em condições-limite.

Quando nos referimos a este mandato imperativo de serviço baseado num poder meramente hierárquico, o exemplo mais marcante entre nós é o do valor moral da desobediência do cônsul Aristides de Sousa Mendes, que, de modo não violento, com a consciência de um imperativo moral categórico, sem um interesse pessoal directo e perante a inadequabilidade de recurso aos canais próprios para corrigir a inaceitabilidade de um acto público, agiu em desobediência consciente, tendo por base a realização de valores humanos urgentes e irrenunciáveis. Quando nos referimos a este mandato imperativo de serviço, baseado numa autoridade de comando, a desobediência torna-se num padrão ético-jurídico muito mais exigente, que se traduz numa excepcionalidade categórica, como demonstram os casos do general Dietrich von Choltitz (que se recusou a destruir Paris), do general Erwin Rommel (que queimou as ordens recebidas de Hitler) e, num certo sentido, o caso do soldado sérvio Dražen Erdemović (ICTY – IT-96-22) (que praticou actos criminosos, consciente da ilegalidade da ordem recebida, por coacção moral). Assim, desenvolveremos a nossa elaboração em três pontos: a metamorfose do contexto sociológico da organização militar; a desobediência militar como uma excepcionalidade jurídica; a desobediência militar como uma excepcionalidade moral categórica.

2. Obediência, valores e organização militar: um enquadramento sociológico

As questões da obediência e, sobretudo, da desobediência militar têm sido abordadas de diversos pontos de vista, com destaque para as dimensões psicológica e jurídica. É, contudo, fundamental compreender a forma como este plano se combina (ou deveria combinar) com o plano sociológico relativo às características da profissão e organização militares, da cultura e valores que sustentam e enformam a acção concreta dos militares no desempenho das suas actividades. Essas características e valores têm vindo a sofrer significativas transformações, as quais nem sempre se reflectem nos pressupostos sociológicos em que se apoiam as leis e doutrinas jurídicas. Num extenso ensaio sobre o tema da obediência militar, Osiel sustenta que o que sabemos sobre as bases da coesão dos grupos e unidades militares, sobre as motivações e contextos das atrocidades e crimes de guerra (bastante mais diversificadas do que a lei assume), justificaria que, em aspectos centrais, o direito militar abandonasse «a sua tradicional insistência em regras claras de disciplina, para favorecer padrões mais gerais de razoabilidade circunstancial» (OSIEL, 1998, p. 944). Importa, pois, ter em conta tais transformações, bem como a diversidade de contextos em que se desenvolvem as missões militares.

No que diz respeito ao primeiro aspecto, as transformações em curso nas instituições militares têm sido conceptualizadas em torno de diferentes modelos de organização, do ponto de vista da sua convergência ou divergência relativamente à sociedade em que se inserem (HUNTINGTON, 1957; JANOWITZ, 1960; MOSKOS e WOOD, 1988; BOËNE,1990). Estes modelos envolvem distintas bases normativas e têm impactos diferenciados nas formas de legitimação social da organização, no exercício da profissão militar, e nas identidades, valores e ética dos militares. Por um lado, um modelo *institucional* ou divergente, legitimado em termos de normas e valores tradicionais, como a honra, o dever ou espírito de corpo, em que os membros da profissão são vistos como seguindo uma vocação, partilhando objectivos que transcendem os interesses individualistas em favor de um presumível bem comum; por outro lado, um modelo *ocupacional* ou convergente, mais próximo da racionalidade de mercado dominante na sociedade civil e em que as motivações para entrar ou permanecer na carreira militar se revestem de um carácter material e instrumental.

Do ponto de vista dos valores da disciplina e da obediência, estes modelos supõem também distintos padrões dominantes de autoridade: a orientação institucional próxima de formas de autoridade tradicional e o modelo ocupacional assente em padrões de disciplina mais flexíveis e menos autoritários. Embora o modelo não descreva nenhuma inevitabilidade teleológica da mudança em direcção à «civilinização», ao longo das últimas quatro décadas, diferentes analistas identificaram uma transformação estrutural nas Forças Armadas das democracias ocidentais: o deslizar do pólo institucional para o pólo ocupacional, coincidente com um processo de crescente «civilinização» das instituições militares e relativa perda do seu carácter distintivo (MOSKOS e WOOD, 1988).

Existem diferentes perspectivas quanto ao efeito desta potencial transformação sobre as identidades, valores e profissionalismo militares, tendo sido destacado o efeito disfuncional da orientação ocupacional nas Forças Armadas, considerada responsável pela diluição do profissionalismo militar, redução do empenhamento organizacional e incremento de formas extrínsecas (instrumentais) de motivação e adesão. Contudo, as situações reais distinguem-se destes ideais-tipo, envolvendo habitualmente características de ambos os modelos, e de novos elementos que se lhes associam, em combinatórias variáveis e plurais. A tensão entre estas diferentes orientações reflecte-se no debate em torno da formulação de políticas no sentido de evitar a perda de referenciais que sustentam a especificidade da organização militar. Para alguns autores, o dilema reside justamente na capacidade de as Forças Armadas conseguirem estruturar e manter um formato cultural e organizacional compatível com o objectivo operacional da coesão – para os quais a disciplina e a obediência que lhe é correlativa são centrais –, sem que isso acarrete o seu isolamento relativamente aos valores e tendências societais mais amplos, o que é considerado tanto impraticável como indesejável em democracia.

No que diz respeito ao segundo aspecto – os contextos de actuação dos militares –, os desenvolvimentos tecnológicos associados a mudanças profundas na natureza dos conflitos conduziram à identificação de cinco transformações fundamentais nas organizações militares: crescente interpenetrabilidade estrutural e cultural entre as esferas civil e militar; diminuição das diferenças internas com base no ramo, patente ou tipo de função; mudança de missões de guerra para missões que não podem ser definidas como militares num sentido tradicional; crescente utilização das forças militares em operações internacionais legitimadas por entidades que estão além do Estado-nação; e finalmente, internacionalização das próprias Forças Armadas (MOSKOS, WILLIAMS e SEGAL, 2000).

Os novos tipos de missão, sobretudo os genericamente designados como missões de apoio à paz ou de resposta a crises, revestem-se de características muito diferentes das tradicionais missões militares no quadro tradicional do *jus ad bellum*. Primeiro, trata-se de missões complexas e consideravelmente imprevisíveis no que se refere ao âmbito territorial, assim como às suas regras de empenhamento específicas (uso da força); segundo, visto que as Forças Armadas se tornaram multinacionais em vários graus e formas, para atingir a eficácia desejada os líderes militares devem procurar resolver problemas de interoperabilidade, não apenas técnica mas também cultural, resultantes da cooperação entre forças de proveniências distintas e trabalhando sob políticas nacionais diferentes; terceiro, devido à crescente interacção entre as dimensões militares e as dimensões de política local e internacional, as Forças Armadas tornaram-se também multifuncionais. A necessidade de interacção com um conjunto variado de actores políticos e sociais desafiou o pensamento tradicional (assim como a prática) do profissionalismo militar.

Todas estas alterações promoveram o debate sobre a melhor forma de ajustar a cultura militar tradicional, focada na condução da guerra e no *éthos* do guerreiro, aos requisitos dos novos ambientes operacionais das missões internacionais, cada vez mais frequentes no conjunto das possibilidades operativas das Forças Armadas, conferentes de muito maior autonomia a mais baixos escalões de comando e exigindo aos militares uma panóplia de novas competências sociais e relacionais. A natureza destes novos contextos de actuação deverá ter impacto na forma de analisar a questão da disciplina e obediência militares, tal como dos determinantes de comportamento não ético por parte dos militares. O psicólogo militar Paul Bartone identificou um conjunto de factores causadores de *stress* que contribuem para a ocorrência desse tipo de comportamento: ambiguidade, isolamento, poder reduzido, aborrecimento e perigo (BARTONE, ADLER e VAITKUS, 1998). O seu estudo de Abu Ghraib permitiu identificar um sexto factor: a excessiva carga de trabalho, reflectindo-se em longas horas de actividade, ciclos de mobilização frequentes, carência de pessoal e limitação de recursos (BARTONE, 2004).

3. A desobediência militar como uma excepcionalidade jurídica

Além das questões no âmbito do *jus ad bellum* (ou seja, das condições objectivas que legitimam o uso da força militar, geralmente associadas ao debate sobre as diferentes formas de legítima defesa) que não são objecto desta discussão, é comum discutir a obediência militar no âmbito das circunstâncias que excluem a responsabilidade (criminal) individual, isto é, como uma acção ilícita não punível, que corresponde à doutrina dos «actos do Estado» e em que se incluem não só a problemática das imunidades, mas também a defesa em cumprimento de ordens superiores. LEANDRO (2012, p. 23) resume assim a questão jurídica essencial relativa ao dever de obediência: «Por um lado, a essência do conceito de obediência associado à disciplina militar requer a execução de uma ordem emanada de um agente titular de uma legitimidade fundamentada na lei. Todavia, essa mesma execução pode conflituar com a imperativa necessidade de observar a própria supremacia da lei, na conformidade do acto obediente com o próprio direito. A questão fundamental é, pois, como preservar, por um lado, a supremacia da lei e, por outro, manter um atributo tão essencial a todos os exércitos, como é a disciplina militar através da obediência ela própria também um requisito jurídico.» CASSESE (2008, p. 268) refere-se ao problema na mesma linha, afirmando que o dilema está, por um lado, em respeitar a hierarquia e consequentemente executar a ordem, quer ela seja juridicamente aceitável ou não; ou, por outro lado, em recusar o cumprimento da ordem ilegal, para não desrespeitar a própria lei. DICEY (1959, p. 303) descreve este dilema através das seguintes palavras inequívocas: «a situação de um soldado, pelo menos teoricamente e talvez na prática, é difícil. Ele [...] tem a possibilidade de ser fuzilado por um tribunal militar se desobedecer a uma ordem ou, em alternativa, de ser enforcado por um juiz ou por um júri, se decidir obedecer a uma ordem ilegal.»

Na realidade, a necessidade de uma actuação em nome de um poder público, eficiente e eficaz em situações de extrema violência e de excepcional necessidade de actuação operacional conjunta, levou a que alguns ordenamentos jurídicos «desculpabilizassem» as consequências dos actos que resultem do dever especial de obediência militar, através de uma autoridade de comando – desencadeando um dever de obediência quase incondicional. Este seria um modo de proporcionar conforto jurídico de largo espectro a todos os actos de obediência e, por esta via, uma forma de desencorajar quaisquer actos de desobediência. Nestes ordenamentos jurídicos, cabe exclusivamente ao comandante a avaliação da aceitabilidade jurídica do facto, não transferindo para o subordinado qualquer responsabilidade sobre a conformidade jurídica do acto a ser obedecido. Louis RENAULT (1915) e James GARNER (1920) foram os pais desta teoria jurídica, que dominou, com algumas excepções (LEANDRO, 2012, p. 310), até ao final da Segunda Grande Guerra. Argumentava-se então que o primeiro dever de um subordinado militar é obedecer e que a disciplina militar não suporta julgamentos dos subordinados sobre a legalidade ou ilegalidade de uma ordem, simplesmente porque não estão em condições de o fazer. Em consequência, quem gera a ordem assume inteiramente a responsabilidade pela mesma, desonerando completamente o seu agente subordinado. Além deste facto, também no caso Kafr KASSEM (1956) – em que um tribunal de Israel julgou a execução de cerca de 50 civis desarmados, durante um recolher obrigatório, perpetrada por elementos da polícia de fronteira –, uma vez mais se aludiu à questão da eficiência operacional nos seguintes termos: «o sucesso militar, as vidas de muitos soldados e, acima de tudo, a segurança da nação parecem, todavia, compelir a uma total obediência, sem considerações técnicas, sem hesitação ou dúvida».

As soluções iniciais que desoneravam o subordinado de responsabilidade dos seus actos (em cumprimento de ordens superiores) e de avaliação das próprias ordens superiores foram o ponto de partida para encontrar uma fórmula que mitigasse o problema. LEANDRO (2012, p. 225) explica que «Por um lado, a solução *respondeat superior* libertava automaticamente o subordinado de qualquer ónus relativo à execução da ordem, imputando toda a eventual responsabilidade criminal para a entidade emissora da ordem. Por outro, na solução da responsabilidade absoluta (*absolute liability* na expressão anglo-saxónica), no caso de a execução da ordem conduzir à prática de um ilícito criminal, o subordinado deverá recusar a obediência, sob pena de assumir automaticamente todas as consequências penais de tal execução. Ambas as soluções se mostraram inadequadas. No primeiro caso, a solução não responde ao problema da tutela dos valores criminais e da supremacia da lei; e, no segundo, a desobediência pura e simples é inconsistente com a disciplina militar, devendo as ordens de qualquer comandante constituir-se como um reduto de legalidade. Desta dificuldade nasceu o princípio da manifesta ilegalidade, através do qual se procuraram harmonizar as questões da disciplina com as questões da supremacia da lei, princípio este que foi aplicado, com relativo sucesso, no julgamento dos criminosos de guerra, pelo Tribunal de Leipzig, em 1921.»

Acontece que também o princípio da manifesta ilegalidade levantava questões difíceis, designadamente como entender o conceito de «manifesta ilegalidade» tendo por base os diferentes escalões de comando, a preparação dos subordinados ou, de uma forma geral, o requisito do conhecimento da ilegalidade de uma ordem como fundamento para a desobediência. Foi, todavia, de novo o caso Kafr Kassem, julgado por um tribunal israelita, que retomou uma pista importante nesta matéria e cujas origens se devem, uma vez mais, à jurisprudência de Leipzig: «Estes dois valores fundamentais – a disciplina de um exército e a supremacia da lei – equilibram-se e complementam-se um ao outro. Não há qualquer contradição entre eles e cada um pode permanecer intacto sem diminuir o outro» (LEANDRO, 2012, p. 229). Colocando a problemática da *ignorantia juris non excusat*, a problemática da obediência a ordens superiores em caso de necessidade (coacção) e a problemática da obediência em erro, a doutrina da *respondeat superior* liberta automaticamente o subordinado de qualquer ónus relativo à execução da ordem e adjudica o dever absoluto de obediência ao subordinado, porque o toma como um mero instrumento nas mãos do superior, incapaz do uso da razão no seu nível de conhecimento.

Por outro lado, a doutrina da «responsabilidade condicionada» (do subordinado) pode vir a libertar o subordinado da sua responsabilidade, assumindo que este é um ser dotado de razão e capacidade para se autodeterminar, para apreciar as ordens que recebe, sendo a decisão de lhes obedecer encarada como uma aceitação do risco de ser também co-responsável. Esta teoria vincula superior e subordinado na prática de actos em resultado de ordens, libertando o subordinado, apenas em certos casos excepcionais, verificados certos requisitos. Na verdade, este é o regime que chegou aos dias de hoje, preconizado pelo artigo 33.° do Estatuto de Roma do Tribunal Penal Internacional (TPI) (1998) (GAETA, 1999, p. 175) (*conditional liability*), e que permite afastar a responsabilidade do agente subordinado em certos casos.

LEANDRO (2012, p. 233) defende que o regime do artigo 33.º (TPI) consagra um regime especial de responsabilidade (do subordinado), uma vez que é esta a regra geral, designadamente para certos tipos de crime, admitindo excepções perante certas condições específicas. Este regime especial de responsabilidade goza, a partir do Estatuto de Roma, da possibilidade de afastar a responsabilidade do agente actuando em cumprimento de ordens superiores, em certos casos excepcionais, previstos nesse mesmo Estatuto. Para este autor, não há um regime condicionado de atribuição de responsabilidade aos agentes de crimes em cumprimento de ordens superiores, mas essa responsabilidade é a regra geral (isto é, a defesa em cumprimento de ordens superiores não é aceite), excepto numa minoria de casos previstos na lei, em que se aceita a defesa em cumprimento de ordens e, por isso mesmo, temos um regime especial de responsabilidade do subordinado. É a própria letra do artigo 33.º que afirma «não será isento de responsabilidade, a menos que [...]». Significa, portanto, que o percurso da excepcionalidade jurídica da desobediência no contexto da autoridade de comando, desde a sua inicial quase impossibilidade jurídica, passando pelo regime de excepcionalidade baseada na «manifesta ilegalidade», chegou aos nossos dias com um carácter mais alargado, funcionando a desobediência como um dever jurídico excepcional, perante a emissão de certas ordens ilegais – uma excepcionalidade de desobediência requerida pela própria lei, que acaba por se constituir como causa de exclusão de um regime especial de responsabilidade do próprio subordinado. Por outras palavras, o subordinado será sempre responsável pelo cometimento de um crime em obediência ao seu superior legítimo, sempre que estiverem em causa a prática de actos de genocídio e crimes contra a humanidade, porque é o próprio princípio da legalidade que faz cessar o seu dever hierárquico de obediência.

Ainda dentro desta temática, uma palavra para a responsabilidade de comando por crimes cometidos fora do caso de obediência a ordens superiores. Também aqui, o superior hierárquico tem um especial dever de controlo da sua cadeia de comando, conhecimento das acções praticadas pelos seus subordinados – designadamente das ordens emitidas ao longo da sua cadeia de comando –, antecipação de possíveis violações das regras do *jus in bello* e prevenção das possíveis consequências de certas ordens e, finalmente, o dever de investigar e sancionar as infracções. Em 2005, na jurisprudência do caso Sefer Halilović, o International Criminal Tribunal for the former Yugoslavia (ICTY) estabeleceu claramente que «[...] o comandante é responsável por uma omissão. O comandante é responsável pela sua falha em agir conforme o que é exigido pelo direito internacional. Esta omissão é censurável porque o direito internacional impõe um dever afirmativo aos superiores no sentido de impedirem e punirem os crimes cometidos pelos seus subordinados. Assim, relativamente aos actos dos seus subordinados [...] o comandante em princípio não partilha da mesma responsabilidade relativa aos crimes cometidos [...] mas apenas é responsável pela sua falha de acção [...]» A responsabilidade de comando é, no essencial, um ónus jurídico que impõe a cada comandante um especial dever de controlo do seu escalão de comando e, por consequência, das suas ordens e do modo como estas estão a ser executadas. Diríamos, portanto, que esta responsabilidade complementa o controlo sobre a execução nos diferentes escalões de comando, contribuindo decisivamente para que um subordinado não se veja confrontado com o dever jurídico de desobedecer. Também por esta razão, a desobediência militar deve ser encarada como uma excepcionalidade jurídica.

4. A desobediência militar como excepcionalidade moral categórica

Todos os seres humanos são agentes morais capazes de distinguir entre o aceitável e o inaceitável, mesmo quando se constituem agentes dos crimes mais brutais. A este propósito, AMBOS (1999, p. 239) refere o seguinte: «sabe-se que os homens que actuam sob ordens são capazes dos factos mais hediondos. Quando mais tarde são confrontados com esses mesmos factos, não se reconhecem a si mesmos.» Quando nos referimos à Ética ou Filosofia Moral, estamos a olhar o problema da reflexão individual e consciente (através da razão livre) sobre as nossas próprias convicções morais para apoiar e desenvolver valores (US FM 22-100, 1999[3]). A deontologia ou

---

[3] Este documento foi substituído pelo FM 6-22 Army Leadership em 2010.

ética profissional envolve uma adesão individual livre a uma linha de reflexão colectiva sobre o «bem» e o «mal», o «justo» e o «injusto» no contexto do resultado dos actos praticados em função do dever de serviço público. Ora, este dever de serviço público pode sintetizar-se como sendo uma garantia individual de confiança que apenas existe, segundo Cook, Hardin e Levi (2005, p. 2), quando a parte que tem o dever de agir o faz com a motivação de servir os interesses da outra. O código de ética do sector público do governo do Canadá vai ainda mais longe ao afirmar que aquele que está vinculado pelo dever de serviço serve o bem-estar da comunidade, sendo objecto de confiança pública no contexto da integridade da sua própria organização. Lippmann (2009, p. 42) sublinha a necessidade de esta avaliação ao serviço do genuíno bem-estar da comunidade dever ser feita desinteressada e benevolentemente.

Ora, é na questão do dever moral de obediência que se centra a discussão da eventual aceitabilidade moral da desobediência. O nosso ponto de partida é precisamente o facto de qualquer militar ter, em princípio, o dever moral de obediência às ordens formais e funcionalmente legítimas, porque o comandante é a pessoa mais bem colocada para formular julgamentos, devido ao seu treino, às suas características pessoais e ao seu acesso à informação. Além deste facto, supõe-se que cada subordinado se identifica profundamente com o sistema, por meio da adesão voluntária àquele tipo de dever de serviço público, aprofundado por um tipo de treino e uma liderança dirigida à criação de uma predisposição especial para obedecer (Christopher, 2004, p. 122). A questão que importa aduzir é precisamente a dos limites morais desta predisposição especial para obedecer. Nesta equação moral, juntamos quatro perspectivas complementares, na busca de uma solução: a ética do dever, a ética dos direitos, a ética do egoísmo e a ética das consequências.

A ética do dever

A ética do dever preconiza que uma acção é moralmente válida quando obedece ao cumprimento de um dever, quando contribui para a protecção de um interesse tutelado pelo dever, independentemente das consequências para o agente de tal acto ou para outras pessoas.

Este pensamento ético tem sido associado, frequentemente, a uma doutrina moral de extrema obediência e, por isso mesmo, muito próxima da filosofia da obediência militar. Todavia, a acepção kantiana de dever não tem por base apenas um dever meramente jurídico, no sentido da obrigação do subordinado em relação a ordens legítimas emanadas pelo seu superior. O dever kantiano é ditado pela razão pura prática que determina o modo de agir correcto, a partir da possibilidade de a máxima particular de agir se converter numa lei universal da acção – o que valida cada acção. Assim, o dever kantiano requer a obediência a uma «lei moral», determinável a partir do princípio da universalização: o justo só o é para um se o for para todos, isto é, se a norma da justiça for universalizável.

HINMAN (2003, p. 184) coloca a questão da universalização, no sentido em que a obrigação se forma a partir da possibilidade de universalização consistente, dando como exemplo a desobediência ao sinal vermelho dos semáforos por uma ambulância em marcha de emergência. Isto é, tal como explica Hinman, se aceitarmos que todos os veículos de emergência, devidamente sinalizados, podem desobedecer ao sinal vermelho por razões de interesse do seu dever, então essa conduta é moralmente aceitável. HINMAN (2003, p. 184) fornece ainda um outro exemplo, afirmando que não pode ser moralmente criticável mentir às forças da Gestapo nazi, tendo o agente o dever jurídico de obediência, para salvar a vida de um inocente.

Finalmente, o dever kantiano requer ainda que o cumprimento do dever de obediência tenha em consideração obrigações de humanidade, considerando a pessoa como um fim em si mesma, e nunca como um meio. Significa, portanto, que a acção em cumprimento do dever requer do subordinado uma avaliação moral da universalização e, no caso da disciplina militar, se esta última não for possível ou adequada, pelo menos deve ter em consideração as questões de tratamento humanitário e de respeito pela pessoa. Para Kant, o dever jurídico de obediência é importante, mas não é, em circunstância alguma, um dever absoluto, uma vez que requer uma avaliação segundo uma lei moral.

A ética dos direitos

A narrativa dos «direitos» tem-se revelado muito poderosa em termos de comunicação pública. Assistimos hoje, porventura como nunca antes, a um discurso público centrado na ideia de protecção e aprofundamento de direitos individuais.

Duas posições parecem dominar a discussão em torno da ética dos direitos. A primeira, com as posições de LOCKE (1690) e os direitos atinentes à condição humana – Vida, Liberdade e Propriedade – e Thomas Jefferson, para quem a existência de direitos inalienáveis é uma verdade auto-evidente, entre eles estando a Vida, a Liberdade e a busca da Felicidade.

A segunda, discutindo criticamente as posições de NOZICK (1974) (a existência de direitos é auto-evidente), de GEWIRTH (1978) (o bem-estar humano consiste na existência de condições para praticar actos propositivos) e de RAWLS (1993) (os direitos básicos existem associados a preocupações de distribuição equitativa), MACINTYRE (2011, p. 84) afirma que os direitos naturais ou os direitos humanos são ficções sociais.

No entanto, a questão de como entender a ética dos direitos parece ter sido solucionada quando HINMAN (2003, p. 221) coloca a problemática na perspectiva de uma aproximação pluralista, afirmando que «os direitos estabelecem um padrão mínimo para a nossa interacção com outros indivíduos, um patamar moral abaixo do qual não queremos submergir as nossas interacções com o nosso próximo». Há certos direitos morais que existem, acrescenta, pelo simples facto de sermos seres humanos, independentemente de estarmos sob a protecção de um determinado dever jurídico. Ora, é precisamente aqui que reside a questão da obediência militar, uma vez que este dever se destina em primeiro lugar à protecção deste núcleo de direitos de todos os seres humanos, combatentes e não combatentes, que se apresentam num teatro de operações. Significa isto que, a aceitar-se a excepcionalidade da desobediência num contexto militar, esta tem necessariamente de se dirigir à protecção deste núcleo de direitos atinentes à existência humana.

A ética do egoísmo

A ética do egoísmo é relevante para a discussão da obediência e desobediência militares em vários sentidos. Em primeiro lugar, no plano da definição dos objectivos morais. RAND (1964, p. 23) afirma que «a conquista da felicidade é o mais importante objectivo moral dos indivíduos». Se, neste quadro, a obediência for vista do ponto de vista pessoal como um instrumento ao serviço do dever e se este serviço é fonte de felicidade pessoal, então, do ponto de vista da ética do egoísmo, a obediência e a desobediência devem ser medidas pela capacidade individual de retirar dividendos para essa felicidade pessoal, na medida do seu interesse. Ora, precisamente, no contexto da profissão militar, a questão recoloca-nos na necessidade de uma obediência voluntariamente aceite e individualmente reconhecida como fonte de felicidade pessoal.

Em segundo lugar, no plano da relação entre objectivos individuais e colectivos. HINMAN (2003, p. 121) chama a atenção para o facto de os desportos competitivos e os desportos colectivos serem um claro exemplo de que não é moralmente inconsistente a tentativa de maximizar o egoísmo na procura do melhor resultado para si próprio. Significa, pois, que o egoísmo, quando não é exercido à custa do sacrifício do interesse de outros, pode ter aspectos positivos, uma vez que ajuda a que todos fiquem melhor.

No caso da obediência militar, a ética do egoísmo fará sentido sempre que o desenvolvimento pessoal se puder fazer sem ser à custa do interesse de outros e enquanto contribuição para o interesse colectivo. Essa competição fará que a instituição que se serve se torne também mais capaz. Quando assim não puder ser, não fará muito sentido falar de desobediência, mas antes de abandono da carreira das armas.

Em terceiro lugar, no plano da clássica discussão do confronto entre egoísmo e altruísmo. A profissão militar refuta, na sua essência, o argumento de Friedrich Nietzsche de que o altruísmo diminui o ser humano, porque parte do princípio de que os outros são mais importantes do que o próprio indivíduo. Na verdade, a profissão militar valoriza precisamente o serviço aos outros enquanto comunidade e aos outros enquanto membros do mesmo grupo profissional e fá-lo de tal maneira, que considera este dever o mais importante da própria profissão. Neste sentido, o que é valorizado é o altruísmo à custa dos interesses pessoais, o que, no seu extremo, é caracterizado por heroísmo individual. Aqui se situa a desobediência heróica. Em todos os outros casos, a desobediência em função do interesse próprio é, no contexto da profissão militar, altamente censurável.

A *ética das consequências*

De entre os vários autores que preconizam uma ética utilitarista, STUART MILL (2008b, pp. 160-164) detalha o seu entendimento como aquela cujos actos produzem maior utilidade, para um maior número de pessoas, entendida num certo sentido de felicidade e de ausência de sofrimento. Esclarece, em particular, que a sua visão da utilidade engloba um certo sentido de dignidade, afastando a ideia de uma felicidade materialista e sensorial. A obediência neste sentido seria vista por Stuart Mill, no contexto militar, como estando destinada a ser um instrumento individual ao serviço do colectivo, de modo a produzir melhores resultados do ponto de vista da eficácia institucional, assumindo que esta está ao serviço da dignidade moral e não de uma utilidade hedonista.

Além desta posição, urge considerar o reconhecimento de PLATÃO (1982, p. 1062) de que os comandos legítimos (a lei) não são universalizáveis e de que, por este facto, tem de haver excepções ao princípio da obediência, quando estas se traduzem em soluções capazes de produzir melhores resultados. CHRISTOPHER (2004, p. 130) menciona claramente que este princípio a que Platão se refere é inaplicável no contexto militar, precisamente porque as ordens dadas em contexto operacional são decisões que visam situações concretas e específicas e não são comandos genéricos e abstractos, como é o caso da lei em sentido geral. O argumento moral da coesão e da unidade de esforço desmonta qualquer potencial na moralidade da desobediência, ainda que com a finalidade de produzir melhores resultados. Portanto, a excepcionalidade da desobediência militar apenas fará sentido quando o acto praticado em desobediência tenha por finalidade a produção de resultados na esfera da dignidade individual de outrem, por acção ou sacrifício individual desinteressado, produzindo uma maior «utilidade geral», sem que a coesão e unidade de esforço sejam afectadas. São os casos de aceitação voluntária de um grau de risco individual excessivo, para a legítima protecção de terceiros (plural), em desobediência a uma ordem de não intervenção.

5. Conclusões

A transcendência dos interesses individuais a favor do interesse comum, mesmo no moderno ambiente multifuncional, constitui-se a causa maior do valor e da problemática da obediência militar. Se assumirmos que a verdadeira obediência tem de ser livre e, por isso mesmo, consciente, informada e reflectida, então os novos padrões de disciplina, mais flexíveis e menos autoritários, tendem a facilitar a formação dessa mesma vontade esclarecida.

Todavia, a recentralização da profissão militar no pólo ocupacional, a interpenetrabilidade estrutural e cultural entre as esferas civil e militar, a imprevisibilidade e o carácter internacional das novas missões dificultam a clara identificação quer dos interesses colectivos, quer ainda das melhores práticas atinentes à defesa desses interesses. Estas mesmas razões servem também às perplexidades relativas ao conceito de manifesta ilegalidade e ao novo conceito de responsabilidade de comando, reforçando o carácter de excepcionalidade jurídica da figura da desobediência militar.

Também no que respeita à desobediência ética, esta tem de ser vista como um exercício de liberdade, de consciência e, essencialmente, de coragem moral, quando está quebrada a garantia individual de confiança, numa acção de servir e ao serviço do bem público, contra a indignidade do inaceitável. A obediência ética é um dever muito importante, mas não é, na sua essência, um dever absoluto.

A crescente «civilinização» das instituições militares e os seus possíveis efeitos disfuncionais, designadamente no chamado «profissionalismo militar», têm como limite a adesão voluntária a um sistema cuja essência reside na capacidade de realização do colectivo, enquanto viabilização de valores fundamentais de uma sociedade. A arte da liderança que motiva a obediência está a tornar-se mais complexa, colocando às academias militares o desafio da preparação moral de todos os futuros comandantes. Nestes termos, as instituições militares manterão a sua capacidade de servir na adversidade extrema se cultivarem as motivações que levam à obediência consciente e voluntária, dirimindo à desobediência como uma dupla excepcionalidade categórica (ética e jurídica), facto que reafirma e reforça o próprio valor intrínseco da obediência.

Referências e leituras recomendadas

AMBOS, Kai, *Impunidad y Derecho Penal Internacional*, Buenos Aires, [*s.n.*], 1999, 2.ª edição.

BARTONE, Paul, Understanding Prisoner Abuse at Abu Ghraib, *The Military Psychologist* 20, 2004: pp. 12-16.

BARTONE, Paul; ADLER, A. B. e VAITKUS, M. A., Dimensions of Psychological Stress in Peacekeeping Operations, *Military Medicine* 163, 1998: pp. 587-593.

BERLIN, Isaiah, *A Busca do Ideal*, Lisboa, Editorial Bizâncio, 1998.

BOBBIO, Norberto, *Dicionário de Política*, 2 Vols., Brasília, Editora Universidade de Brasília, 2000, 5.ª edição.

BOBBIO, Norberto; MATTEUCCI, Nicola e PASQUINO, Gianfranco, *Diccionario de Política*, Volume 1, Siglo Veintiuno editores, 2000, pp. 478-479.

BOËNE, Bernard, How unique should the military be?, *European Journal of Sociology* 31, 1990: pp. 13-59.

CASSESE, Antonio, *International Criminal Law*, [*s.l.*], Oxford University Press, 2008, 2.ª edição.

CHRISTOPHER, Paul, *The Ethics of War and Peace: An Introduction to Legal and Moral Issues*, [*s.l.*], Pearson/Prentice Hall, 2004.

COOK, Karen S.; HARDIN, Russel e LEVI, Margaret, *Cooperation without Trust?*, [*s.l.*], Russel Sage Foundation, 2005.

Dicey, A. V., *Introduction to the Study of the Law of the Constitution*, Londres, MacMillan, 1959, 10.ª edição.

District Court of Israel, Kafr Kassem Case, Volume 44, 1956, *apud* Green, L. C., *Superior Orders in National and International Law*, [s.l.], University of Alberta, 1976, p. 99.

Gaeta, Paola, The Defence of Superior Orders: The Statute of the International Criminal Court *versus* Customary International Law, *European Journal of International Law* 10, 1999: pp. 172-191.

Gewirth, Alan, *Reason and Morality*, [s.l.], University of Chicago Press, 1978.

Hinman, Lawrence M., *Ethics: A Pluralistic Approach to Moral Theory*, [s.l.], Thomson, 2003.

Huntington, Samuel, *The Soldier and the State: The Theory and Politics of Civil-Military Relations*, Cambridge: Massachusetts, Belknap Press, 1957.

Janowitz, Morris, *The Professional Soldier*, Nova Iorque, Free Press, 1960.

Jiménez, Joan Josep Queralt, *La Obediencia Debida en el Código Penal*, Barcelona, Libreria Bosch, 1986.

Leandro, Francisco, *Responsabilidade Criminal dos Chefes Militares: Um crime de segunda oportunidade*, [s.l.], Universidade Católica Editora, 2012.

Lippmann, Walter, *The Public Philosophy*, [s.l.], Transaction Publishers, 2009.

Locke, John, *Two Treatises on Government*, [s.l.], [s.n.], 1690.

MacIntyre, Alasdair, *After Virtue: A Study in Moral Theory*, [s.l.], University of Notre Dame Press, 2011, 3.ª edição.

Stuart Mill, John, *On Liberty*, Nova Iorque, Bantam Classics, 2008a.

Stuart Mill, John, *Utilitarianism*, Nova Iorque, Bantam Classics, 2008b.

Moskos, Charles e Wood, Frank (org.), *The Military: More Than Just a Job?*, Washington, Pergamon-Brassey's, 1988.

Moskos, Charles; Williams, Jay e Segal, David R. (org.), *The Postmodern Military*, Oxford, Oxford University Press, 2000.

Nozick, Robert, *Anarchy, State and Utopia*, [s.l.], Basic Books, 1974.

Osiel, Mark J., *Obeying Orders*, Londres, Transaction Publishers, 1998.

Platão, The Statesman, *in* Hamilton, Edith e Cairns, Huntington (org.), *The Collected Dialogues of Plato*, Princeton: Nova Jérsia, Princeton University Press, 1982, p. 1062.

Rand, Ayn, *The Virtue of Selfishness: A New Concept of Egoism*, [s.l.], [s.n.], 1964.

Rawls, John, *Uma Teoria da Justiça*, Lisboa, Editorial Presença, 1993.

Rawls, John, *Uma Teoria da Justiça*, [s.l.], Editorial Presença, 2013 [1971].

Thoreau, H. David, *A Desobediência Civil*, Porto Alegre, L&PM Pocket Edições, 2011 [1849].

United States Field Manual, Army Leadership, US FM 22-100, 1999.

Zinn, Howard, *Disobedience and Democracy: Nine Fallacies on Law and Order*, Nova Iorque, Vintage, 2002 [1968].